Römisches Reich um 100 v. Chr.
bis 44 v.Chr.
bis 58 v. Chr.
größte Ausdehnung in der Kaiserzeit
Borysthenes
Regnum Bospori
Mare Caspium
Dacia
Pontus Euxinus
Sinope
Artaxata
Araxes
Amisus
Pontus
Thracia
Heraclea
Nicopolis
Byzantium
Zela
Bithynia
Armenia
Cappadocia
Tigranocerta
Troia
Galatia
Phrygia
Regnum Parthorum
Pergamum
Cynoscephalae
Pharsalus
Nisibis
Asia
Lycaonia
Athenae
Ephesus
Cilicia
Carrhae
Mare
Pisidia
Corinthus
Antiochia
Mesopotamia
Tigris
Achaea
Lycia
Aegaeum
Syria
Palmyra
Ctesiphon
Rhodus
Creta
Babylon
Euphrates
Cyprus
Damascus
Hierosolyma
Alexandria
Aegyptus
Memphis
Nilus

e Reich

Vorwort

Die Neubearbeitung der IANUA NOVA ist aus der Zustimmung und aus der Kritik entstanden, die der Lehrgang gefunden hat. Sie berücksichtigt neue Richtlinien in den Bundesländern, die geänderte Einstellung der Öffentlichkeit zum Lateinunterricht und das Interesse der Benutzer an neuen Texten. Wir fühlen uns verpflichtet, das Bessere aufzunehmen, aber auch das Bewährte zu bewahren.

An den folgenden IANUA-Prinzipien haben wir festgehalten:

- zügige, aber sorgfältige Hinführung zur Originallektüre;
- lateinisch-deutsche Methode: Die Schüler sollen lateinische Formen sicher erkennen und lateinische Texte verstehen und angemessen übersetzen können;
- Vorrang der Syntax vor der Formenlehre: Die Lehre von den Sätzen wird kontinuierlich entwickelt, typische Erscheinungen der lateinischen Grammatik wie aci, prädikative Partizipien, Satzgefüge werden behutsam so früh eingeführt, dass für ihre Einübung Zeit genug bleibt;
- Einführung des Neuen an inhaltlich geschlossenen Texten, die weitgehend ein selbstständiges induktives Arbeiten ermöglichen;
- lektionenbegleitende Zusammenfassung der Arbeitsergebnisse in der Begleitgrammatik;
- Beschränkung auf die lektürenotwendige Grammatik und einen Grundwortschatz;
- Intensivierung und Absicherung der Wortschatz- und Grammatikarbeit durch immanente Wiederholung;
- Eignung des Lehrgangs für Latein als erste und als zweite Fremdsprache.

Die Neubearbeitung der IANUA NOVA zeichnet sich durch folgende Verbesserungen aus:

- Der Lehrgang ist insgesamt gestrafft worden. Die Neubearbeitung tritt an die Stelle der Ausgaben A und B.
- Viele Texte sind neu, andere überarbeitet. Das Thema Krieg ist an den Rand geschoben. Caesar bleibt Zielautor; andere Autoren, z.B. Plinius, Cicero, mittelalterliche Texte, sind ebenso zur ersten Lektüre geeignet.

Die Vorbereitung auf die Zielautoren erfolgt im sprachlich-stilistischen Bereich, nicht durch inhaltliche Vorgriffe.
- Der grammatische Stoff ist gleichmäßig und übersichtlich angeordnet, Ballungen sind vermieden. Der Konjunktiv wird mit seinen elementaren Funktionen frühzeitig bereits im 1. Band vorgestellt.
- Die Begleitgrammatik enthält zahlreiche Lernkästen zur Formenlehre und stellt die Syntax ohne Weitschweifigkeit in klarer Sprache dar: So wird der Zugang zur Sprachreflexion geöffnet.
- Auch für die Einübung und die Festigung werden jetzt kurze Texte geboten (anstatt isolierter Sätze ohne Kontext).
- Sachtexte in deutscher Sprache ergänzen die Lektionen. Sie geben Einblick in die römische Kultur und Zivilisation.
- Viele neue, zum Teil farbige Bilder begleiten die Lektionen.
- Jede Lektion erfordert bei normalem Lerntempo durchschnittlich 4 bis 6 Stunden. So benötigt der gesamte Lehrgang bei Latein als 2. Fremdsprache etwa 2 ½ bis 3 Jahre. Das Material reicht jedoch auch für eine ausführlichere Beschäftigung mit einzelnen Kapiteln.

Die Lektionen haben folgende Teile:

A Text zur Einführung
B Vertiefung
C Aufgaben zu Syntax und Formenlehre
D formale Übungen
E Lesetext
F* dt.-lat. Übungen
S Sachtext
Z* Zusatztext (im Anhang)

Mit Sternchen gekennzeichnete Stücke gehören nicht zum Pflichtstoff des Lehrgangs.

Die 3. Auflage 2006 folgt den Regeln der neuen Rechtschreibung. Herausgeber, Autoren und Verlag danken allen Kolleginnen und Kollegen, die durch ihre Kritik zur Verbesserung des Buches beigetragen haben.

Inhaltsverzeichnis

Abbildungsnachweis

S. 12: Dr. E. M. Ruprechtsberger, Linz / S. 15: DAI Rom / S. 19: Dr. A. Steinmeyer-Schareika / S. 21: B. Malter, Rom / S. 24: laenderpress. Hanne Friedrich-Englaender / S. 25: DAI Rom / S. 26: Musée Calvet, Avignon / S. 29: Museo della Civiltá Romana, Fotoarchiv / S. 30: DAI Rom / S. 31: Scala – Istituto Fotografico Editoriale, Antella (Firenze) / S. 34: freundlicherweise vom Verlag F. Schöningh zur Verfügung gestellt / S. 35: Gemeinnützige Stiftung L. von Matt, Buochs / S. 37: Bibliothèque Nationale, Paris / S. 39: Bildarchiv Foto Marburg / S. 41: DAI Rom / S. 43: Scala – Istituto Fotografico Editoriale, Antella (Firenze) / S. 46: mit freundlicher Genehmigung des Bayerischen Schulbuch-Verlags gezeichnet nach der Weltkarte des Eratosthenes, in: Großer Historischer Weltatlas, Teil I, München [6]1978, S. 12 / S. 49: F. Gierth – Mauritius / S. 50: BAV – Helga Lade Fotoagentur / S. 54: DAI Rom / S. 57: Niedersächsische Staats- und Universitätsbibliothek Göttingen / S. 64: Rheinisches Landesmuseum Trier / S. 69 (oben und unten): Scala – Istituto Fotografico Editoriale, Antella (Firenze) / S. 74: Bildarchiv Foto Marburg / S. 76: DAI Athen / S. 79: Dr. Stefan Vogel – Helga Lade Fotoagentur / S. 85: Prähistorische Staatssammlung München (Foto: M. Eberlein) / S. 87: Fotoarchiv Hirmer, München / S. 91: Thomas Berger, Göttingen / S. 92: Gemeinnützige Stiftung L. von Matt, Buochs / S. 95: Archäologisches Institut der Universität Göttingen / S. 104: Bildarchiv Foto Marburg / S. 105: DAI Rom / S. 106: Fotoarchiv Hirmer, München / S. 109: © 1986 Editions Albert Rene – Goscinny-Uderzo / S. 113: Gemeinnützige Stiftung L. von Matt, Buochs / S. 117: Fotoarchiv Hirmer, München / S. 120,121: Antikensammlung, Staatliche Museen zu Berlin – Preussischer Kulturbesitz / S. 129, 130: Gemeinnützige Stiftung L. von Matt, Buochs / S. 133: Süddeutscher Verlag, Bilderdienst / S. 136, 137: Lauer – IFA-Bilderteam.
Hier nicht aufgeführte Abbildungen stammen aus dem Verlagsarchiv oder wurden eigens für diese Ausgabe gezeichnet.

Lectio Prima

A Zum Lesen und Erraten

Augustus   Iūlius   candidātus   cursus   camēlus   ōceanus
nāsus   carrus
Rōma   Iūlia   Cornēlia   Britannia   Germānia   īnsula   familia
terra   fābula   nebula   fenestra
mōtor   dictātor   labor   seriēs   December   November
numerat = er / sie / es nummeriert, zählt   studet   servit   regit

Mārcus fīlius

Cornēlia fīlia

Paula ancilla

Gāius dominus

Valeria domina

Syrus servus

B 1 1. Mārcus currit. Cornēlia currit. Etiam Lūcius currit. Mārcus vincit. Mārcus gaudet, nam Mārcus victor est. 2. Cornēlia nōn vincit. Cornēlia nōn gaudet; etiam Lūcius dolet et dīcit: „Spēs saepe fallit.“

Fußbodenmosaik aus dem Haus des *Dominus Iulius* in Karthago, Nordafrika, 380–400 n. Chr. In der Mitte die *villa,* ringsum Darstellungen aus dem Landleben.

B 2 1. Gāius imperat, nam Gāius dominus est. Syrus pāret et labōrat, nam Syrus servus est. Labor saepe nōn placet. 2. Paula ancilla est. Paula labōrat et canit. Valeria vocat. Ancilla audit et venit, nam Valeria domina est.

C 1 *Beantworte lateinisch:* 1. Quis imperat? 2. Quis vincit? 3. Quid nōn placet? 4. Quis dominus est? 5. Quis currit? 6. Quid saepe fallit? 7. Quis venit? 8. Quis vocat? 9. Quis canit?

C 2 *Nenne aus den Abschnitten B 1 und B 2 alle Substantive und Eigennamen, die als Subjekt eines Satzes dienen! Stelle sie nach Endungen zu Gruppen zusammen!*

C 3 *Nenne aus B und C 1 alle Verben, die als Prädikat dienen!*

C 4 *Schreibe ab und ergänze ein Prädikat:* 1. Dominus ~~~. 2. Ancilla ~~~. 3. Mārcus ~~~. 4. Victor ~~~.

C5 *Schreibe ab und ergänze ein Subjekt:* 1. ~~~ placet. 2. ~~~ vincit. 3. ~~~ imperat. 4. ~~~ gaudet.

D *Du kennst schon mehr lateinische Wörter, als du glaubst. Versuche, die folgenden Wörter den darunter stehenden lateinischen Wörtern zuzuordnen:*

Fundament; Straße; Korb; Ziegel; Kalk; Frucht; Fenster; Sack; Pfirsich; Kiste; Pforte; Radieschen; Mauer; Theater; Kammer; Münze; Zelle; Familie.

porta; cista; frūctus; familia; persicum; theātrum; saccus; calx; strāta; corbis; camera; rādīx; tēgula; mūrus; cella; fenestra; fundāmentum; monēta.

E –

F* 1. Markus arbeitet. – Syrus freut sich. 2. Cornelia ist keine *(nicht)* Sklavin. 3. Der Herr ruft. 4. Die Herrin befiehlt. – Der Sklave gehorcht und kommt. 5. Der Sieger singt, denn er freut sich. 6. Die Sklavin ruft. – Cornelia kommt.

S **Römische familia und Namen der Römer.** Alle in dieser Lektion erwähnten Personen bilden eine römische *familia.* Zu ihr gehören neben Vater, Mutter, Kindern und anderen Verwandten auch die im Haus oder auf dem Feld arbeitenden Sklaven und Sklavinnen. *Familia* hat also etwa die Bedeutung „Hausgemeinschaft".

Der Gewalt des Hausherrn – *dominus* oder *pater familias* (Familienoberhaupt) genannt – unterstanden nach römischem Recht nicht nur die Sklaven, die unfrei waren, sondern auch die Ehefrau und die Kinder. Wie ein staatlicher Richter konnte sie der *dominus* bestrafen, denn er war für das Verhalten seiner *familia* verantwortlich.

Die Namen, die der Hausherr und sein Sohn tragen, *Gaius* und *Marcus,* waren römische männliche Vornamen. Beim Schreiben kürzte man die Vornamen ab: *Marcus* durch M., *Gaius* durch C. (C. für Gaius, weil in der lateinischen Schrift anfangs noch nicht zwischen beiden Buchstaben unterschieden worden war). Andere römische Vornamen waren *Lucius* (L.), *Tiberius* (Ti. oder Tib.), *Titus* (T.), *Gnaeus* (Cn.), *Publius* (P.) oder *Quintus* (Q.).

Der volle Name eines römischen Bürgers hatte gewöhnlich drei Bestandteile. So hieß z.B. der römische Staatsmann, den wir meist nur Caesar nennen, *Gaius* (Vorname) *Iulius* (Name der Großfamilie der *Iulier*) *Caesar* (Nach- und Beiname).

Unter Verwandten und Freunden war nur der Vorname üblich. Auch Kinder redeten den Vater mit dem Vornamen an, ebenso Sklaven ihren Herrn. Wenn man dagegen einander nicht näher kannte, benutzte man den Nachnamen. Frauen erhielten, in weiblicher Form, den Namen der Großfamilie, der ihr Vater angehörte. Ein Mädchen hieß *Cornelia,* wenn der Name des Vaters z.B. *Publius Cornelius Scipio* war.

Wenn Mädchen überhaupt einen weiteren Namen als persönlichen Vornamen trugen, diente er vermutlich zur Unterscheidung mehrerer Schwestern, was man aus den Vornamen *Prima, Secunda, Tertia, Maxima, Rutilia* (wegen rotblonder Haarfarbe) schließen kann.
Sklaven wurden meist nach ihrem Eigentümer genannt, z.B. *Marcipor* (*-por* von *puer*: Junge, Sklave): „Junge des Marcus"; oder der Herr gab ihnen einen neuen Namen, der einen Hinweis auf ihre Herkunft enthalten konnte, wie z.B. *Syrus:* „der Mann aus Syrien".

Lectio Secunda

A 1. Valeria vocat. Quem Valeria vocat? 2. Valeria ancillam vocat. Domina Paulam videt, sed ancilla dominam nōn audit. 3. Gāius fīlium vocat. Mārcus Gāium audit et venit. 4. Ōrātor victōrem laudat. Victor ōrātōrem audit et gaudet. 5. Spēs Lūcium saepe fallit, sed Lūcius spem nōn āmittit.

Ein Pferd im Gemüsebeet

6. Quō equus currit? Equus ad hortum currit. Tum equus per portam hortum intrat. 7. Lūcius per hortum currit, equum videt, clāmat.
8. Paula Lūcium audit. Venit, equum videt. Paula timet: Hortum nōn intrat. 9. Sed Syrus nōn timet: Equum capit.
10. Tum ancilla Mārcum et Lūcium ad cēnam vocat. 11. Lūcius ancillam audit et per iānuam in vīllam currit. Etiam Mārcus ad cēnam in vīllam currit.

B 1. Gallus per aulam currit. 2. Gallus canit. Gallus diem salūtat. 3. Cornēlia in aulam venit et cibum apportat. Gallus Cornēliam nōn timet, sed ad Cornēliam volat et cibum dēvorat. 4. Lūcius per iānuam aulam intrat. 5. Mārcus Lūcium videt et gaudet.

C 1 *Schreibe ab und ergänze ein Akkusativobjekt:* 1. Ancilla ~~~ vocat. 2. Gallus ~~~ timet. 3. Dominus ~~~ laudat. 4. Servus ~~~ salūtat. 5. Mārcus ~~~ nōn āmittit.

C 2 *Schreibe ab und ergänze eine adverbiale Bestimmung der Richtung unter Verwendung von* ad, in *oder* per: 1. Mārcus ~~~ venit. 2. Gallus ~~~ volat. 3. Ancilla Mārcum ~~~ vocat. 4. Gāius servum ~~~ vocat. 5. Equus ~~~ currit.

C 3 *Beantworte lateinisch:* 1. Quem domina laudat? 2. Quō equus currit? 3. Quem gallus nōn timet? 4. Quō gallus fugit? 5. Quid ancilla apportat?

D *Bilde den Akkusativ zu:* gallus; ancilla; victor; ōrātor; spēs; vīlla; servus; labor; aula; porta.

E Marcus et gallus

Cornelia aulam intrat. Gallus Corneliam videt et canit. Gallus ad Corneliam volat, nam Cornelia saepe cibum apportat.
Tum Marcus in aulam venit. Gallus Marcum videt. Gallus Marcum timet, nam Marcus gallum saepe terret. Gallus Marcum fugit. Marcus currit, sed gallum non capit. Cornelia Marcum vituperat.

Relief eines Marmorsarkophags. Verschiedene Arbeiten auf dem Feld.

F* 1. Das Pferd läuft in den Hof. 2. Das Pferd erschreckt Lucius und Cornelia. 3. Markus fängt das Pferd *(ein).* 4. Der Herr lobt Markus, aber er tadelt Syrus. 5. Der Hahn fürchtet sich vor dem Pferd *(fürchtet das Pferd).* 6. Der Redner kommt durch den Garten; er betritt das Landhaus.

S **Römische Landwirtschaft.** Die Landwirtschaft war der wichtigste Wirtschaftszweig im Altertum. Für die Bearbeitung des Bodens standen jedoch nur die Muskelkraft von Menschen und Tieren und einfache Geräte zur Verfügung. Mit dem römischen Pflug konnte der Boden nur aufgelockert werden. Als Dünger hatte man nur den Mist aus den Viehställen. Jedes Feld blieb in regelmäßigen Abständen ein Jahr lang unbebaut, damit der Boden sich erholen konnte. Die Erträge waren viel geringer als heute. Für die Ernährung der Bevölkerung mussten deswegen die meisten Menschen in der Landwirtschaft arbeiten.

An Getreide (*frumentum*) wurden Roggen und vor allem Weizen für Brot (*panis*) angebaut. Weizen wurde als Mehl zu Brot gebacken oder als Schrot mit Wasser und Salz zu Brei (*puls*) gekocht. Eine wichtige Rolle spielte daneben der Anbau von Obst und Gemüse. Kohl, Erbsen, Bohnen und andere, auch uns bekannte Gemüsesorten waren neben Brot und *puls* die Hauptnahrung der Römer. Speiseöl lieferte die Olive (*oliva*). Es gab Äpfel, Birnen, Pflaumen und Feigen; aus dem Orient wurden der Pfirsich (*malum Persicum* – „Apfel aus Persien") und die Kirsche (*cerasum*) übernommen. Meister waren die Römer im Weinbau; Gallier und Germanen haben ihn von den Römern gelernt.

Durch Ausgrabungen wissen wir, wie ein römischer Gutshof (*villa rustica*) aussah. Die Gebäude waren meist um einen rechteckigen Hof gruppiert. In den Gebäuden befanden sich die Wohnräume für die engere Familie des Herrn und für die *familia rustica,* d.h. für die Sklaven und freien Landarbeiter. Daran schlossen sich die Ställe für Pferde, Rinder, Maultiere, Hühner an. Auch ein Geräteschuppen fehlte nicht. In der Scheune wurde Getreide vor Regen geschützt. Manche Bauernhöfe hatten einen Weinkeller (*cella vinaria*), in dem auch die Geräte für die Weinbereitung aufbewahrt wurden. Dort lagerte der Wein in großen Gefäßen aus Ton, die oft in den Erdboden eingegraben waren.

Ein Buch über den Ackerbau (*de agri cultura*) schrieb der römische Politiker und Landwirt *M. Porcius Cato* im 2. Jahrh. v. Chr. Dort erfahren wir, dass der römische Bauer bestrebt war, alles selbst herzustellen, „niemals zu kaufen, sondern nur zu verkaufen". Das galt auch für Geräte, Geschirr und Kleidung (die die *familia* selbst herstellte). Was man nicht selbst brauchte, wurde auf dem Markt verkauft.

Seit dem 2. Jahrh. v. Chr. jedoch traten an die Stelle der kleineren Bauernhöfe in Italien meist Großgüter (*latifundia*), die Ackerbau und Viehzucht im Großen betrieben oder Wein und Oliven für den Export anbauten.

Lectio Tertia

A Diēs fēstus

1. Hodiē diēs fēstus est. 2. Gāius dominus nōn labōrat, sed ad āram deum adōrat. 3. Tum Paula ancilla ad cēnam bonam vocat. 4. Ōrātor Gāium et Valeriam vīsitat, fābulam nārrat. 5. Fābula parvam Cornēliam dēlectat, nam fābula nova est et fābula nova placet. 6. Etiam Valeria domina fābulam novam libenter audit. 7. Sed Gāius: „Fābula nova nōn est.“ 8. Gāius ōrātōrem malum nōn laudat, nam ōrātor malus dominum nōn dēlectat. 9. Tum Gāius per magnum campum ambulat. 10. Quamdiū Gāius ambulat? – Gāius ūnam hōram ambulat. 11. Ita dominus diem fēstum celebrat. 12. Sed Syrus servus tōtum diem labōrat. 13. Gāius saepe dīcit: „Servus bonus semper labōrat.“ – Servum bonum laudat.

B 1. Mārcus Lūcium amīcum salūtat. 2. Lūcius amīcus bonus est et Mārcum saepe vīsitat. 3. Paula ancilla Mārcum et Lūcium ad cēnam bonam vocat. 4. Cēna bona semper placet.

C 1 *Schreibe ab und ergänze eine adverbiale Bestimmung auf die Frage „Wie lange?“:* 1. Cornēlia ~~~ per campum et silvam ambulat. 2. Mārcus ~~~ amīcum vīsitat.

C 2 *Beantworte lateinisch:* 1. Quem dominus laudat? 2. Quō Lūcius currit? 3. Quis parvum gallum saepe terret? 4. Quamdiū Paula ancilla labōrat?

D *Hier stehen 10 Substantive:*
amīcam; equus; diēs; ōrātōrem; amīcus; vīllam; labōrem; silva; spem; ōrātor

und 10 Adjektive:
magna; fēstus; parvam; magnus; novam; magnam; parvum; bonus; malum; magnus.

Bilde aus diesen Wörtern 10 Paare. Aber denke daran, dass nicht jedes Adjektiv zu jedem Substantiv passt!

E

Columba Corneliam et Iuliam visitat

Columba per fenestram in villam volat. Columba parva est, sed Corneliam terret. Cornelia Iuliam amicam vocat. Iulia statim venit et columbam capit. Tum Iulia columbam ad amicam portat. Cornelia columbam spectat et gaudet. Nunc columba parva valde timet. Paula ancilla cibum apportat. Columba cibum devorat et per fenestram in aulam fugit. Nunc Cornelia columbam vocat, sed columba non venit. Columba in magnum hortum volat.

Grabstein eines jungen Mädchens von der griechischen Insel Paros, um 440 v. Chr. Das Mädchen hält zwei Tauben in den Händen.

F* 1. Markus geht gern durch den großen Wald spazieren. 2. Die Taube fliegt durch das kleine Fenster. 3. Eine schlechte Mahlzeit erfreut Lucius nicht. 4. Lucius ist ein guter Freund; er besucht seinen Freund Markus oft. 5. Cornelia hört gern eine gute Geschichte. 6. Paula, die Sklavin, trägt das Futter in den Hof.

S **Festtage (I), Opfer.** Die Römer kannten keine Siebentagewoche mit einem Sonntag als regelmäßigem Feiertag. Aber es gab im alten Rom viele Festtage, an denen nicht gearbeitet wurde. Die Behörden waren geschlossen, es fanden keine Gerichtsverhandlungen statt und für die Kinder fiel der Schulunterricht aus.

Ein Festtag war einem Gott oder mehreren Göttern geweiht, denn die Römer verehrten viele Götter. Zur Götterverehrung gehörte das Opfer, das an Festtagen von den Beamten und Priestern (*pontifices*) des römischen Staates dargebracht wurde. Nur sie vertraten das römische Volk gegenüber den Göttern des Staates. Geopfert wurden vor allem Tiere. Gesetz und Brauch legten den Ablauf des Opfers genau fest. Das Opfertier wurde an den Altar vor dem Tempel geführt. Auf dem Altar war ein Feuer entzündet. Der Priester bestreute den Kopf des Tieres und das Opfermesser mit Opfermehl. Der Opfernde sprach das vorgeschriebene Gebet. Versprach er sich, galt das als böses Vorzeichen und

Larenheiligtum im Haus der Familie *Vettii* in Pompeji, einem kleinen Tempel ähnlich.

die Handlung musste wiederholt werden. Dann wurde das Opfertier betäubt und getötet.

Für einen Römer waren Opfer selbstverständlich. Auch der römische Familienvater, der an einem kleinen Schrank oder Altar in seinem Haus die Schutzgötter (*lares*) des Hauses und der Familie verehrte, brachte zum Gebet ein Opfer dar, z.B. Weihrauch oder etwas Wein.

Lectio Quarta

A Syrus dominum vituperat

1. Mārcus et Lūcius amīcī sunt. Amīcī Paulam vident et ad ancillam currunt. Nam amīcī libenter fābulam novam audiunt. 2. Tum Cornēlia et Iūlia veniunt. Etiam puellae ancillam ōrant. Līberī cōnsīdunt. 3. Paula fābulās nārrat. Fābulae novae līberōs dēlectant. Līberī valdē gaudent. Etiam Syrus venit et multās fābulās bonās nārrat.

4. Syrus magnum labōrem nōn amat, nam magnī labōrēs servōs nōn dēlectant. Itaque Syrus magnōs labōrēs fugit. Syrus dīcit: „Gāius dominus servōs semper ad labōrem incitat. Sed labor rēs iūcunda nōn est. Rēs malae servōs nōn dēlectant. Servī rēs malās nōn amant, sed fugiunt."

5. Subitō Gāius per hortum venit, iānuam aperit, aulam intrat. Servī et ancillae statim ad labōrēs currunt. Nam Gāius dominus sevērus est. Saepe servōs et ancillās vituperat.

6. Posteā Gāius et servī arborēs altās caedunt. Equī arborēs longās in aulam trahunt.

B –

C 1 *Schreibe ab und ergänze ein Akkusativobjekt im Singular und Plural:*
1. Iūlia ~~~ nārrat. 2. Syrus ~~~ vocat. 3. Amīcus ~~~ vīsitat. 4. Equī ~~~ trahunt. 5. Servī ~~~ salūtant.

C 2 *Schreibe ab und ergänze eine adverbiale Bestimmung mit* ad, in *oder* per *im Singular und Plural:* 1. Magnī equī ~~~ currunt. 2. Servī equōs ~~~ agunt. 3. Gallus ~~~ volat.

C 3 *Von den Substantiven:*
equī; puella; gallum; dominī; ōrātōrēs; dominās; dominus; ancillae; arborēs; equōs; porta
sind einige als Subjekt geeignet, andere nicht. Schreibe die als Subjekt geeigneten heraus und füge sie in folgende Sätze ein:
1. ~~~ puellās vituperat. 2. ~~~ labōrēs fugiunt. 3. ~~~ sevērī sunt. 4. ~~~ altae sunt. 5. ~~~ magnī sunt. 6. ~~~ parva est.

D *Wir bestimmen Substantive:*

Die Form gallum *hat die Kennzeichen: Akkusativ Singular maskulin (Akk. Sg. m.) zu* gallus *Hahn.*
Bestimme ebenso KNG *(Kasus, Numerus, Genus) von:* puellae; silvās; equum; ancillās; labōrēs; diēs; spem; victōrēs; dominī; ārās.

E Liberi

Marcus et Lucius amici ferias agunt. Itaque non laborant, sed totum diem ludunt. Laeti sunt. Multas res iucundas agunt. Tum in silvam currunt. Ad locum apertum veniunt. Ibi arbor alta est. Amici arborem altam ascendunt. Cornelia et Iulia puellae veniunt et considunt, sed amicos non vident. Amici puellas valde terrent. Puellae timent, sed non fugiunt. Lucium et Marcum vident et rident. Amici et amicae laeti sunt et multas horas per silvam ambulant. Tandem liberi ad tumulum veniunt. Tumulum ascendunt et vicum vident. Libenter per silvam ad vicum currunt, villam intrant.

F* 1. Markus und Lucius sind gute Freunde. 2. Sie haben *(agunt)* jetzt Ferien; deswegen sind sie froh. 3. Die Freunde laufen in den Wald und betrachten die hohen Bäume. 4. Die Sklaven kommen in den Wald und fällen kleine Bäume. 5. Pferde ziehen die Bäume durch das Feld in den Hof.

Fragment eines römischen Festkalenders, wie er an wichtigen Plätzen öffentlich aufgestellt war. Die Buchstaben A–H geben die Wochentage an, daneben die Bezeichnung als Werktag (F und C) oder als Festtag (N und NP).

S **Festtage (II), Kalender.** Seit frühester Zeit kannten die Römer einen Kalender. Er verzeichnete die wichtigsten Festtage der verschiedenen Götter. Dieser alte Kalender wurde 46 v. Chr. von C. Iulius Caesar verbessert. Seit damals haben die Monate 30 bzw. 31 Tage und ist jedes vierte Jahr ein Schaltjahr. Außer den ständigen Festtagen (*dies nefasti* und *dies nefasti publici*) und den Werktagen (*dies fasti*) waren im römischen Kalender auch die Tage vermerkt, an denen wichtige Veranstaltungen wie Volksversammlungen abgehalten werden konnten (*dies comitiales*). Neben den ständigen gab es bewegliche Festtage und aus besonderem Anlass konnten auch noch zusätzliche Festtage

angesetzt werden, etwa um den Göttern für einen Sieg zu danken oder um sie durch besondere Opfer zu versöhnen.
Mehrere aufeinander folgende Festtage hießen *feriae.* Zu den längsten *feriae* gehörten die Saturnalien (*Saturnalia*) vom 13. bis zum 21. Dezember. Die römischen Bauern verehrten an diesem Fest den *Saturnus,* den Gott des Ackerbaus, der gerne mit einer Sichel in der Hand dargestellt wurde. Sie feierten die Wende zum neuen Jahr und zum baldigen Wiederaufleben der Natur mit einem fröhlichen und geräuschvollen Umzug, den man sich etwa wie unseren Karneval vorstellen kann. In Rom wurde vor dem Tempel des *Saturnus* ein großes Opfer dargebracht, an das sich ein öffentliches Festmahl anschloss. In den Familien feierte man, mit Freunden und Bekannten tauschte man Geschenke aus. Die Sklaven erhielten für einen Tag viele Freiheiten; bei einem Gastmahl wurden sie von ihren Herren bewirtet und bedient.
Schulferien hatten die römischen Jungen und Mädchen nicht nur, wenn staatliche *feriae* waren, sondern auch in der heißen Jahreszeit. Allerdings werden Marcus und Lucius nicht immer „bummelfrei" gehabt haben. Zur Erntezeit mussten auch die Kinder mitarbeiten.

Lectio Quinta

A Mārcus per aulam equitat

1. Mārcus equum cupit, nam Mārcus equitāre cupit. Itaque Syrus et Mārcus ad campum ambulant. 2. Ibī Mārcus equum videt, sed equus fugit. Mārcus equum capere nōn potest. Itaque Syrus equum capit.
3. Syrus equum fugere nōn sinit. Tum servus Mārcum venīre iubet. Mārcum equum cōnscendere iubet.
4. Servus Mārcum equum terrēre vetat. Tandem Mārcus equum cōnscendere potest. Nunc valdē gaudet.
5. Tum Lūcius per hortum venit. Mārcus Lūcium venīre videt et amīcum vocat. Lūcius amīcum clāmāre audit, Mārcum cōnspicit, in vīllam currit.
6. Ibī Lūcius Mārcum per aulam equitāre nārrat. 7. Valeria māter statim in aulam currit, magnum equum fīlium parvum portāre videt; valdē timet. Sed pater fīlium equitāre gaudet.
8. Nunc etiam Lūcius equitāre cupit, sed Mārcus Lūcium equum cōnscendere nōn sinit. 9. Itaque Lūcius Mārcum amīcum malum esse dīcit.

B 1. Tōta familia hōram vespertīnam adesse gaudet. 2. Gāius fīlium multōs convīvās ad cēnam invītāre iubet. 3. Ante cēnam māter et Cornēliam et Iūliam vīllam pūrgāre iubet.

C 1 *Was erzählt Lucius?*
Lūcius Mārcum per aulam equitāre nārrat. – Lūcius nārrat: „Mārcus per aulam equitat."
Verwandle ebenso den aci in einen Hauptsatz: 1. Lūcius magnum equum per hortum currere nārrat. 2. Lūcius servōs et ancillās labōrem fīnīre nārrat. 3. Lūcius Iūliam magnam arborem ascendere nārrat. 4. Lūcius Mārcum multōs amīcōs ad cēnam invītāre nārrat. 5. Lūcius amīcum aegrōtum esse nārrat. 6. Lūcius puellās laetās esse nārrat.

C 2 Gāius videt: Servī arborem caedunt. – Gāius servōs arborem caedere videt.
Verbinde ebenso die beiden Sätze zu einem einzigen Satz: 1. Māter videt: Fīlius per aulam equitat. 2. Mārcus dīcit: Lūcius amīcus bonus nōn est. 3. Pater vetat: Puellae tōtum diem per campōs ambulant. 4. Familia gaudet: Hōra vespertīna adest.

D *Wie lautet der Infinitiv?*
trahunt; salūtat; āmittit; est; dolent; audiunt; currit; adōrant; sunt.

E Lucius amicum aegrotum visitat

Marcus et Lucius saepe ad villam ludunt. Etiam hodie Lucius ludere cupit et amicum diu exspectat. Marcum non adesse valde dolet. Tandem mater Lucium Marcum visitare iubet; nam Lucium et Marcum amicos bonos esse scit. Lucius paret et per campum ad villam currit. Ibi Valeria Marcum filium aegrotum esse dicit. Marcus medicum exspectat, ambulare non potest. Sed Marcus aegrotus Lucium adesse gaudet et amicum intrare iubet. Lucius intrat, parvam mensam et talos[1] apportat, ad lectum considit. Tum amici multas horas talis[2] ludunt, fabulas narrant, laeti sunt.

1 tālus: Knöchel 2 tālīs: mit Knöcheln

F* 1. Gaius sieht seinen Sohn durch den Hof reiten. 2. Valeria befiehlt Cornelia, die Taube zu fangen. 3. Lucius erzählt, dass Markus krank ist. 4. Gaius verbietet Markus, das große Pferd zu besteigen. 5. Die Mutter ruft die Kinder zum Essen.

S **Spielzeug und Spiele.** Römische Kinder kannten viele Spiele, die auch heute noch gespielt werden, wie Verstecken, Fangen, Seilspringen, Tauziehen, den Reifen treiben oder auf einer Wippe schaukeln. Ein Geschicklichkeitsspiel wurde mit Nüssen gespielt: Man baute aus den Nüssen entweder kleine Türme auf, die man mit einem gut gezielten Wurf einer weiteren Nuss einstürzen las-

„Die Knöchelspielerinnen". Marmorbild aus Herculaneum, 1. Jahrh. v. Chr. Im Vordergrund zwei Frauen beim Spiel mit „Knöcheln" (talus)

sen musste, oder es galt, aus einer gewissen Entfernung mit einer Nuss in ein Loch oder aufgestelltes Gefäß zu treffen.

Bei Kindern und Erwachsenen gleichermaßen beliebt war das Ballspiel. Der Ball (*pila*) bestand meist aus Filz oder einem Wollknäuel, das mit Leder überzogen war. Es gab aber auch schon mit Luft gefüllte Bälle, großen Ballons ähnlich. Man spielte z.B. Faustball, Wurf- oder Prellball. Für diese Ballspiele gab es besondere Spielfelder, doch wissen wir wenig über die Spielregeln.

Große Freude hatten alte und junge Römer auch am Würfelspiel. Erwachsene spielten oft um Geld und mit hohem Einsatz, obwohl das – außer an den Saturnalien – gesetzlich verboten war. Es gab zwei Arten von Würfeln: Die einen sahen ebenso aus wie unsere Würfel – hatten also sechs mit Zahlpunkten bezeichnete Seiten; ein solcher Würfel hieß *tessera*. Es gab aber auch länglich geformte Würfel aus Tierknöcheln, die an den beiden langen Enden abgerundet waren. Sie hatten also nur vier Seiten. Jede Seite hatte einen anderen Wert: 1, 3, 4, 6. Diesen Würfel nannten die Römer *talus*. Man warf jeweils vier solcher Würfel. Wenn alle vier verschiedene Zahlen zeigten, galt das als bester Wurf (*Venus*, die römische Liebesgöttin). Als schlechtester Wurf (*canis* – Hund) galt, wenn alle vier Würfel dieselbe Zahl zeigten. Wer zwei oder drei gleiche Zahlen oder gar den „Hund" warf, musste entsprechend in die Kasse zahlen; wer die *Venus* warf, bekam dann die Summe.

Spielende Kinder. Relief von einem Sarkophag aus dem 3. Jahrh. n. Chr.

Lectio Sexta

A Familia ad cēnam cōnsidit

1. Valeria domina cum Paulā ancillā cibōs bonōs parat. 2. Paula tisanam[1] facit, Valeria dulcia[2] ē palmulīs[3] parat. Nam domina familiam cēnā bonā dēlectāre cupit. 3. Vesper appropinquat. Mārcus cum Lūciō amīcō in vīllam properat et celeriter in trīclīniō[4] cōnsīdit. 4. Puerī magnā cum laetitiā et spē cēnam exspectant. 5. Tandem Gāius cum servīs et ancillīs intrat. 6. Syrus cum Paulā magnō labōre mēnsās plēnās[5] cibōrum apportat. 7. Tum post labōrem cūnctī ad mēnsās cōnsīdunt.

1 tisana: Gerstengrütze 2 dulcia: Nachspeise 3 ē palmulīs: „aus Datteln"
4 in trīclīniō: „im Speisezimmer" 5 plēnus cibōrum: voller Speisen

B 1. Fēriae multīs rēbus līberōs dēlectant. 2. Hodiē Gāius Mārcum Lūciumque cum vēnātōribus in silvam properāre vetat. 3. Nam vēnātōrēs magnō cum clāmōre lupum agunt et hastīs necant. 4. Posteā Cornēlia amīcaque flōrēs colligunt. 5. Amīca Cornēliam flōribus ōrnat.

Römische Familie beim Essen. Darstellung auf einem Grabstein aus dem 1. Jahrh. v. Chr.

C 1 *Schreibe aus A und B alle Ablative ab und vertausche ihre Numeri.*

C 2 *Beantworte lateinisch:* 1. Quā rē Paula ancilla līberōs dēlectat? 2. Quōcum Gāius arborēs caedit? 3. Quōcum Mārcus saepe lūdit?

C 3 *Verwende die Substantive:*
labor; amīcus; rēs; cēna; hasta,
um die folgenden Sätze zu ergänzen:
1. Gāius cum ~~~ bonō in silvam properat. 2. Vēnātōrēs parvīs ~~~ lupum necant. 3. Servī magnō cum ~~~ arborēs caedunt. 4. Dominus multīs et bonīs ~~~ convīvās dēlectat. 5. Ancilla amīcōs et amīcās ad bonam ~~~ vocat.

C 4 *Mache aus den Adjektiven:*
magnus; altus; tōtus; bonus; parvus; laetus; ūnus; fēstus; multī; malus; novus
passende Attribute zu folgenden Beziehungswörtern und übersetze:
arborem; lupōs; amīcī; equōs; silvae; puellās; vēnātōrēs; spem; diēs; convīvās; fenestrae.

D –

E **Gaius convivas magna cena delectat**

Gaius Marcum filium multos convivas ad cenam invitare iubet, nam dies festus adest.
Sub vesperum convivae veniunt. Dominus cum domina convivas ad ianuam salutat et coronis ornat. Convivae laeti sunt, ad mensas accubant[1]. Syrus cum aliis servis cibos et vinum[2] apportat. Tum dominus dominaque cibis bonis, fabulis novis multisque aliis rebus convivas delectant. Magna cum laetitia convivae multas horas adsunt rebusque bonis gaudent.
Postea convivae surgunt et gratias agunt. Et Marcus et Cornelia ad ianuam currunt et „Valete!“[3] dicunt.

1 accubāre: (zu Tisch) liegen 2 vīnum: Wein 3 valēte: „auf Wiedersehen“

F* 1. Gegen Abend kommt Gaius mit seinen Gästen. 2. Gern setzen sich Cornelia und ihre Freundin an den Tisch. 3. Die Kinder schmücken das Haus mit Blumen. 4. Die Jäger laufen mit Speeren in den Wald. 5. Die Kinder besteigen mit großer Mühe den Hügel.

S **Die cena.** Die Arbeit des römischen Bauern oder Handwerkers begann früh am Tag. Vor oder während der Arbeit aß man im Allgemeinen nicht viel. Man war mit Brot, Honig oder Käse zufrieden oder man wärmte Speisen vom Vortag auf. Die Hauptmahlzeit (*cena*) nahmen die Römer am späten Nachmittag nach Feierabend ein. Man wusch sich oder badete, zog andere Kleider an, um sich etwa zur zehnten Stunde des Tages (gegen 16 Uhr) zu Tisch zu setzen oder auch zu legen (*accubare*).
Denn wenn der Römer sich bei der Mahlzeit ausruhen wollte oder wenn das Mahl an Festtagen reichlicher war und länger dauerte, lag er auf einem Sofa (*lectus*) am Tisch, einen Arm auf ein Polster aufgestützt. Diese Sitte stammte aus Griechenland und hielt sich bis zum 3. Jahrh. n. Chr.
Frauen und Kinder durften nach strenger alter Sitte nur sitzend am Mahl teilnehmen. Kinder saßen meist am Fußende des väterlichen Sofas. Bei kleineren *familiae,* in denen der Herr mit den Sklaven zusammen arbeitete, aßen auch die Sklaven mit am Tisch, saßen allerdings auf einer Bank.
In einfachen Häusern wurde im allgemeinen Wohnraum gegessen. In größeren Häusern gab es ein eigenes Speisezimmer (*triclinium*), in dem drei Liegen (griech. *clinae*) an drei Seiten des Tisches standen und oft fest eingebaut waren. Auf jeder Liege konnten drei Personen bequem Platz nehmen und so bestand bei einer Einladung zur *cena* die Gesellschaft oft aus neun Personen. Platz für mehr Gäste schuf man, indem man diese Anordnung von je drei Liegen um einen Tisch mehrfach wiederholte. Nahmen viele Personen am Essen teil, servierte man auf mehreren kleinen Tischen, die mit den fertig angerichteten Speisen hereingetragen wurden.

Die Römer aßen nicht mit Messer und Gabel, sondern nahmen die vom Koch fertig zugeschnittenen Speisestücke in die Hand. Zum Reinigen der Finger stand auf dem Tisch eine Schale mit lauwarmem Wasser. Suppen waren unbekannt. Soßen tunkte man mit Brot auf oder benutzte einen Löffel.

Lectio Septima

A Syrus dē circō nārrat

1. Merīdiē Mārcus Lūciusque fatīgantur[1], nam calor magnus est. 2. Itaque puerī ē vīllā in hortum currunt. 3. In hortō arborēs puerōs umbrā dēlectant. 4. Puerī sub arboribus altīs iacent. 5. Rīvulus[2] dē tumulō per hortum currit. 6. Tum Syrus Rōmā venit et clāmat: „Hodiē in circō lūdī sunt! Equī in circō currunt!“ 7. Statim līberī surgunt et Gāium ōrant; calor nōn iam fatīgat. 8. Gāius nōnā hōrā[3] cum puerīs ē vīcō Rōmam properat.

1 fatīgantur: sie werden müde 2 rīvulus: Bach 3 etwa um 15 Uhr

B 1. Mārcus: „Quis mēcum in campum venit?“ 2. In campō multī agricolae labōrant. 3. Merīdiē puerī et agricolae ē campō in silvam properant. 4. In silvā sub arboribus altīs cōnsīdunt. 5. Mārcus diēbus fēstīs circum vīsitāre et lūdōs spectāre cupit.

C 1 *Schreibe die separativen und lokalen Ablative aus A und B ab und vertausche ihre Numeri.*

C 2 *Beantworte lateinisch:* 1. Ubī līberī merīdiē sedent? 2. Quā rē arborēs puerōs dēlectant? 3. Unde Gāius cum līberīs in circum properat? 4. Ubī agricolae tōtum diem labōrant? 5. Quōcum Gāius ad lūdōs properat? 6. Quandō umbra puerōs dēlectat? 7. Quis appropinquat?

D *Ein Geheimbrief*

Wo hat sich Markus versteckt? Lucius sucht ihn, findet aber nur einen unverständlichen Brief:

Magnō aulās arboribus labōrem tandem rē. Libenter circō ūnō cēnās columbae servīs silvīs. Campum clāmōrēs ūnō multī bonō nōn appropinquat lectīs per grātiam. Equō cum convīvīs vesper cupiunt tumulō ōrātōre equīs. Cibōs spē ex vīllās tōtō.

Darunter steht noch: „Die Ablative nennen mein Versteck.“ Lucius verbindet die ersten Buchstaben aller Ablative, dann kennt er es auch.

Der Circus Maximus. Ausschnitt aus einem Modell, das Rom etwa zur Zeit des 4. Jahrh. n. Chr. zeigt. In der Mitte der *arena* die Trennmauer, geschmückt mit verschiedenen Aufbauten, an ihren Enden die Wendemarke.

E In circo

Decima hora Gaius cum pueris in circum venit. Multi spectatores iam in circo sedent. Clamant et magna cum laetitia ludos exspectant. Tum equi e carceribus[1] volant et currus[2] per arenam trahunt. Spectatores magno clamore equos et aurigas[3] salutant. Aurigae[3] equos clamore et flagellis[4] incitant.

Et Marcus et Lucius cum spe et cum timore equos et aurigas[3] spectant; timent, nam multos aurigas[3] cum equis cadere vident. Servi equos, aurigas[3], currus[2] ex arena trahunt. Victorem laetum spectatores magno clamore celebrant.

Tum cameli[5] carrum per arenam trahunt. In carro simia[6] sedet. Simia[6] auriga[3] bonus est, sed tamen subito de carro cadit et ex arena currit. Spectatores valde rident.

1 ē carceribus: „aus den Boxen“ 2 currūs (Akk.Pl.): Rennwagen 3 aurīga (wie agricola): Wagenlenker 4 flagellīs: „mit Peitschen“ 5 camēlus: Kamel 6 sīmia: Affe

F*

1. Die Jungen kommen aus dem Landhaus und laufen in den Garten. 2. Im Garten macht ein großer Baum den Gästen mit seinem Schatten Freude. 3. Zur zehnten Stunde setzt sich der Herr zu Tisch. 4. Die Tauben fliegen vom Baum herab. 5. Der Hahn fliegt auf *(in)* den Baum.

Affe als Wagenlenker. Relief aus dem 2. Jahrh. n. Chr.

S

Zirkusspiele (ludi circenses). Zu den Hauptvergnügen der Römer zählte ein Besuch im Zirkus. Unter *circus* verstanden die Römer jedoch etwas anderes als wir: nicht ein Zelt, in dem Artisten oder Tiere ihre Kunststücke vorführen, sondern eine Rennbahn für Pferde und Wagen. Die Bahn *(arena)* eines römischen *circus* war ein lang gestrecktes Oval; durch eine niedrige Trennmauer in der

Ein Konsul zwischen Zirkusparteien. Jede Zirkuspartei hatte ihre eigene Farbe. Marmorintarsie aus der Basilika des Iunius Bassus in Rom.

Mitte wurde sie in zwei Längsbahnen geteilt. Jeweils am Ende der Mauer, von ihr abgetrennt, standen kegelförmige Säulen als Wendemarken, die umfahren werden mussten. Solche Rennbahnen, die oft Zehntausende von Zuschauern fassten, gab es in vielen römischen Städten. Im *Circus Maximus,* der Hauptrennbahn in Rom (Länge der *arena* ca. 550 m, Breite ca. 80 m), fanden rund 250000 Zuschauer Platz.

In jedem Rennen mussten sieben Runden gefahren werden und je nach Breite der *arena* starteten bis zu vier Wagen gleichzeitig aus den Boxen *(carceres).* Der leichte, zweirädrige Rennwagen (*currus*), auf dem aufrecht der Wagenlenker (*auriga*) stand, wurde von vier nebeneinander laufenden Pferden gezogen. Der Wagenlenker war in der Farbe der Rennmannschaft gekleidet, für die er startete. Zum Schutz gegen Hautabschürfungen bei einem Sturz war sein Oberkörper mit Lederriemen umwickelt.

Den Gegner zu behindern oder sogar ihn so anzurempeln, dass sein Wagen umstürzte, war nicht verboten. Vor allem an den Wendemarken kam es oft zu rücksichtslosen Kämpfen und tödlichen Unfällen. Die Trümmer solcher Unfälle wurden rasch aus der *arena* entfernt, die Blutspuren mit Sand überstreut.

Es wurden mehrere Rennen gefahren. Der Sieger erhielt einen Geldpreis und fuhr dann noch eine Ehrenrunde.

Lectio Octava

A Populus Rōmānus in Campum Mārtium properat

1. Māne Mārcus multōs vīcīnōs per vīcum properāre videt. Mārcus: „Cūr tam māne in viā estis, vīcīnī? Quō properātis? Quid agitis?“
2. Vīcīnī: „Rōmam in Campum Mārtium properāmus, Mārce. Ibī cōnsulēs novōs creāmus.“
3. Aliī interrogant: „Cūr domī es, Mārce? Cūr nōn venīs nōbīscum? Venī in Campum Mārtium! Spectā cōnsulēs novōs! Audī ōrātōrēs dē rē pūblicā ōrāre!“
4. Mārcus: „Iam veniō, iam currō, iam adsum.“
5. Mārcus statim ad Gāium patrem properat: „Venīsne, pater, mēcum in Campum Mārtium? O, venī! Cōnsulēs novōs vidēre cupiō.“

B Cūr nōn cūnctī Rōmam vīsitant?

1. Mārcus Lūcium invītat: „Egō cum patre Rōmam migrō. Etiamne tū nōbīscum venīs, Lūcī?“ 2. Lūcius: „Libenter vōbīscum veniō, Mārce.“ 3. Mārcus: „Bene est. Aliī puerī domī esse dēbent; sed nōs iam virī sumus, Rōmam migrāmus, cōnsulēs novōs vidēmus.“ 4. Gāius: „Vōs cūnctōs invītō, puerī; properāte! Mēcum Rōmam migrāte!“
5. Amīcī: „Iam venīmus, volāmus, adsumus.“
6. Tum Cornēlia: „Cūr mē nōn invītās, pater? Tē ōrō: Sine mē vōbīscum migrāre!“ 7. Gāius: „Tē nōn invītō, tū puella es, domī esse dēbēs; nam lēgēs[1] Rōmānae fēminās ā Campō Mārtiō et ā rē pūblicā prohibent.“
8. Tum Syrus: „Mēcum venī, Cornēlia! Vīsitā mē in hortō! 9. Nam egō ibī labōrāre dēbeō. Tē libenter in hortō lūdere flōrēsque colligere sciō. Venī, tē exspectō.“
10. Cornēlia: „Nōn laeta sum, invīta[2] pāreō. Cūr nōs puellae semper pārēre dēbēmus?“

1 lēgēs f. (Nom.Pl.): die Gesetze 2 invīta: „widerwillig“

C Ubī estis, amīcī? – In hortō sumus.

Schreibe ab und setze ebenso die richtige Personalform ein: 1. Quandō Rōmam migrās, Mārce? – Nōnā hōrā Rōmam ~~~. 2. Unde venītis, servī? – Ē campō ~~~. 3. Quōcum lūdis, Iūlia? – Cum Cornēlia ~~~. 4. Quandō convīvās invītās, Gāī? – Diē fēstō convīvās ~~~. 5. Quid in hortō agitis, puellae? – In hortō flōrēs (colligere). 6. Ubī sunt servī? – Syrus cum Cornēlia in hortō (lūdere); aliī servī in campīs (labōrāre).

D 1 *Das verflixte O!*
Was heißt: laudō; campō; egō; agō; quō; bonō; quandō; migrō; lectō; lūdō; vincō; vīcō; subitō?

D 2 *Wie steht es mit -es?*
Was heißt: dolēs; terrēs; spēs; victōrēs; rīdēs; diēs; es; flōrēs; placēs?

D 3 currit – currunt
Vertausche ebenso den Numerus: es; creō; laudātis; invītant; dēbēmus; migrat; sumus; est; adestis; adest; adsumus; adōrā!; colligite!; pārēte!

E Gaius de re publica Romana narrat

Gaius cum Marco Lucioque Via Appia Romam migrat. In via Marcus et Lucius Gaium de populo Romano interrogant.

Marcus: „Quis, pater, est populus Romanus?“

Gaius: „Ego vir Romanus sum, Marce. Populus Romanus e cunctis viris Romanis constat.“

Marcus: „Egone vir Romanus sum, pater?“

Gaius: „Tu, Marce, non vir, sed puer es. – Consules cunctos viros Romanos quotannis in Campum Martium vocant. Ibi populus Romanus consules novos creat.“

Marcus: „Quis, pater, est consul?“

Gaius: „Consul cum collega rem publicam Romanam administrat. Nam populus Romanus quotannis binos[1] consules ex senatoribus creat.“

Marcus: „Narra, pater, de senatoribus!“

Gaius: „Senatores viri nobiles[2] sunt. Consul senatores saepe in curiam vocat et de re publica consulit.“

Marcus: „Num tu, pater, senator es?“

Gaius: „Ego agricola et civis[3] Romanus sum, Marce.“

Lucius: „Ecce Roma, Gai! Iam video Capitolium[4].“

1 bīnōs (Akk.Pl.): zwei   2 nōbilēs (Nom.Pl.): adlig, vornehm   3 cīvis: Bürger
4 Capitōlium: das Kapitol (der Burgberg Roms)

F* 1. Der Konsul fordert die römischen Männer auf, auf das Marsfeld zu kommen. 2. Du kommst mit deinem Sohn auf das Marsfeld. 3. Auf dem Marsfeld wählen wir die Konsuln. 4. Der Redner preist die neuen Konsuln. 5. Die Konsuln verwalten mit den Senatoren die Republik.

Vorderseite einer römischen Münze aus der Zeit des Augustus: Triumphwagen, von vier Pferden gezogen, darunter SPQR.

S **Senat und Volksversammlung.** Auf Münzen, Inschriften und militärischen Abzeichen Roms stand oft *SPQR – Senatus PopulusQue Romanus.* Das war das Zeichen für den römischen Staat und seine Macht. Die zweite politische Kraft der *res publica* (neben dem Senat) war die Volksversammlung.

Dem Senat *(senatus)* gehörten ursprünglich nur die „Ältesten" an, nämlich die Oberhäupter der Adelsfamilien. Die Senatoren wurden deswegen mit *patres* angeredet. In späterer Zeit wurde ein Römer Senatsmitglied, sobald das Volk ihn in ein höheres Staatsamt gewählt hatte. Allerdings saßen auch weiterhin vor allem die Angehörigen der alten und bedeutenden adligen Familien im Senat.

Einen Senator erkannte man an zwei Purpurstreifen, die auf der Vorderseite seines Untergewandes, der *tunica,* von oben nach unten verliefen, an seinem goldenen Fingerring und an seinen Schuhen aus rotem Leder. Bei den höchsten Beamten und Priestern war auch die *toga* am Saum mit Purpur verziert. Der Senat war zuständig für Fragen der Religion und der Götterverehrung, für alle Geldangelegenheiten des Staates, und er beriet über die wichtigen politischen Fragen. Vor allem beschloss er über Krieg und Frieden.

Die Volksversammlung bestand aus allen römischen Bürgern. Römischer Bürger (*civis*) war zur Zeit um Christi Geburt fast jeder erwachsene, freie Mann in Italien. Auch außerhalb Italiens konnte das römische Bürgerrecht an einzelne Personen verliehen werden. Bei einer Steuerschätzung des Kaisers Augustus um Christi Geburt wurden etwa 5 Millionen römische Bürger gezählt.

Die Volksversammlung wählte die Beamten und stimmte über Gesetzesanträge ab. Sie trat allerdings nur in Rom zusammen. Ein Bürger musste also in die Hauptstadt kommen, wenn er seine Stimme abgeben wollte.

Lectio Nona

A Rōmānī dē candidātīs iūrgant

Mārcus Gāium dē rē pūblicā interrogat. –
Gāius ā Mārcō dē rē pūblicā interrogātur.

1. Gāius cum puerīs Rōmam intrat; magnus clāmor ā līberīs in viīs audītur. 2. Ibī candidātī ā populō cum clāmōre laudantur vel vituperantur. 3. In mūrō ā Mārcō litterae leguntur: M. TULLIUM COS. O.V.F. 4. Gāius dē litterīs interrogātur et legit: „Mārcum Tullium cōnsulem, ōrō vōs, faciātis[1].“ 5. Gāius: „Mārcus Tullius Cicerō magnus ōrātor et candidātus bonus est. Mārcum Tullium Cicerōnem ā populō amārī sciō.“

6. Tum cīvis[2] prōlētārius appropinquat et clāmat: „Tē inepta[3] dīcere cēnseō, agricola. M. Tullius candidātus dīvitum[4] est! Prōlētāriī tantum ā L. Sergiō Catilīnā adiuvantur. Catilīna candidātus noster est! Ā nōbīs creārī dēbet.“
7. Gāius contrā dīcit: „Neque egō ā Catilīnā adiuvor neque vōs prōlētāriī ā Catilīnā adiuvāminī!
8. Catilīna cīvis[2] malus est; rem pūblicam nōn amat.“ 9. Aliī prōlētāriī clāmant: „Immō vērō[5] Catilīna senātōrēs nōn amat.
10. Etiam tū, agricola, ā senātōribus vexāris et dēspoliāris!
11. Nam nōs cūnctī ā senātōribus dēcipimur et dēspoliāmur!“

1 cōnsulem faciātis: „wählt zum Konsul!“ 2 cīvis: „ein Bürger“ 3 inepta (Akk.Pl.): Unsinn 4 dīvitum: „der reichen Leute“ 5 immō vērō: vielmehr

Lebensgroße Bronzestatue eines Redners, 1. Jahrh. v. Chr., gefunden in Herculaneum.

B 1. Subitō nūntiātur: „Ūnus dē candidātīs ē cūriā ad Campum Mārtium dūcitur.“ 2. Statim locus multīs Rōmānīs complētur. 3. Puerī timōre capiuntur et ā Gāiō dē viā trahuntur. 4. Iam candidātum ā senātōribus ē cūriā dūcī lectīcamque[1] cōnscendere vident. 5. M.Tullium ā multīs magnā laetitiā salūtārī audiunt. 6. Sed lectīca[1] celeriter portātur neque iam vidērī potest. 7. Clāmor fīnītur.

1 lectīca: Tragsessel, Sänfte

C *Aktiv und Passiv*
Amīcus Mārcum invītat. – Mārcus ab amīcō invītātur.
Was geschieht bei der Verwandlung aus dem Aktiv ins Passiv mit dem Subjekt? Was mit dem Akkusativobjekt?
Verwandle ebenso: 1. Gāius puerōs vocat. 2. Mārcus magnum clāmōrem audit. 3. Multī Catilīnam laudant. 4. Gāius rem pūblicam amat. 5. Cōnsul Rōmānōs Rōmam vocat.

D 1 *Was kann* -or *alles bedeuten?*
Übersetze: laudor; ōrātor; dūcor; vexor; labor; victor; vincor; clāmor; adiuvor; vēnātor; cōnsulor.

D 2 audīs – audīris. vocāmur – vocāmus.
Verwandle ebenso vom Aktiv ins Passiv oder umgekehrt:
invītātis; exspectāmur; vocās; vinceris; ōrnātis; salūtās; capior; fatīgās; spectātis; capiminī; interrogāmus; spectat.

E Consules in Campo Martio creantur

Gaius et pueri in Campum Martium veniunt. Totus campus populo completur. Tandem consul cum lictoribus[1] in Campum Martium venit, pro tribunali[2] considit.

Tuba canit, clamor finitur. Tum consul candidatos nominat et populum ad suffragium[3] vocat.

A Gaio nomen[4] in tabella inscribitur. Etiam ceteri viri tabellas inscribunt. Tabellae colliguntur et numerantur. Magna cum spe populus exspectat.

Tandem consul surgit et nuntiat: „Marcus Tullius Cicero et Gaius Antonius Hybrida consules novi sunt.“

1 cum līctōribus: „mit seinen Amtsdienern“ 2 prō tribūnālī: „auf der Tribüne“ 3 ad suffrāgium: „zur Abstimmung“ 4 nōmen (Nom.Sg.): Name

F* 1. Markus wird von Lucius zum Spiel eingeladen. 2. Cornelia sagt: „Warum werde ich nicht eingeladen? 3. Auch ich möchte eingeladen werden.“ 4. Markus: „Ihr Mädchen werdet alle von mir eingeladen. 5. Kommt in der sechsten Stunde in den Hof!“

Römische Münze, Silberdenar, geprägt 63 v. Chr., Rückseite. Ein Bürger wirft eine Stimmtafel in die Urne.

S **Beamte, Wahlen.** Alle Beamten (*magistratus*) der *res publica* wurden von der Volksversammlung gewählt. Ihre Amtszeit begann am 1. Januar und dauerte ein Jahr.

Die höchsten Beamten waren die beiden *consules.* Sie regierten, erteilten anderen Beamten Befehle, kommandierten das Heer im Kriege, leiteten Volks- und Senatsversammlungen. Beide Konsuln waren gleichberechtigt. Waren sie sich bei einer Entscheidung einig, so wurde sie ausgeführt. War der *collega* nicht einverstanden und sprach sein *veto,* so unterblieb die Maßnahme. Bei wichtigen Entscheidungen befragten die Konsuln den Senat und richteten sich im Allgemeinen nach dem Beschluss der *patres.*

Nur in Notzeiten wurde ein *dictator* ernannt, der fast uneingeschränkte Macht besaß. Er musste aber nach spätestens sechs Monaten sein Amt wieder abgeben.

Andere, ebenfalls auf ein Jahr gewählte Beamte waren die Prätoren, die sich hauptsächlich um die Rechtsprechung kümmerten, die Ädilen, die für die Ordnung in der Stadt und für die öffentlichen Bauten zuständig waren, und die Quästoren, welche die Staatskasse verwalteten. Die Reihenfolge für diese Staatsämter war genau festgelegt, und so konnte Konsul nur werden, wer zuvor Quästor, dann Ädil und Prätor gewesen war. Die Kandidaten stammten fast immer aus der adligen Oberschicht. Außerdem mussten sie viel Geld haben, denn die Staatsämter waren Ehrenämter, d. h., die Beamten wurden für ihre Tätigkeit nicht bezahlt, sondern mussten im Gegenteil oft Geld aus eigener Tasche zuschießen.

Der Ablauf der Wahlen, die im Herbst auf dem Marsfeld stattfanden, war genau geregelt. Die Bürger waren nach Stand und Besitz in Wahlgruppen (*centuriae*) eingeteilt. Gewählt wurde mit Stimmtäfelchen, *tabellae,* die man beim Betreten des eingezäunten Wahlplatzes erhielt. Beim Verlassen gab man sie wieder ab, mit einem eingeritzten Zeichen für einen bestimmten Kandidaten. Die Stimmen der wohlhabenden Bürger zählten am meisten, die der *proletarii,* und das war die größte Gruppe der Bürger, am wenigsten.

Lectio Decima

A Titus avunculus ex Asiā venit

1. Mārcus et Cornēlia soror in aulā labōrant. Cornēlia Mārcum interrogat: „Cui cibum dās, Mārce?“ 2. Mārcus: „Equō cibum dō.“ Mārcus Cornēliae sorōrī dīcit: „Cibum columbīs dā!“ 3. Etiam Syrus adest, magnīs equīs cibum dat.
4. Subitō mīles legiōnārius aulam intrat. Līberī magnō cum timōre legiōnārium spectant. 5. Sed legiōnārius rīdet; Mārcō appropinquat dīcitque: „Dīc mihi, Mārce: Nōnne mē cognōscis? Titus sum, avunculus. 6. Cum Pompēiō imperātōre ex Asiā veniō. An tibi avunculus īgnōtus est?“
7. Lūcius venit, Titum statim cognōscit. 8. Titus puerīs: „Nūntiāte patribus vestrīs mē, Titum legiōnārium, adesse!“ 9. Mārcus tandem mīlitem avunculum suum esse cognōscit: „Avunculus mihi īgnōtus nōn est. Salvē, avuncule!“
10. Mārcus Titum ad equum suum dūcit: „Ecce, avuncule, mihi parvus equus est. Tē nōs vīsitāre gaudēmus; magna nōbīs laetitia est.“
11. Tum Gāius aulam intrat et Titum salūtat: „Salvē, Tite! Quid nōbīs nūntiās?“ 12. Titus: „Nūntiō vōbīs victōriam. Pompēius imperātor semper reī pūblicae Rōmānae bene cōnsulit.“ 13. Gāius: „Tē adesse gaudeō. Pompēius bene cōnsulit et vōbīs et rēbus vestrīs.“

B 1. Cornēliae nōn multae columbae sunt. 2. Gāiō nōn multī servī sunt. 3. Dominus familiae cōnsulere dēbet.

C *Schreibe ab und ergänze einen Eigennamen oder ein Pronomen im Dativ:*

1. Titus ~~~ īgnōtus est. 2. Līberī ~~~ cibum dant. 3. Gāius ~~~ bene cōnsulit. 4. Diē fēstō ~~~ magna laetitia est. 5. ~~~ multae columbae sunt. 6. Mīles legiōnārius ~~~ dē Pompēiō nārrat.

D *Diesmal das verflixte* -i! *Stelle die Wörter nach Wortarten zusammen und übersetze sie!*

imperātōrī; laudārī; amīcī; complērī; dūcī; dominī; dūciminī; reī; domī; deī; diēī; vincī; ibī; salūtāminī; mihi; tibi, aliī; arborī; dīcī; ubī; capiminī; cui; cibī.

Fünf Prätorianer, im Hintergrund ein Legionszeichen. Relief aus dem 1. Jahrh. n. Chr. Die Prätorianer waren die ausgewählte Schutztruppe der römischen Kaiser.

E Titus amicis de magna pugna narrat

Sub vesperum Marcus avunculum orat: „Narra nobis de Asia et de Pompeio! Narra de pugnis vestris!"

Iam Titus narrat: „Audite! Cum Pompeio in Asia sumus. Subito imperatori hostes nobis insidias parare nuntiatur. Planities aperta locus pugnae idoneus[1] est. Ibi Pompeius aciem instruit. In planitie acies

Romana hostibus appropinquat. Ante pugnam imperator ad aciem equitat et aciei Romanae dicit: ‚Hostes multos esse scimus, sed vos, milites, semper virtute[2] hostes superavistis[3]. Itaque etiam hodie cum deis patriae adeste et rei publicae gloriam parate!‘
Multi hostes subito ad aciem Romanam equitant. Equi milites magno terrore complent. Itaque Pompeius copias novas legionariis submittit. Diu pugnatur.
Iam vesper adest. Pugna longa fatigamur. Tandem hostes vincuntur et fugiunt. Multi capiuntur. Imperator captivos multasque res nobis militibus dat.“

1 idōneus (m. Dat.): geeignet für 2 virtūte (Abl.Sg.): durch Tapferkeit
3 superāvistis: ihr habt überwunden

F* 1. Gaius, der Hausherr, sorgt für seine Familie. 2. Paula und Cornelia bringen das Essen für die Jungen herbei (*apportare*). 3. Markus sagt zu Titus: „Ich freue mich, dass du uns besuchst.“ 4. Titus erzählt den Jungen und Mädchen vom Feldherrn Pompeius und vom großen Kampf. 5. Der Feldherr sagt den Soldaten: „Die römischen Götter sorgen immer für den römischen Staat.“

S **Der römische Soldat.** In der römischen Republik war im Kriegsfall jeder Bürger zwischen etwa 18 und 45 Jahren wehrpflichtig. Der Bürger-Soldat musste je nach Vermögen selbst für seine Waffen und Ausrüstung sorgen. Der reiche Grundbesitzer diente mit eigenem Pferd in der Reiterei, der Bauer als Schwerbewaffneter zu Fuß, der Arme als Bogenschütze oder als Handwerker bei der Versorgung der Truppe.
Bei der Eroberung erst Italiens, danach immer weiterer Gebiete haben die Römer viele lange Kriege geführt. Die römischen Soldaten mussten oft jahrelang im Ausland kämpfen. Das war für die Bauern, die dann ihren Hof nicht selbst bewirtschaften konnten, eine zu schwere Belastung. So kam es, dass zur Zeit des Feldherrn Pompeius (1. Jahrh. v. Chr.) das römische Heer nicht mehr aus wehrpflichtigen Bauern, sondern vorwiegend aus länger dienenden Freiwilligen bestand, die vom Staat ausgerüstet und besoldet wurden.
Auch den Legionär Titus können wir uns als Berufssoldaten vorstellen, der nach zwanzig Dienstjahren entlassen und mit Geld und einem Stück Ackerland belohnt worden ist.
Zur Ausrüstung eines römischen Soldaten gehörten Helm, Brust- und Schulterpanzer, Schild, Schwert und zwei Lanzen. Auf dem Marsch trug er dazu noch eine Menge Gepäck: Verpflegung, Essgeschirr, Spaten oder Hacke und einen Holzpfahl, weil nach dem Marsch abends ein befestigtes Lager gebaut werden musste. Waffen und Gepäck eines römischen Soldaten, mit denen er eine tägliche Marschstrecke von rund 25 Kilometern zurücklegen musste, wogen zusammen 30 bis 40 Kilogramm.

Lectio Undecima

A Rōmulus et Remus geminī ā Faustulō servantur

Faustulus pāstor est. Casa pāstōris parva est. Ibī cum Lārentiā uxōre vīvit.

Faustulus prīmā hōrā diēī iānuam casae aperit. Subitō clāmōrem parvōrum puerōrum audit. Procul duōs[1] parvōs puerōs in rīpā fluviī iacēre videt. Magna lupa puerōs nūtrit[2]. Faustulus plēnus timōris est, tamen puerīs et lupae appropinquat. Lupa fugit; Faustulus geminōs ad casam portat. Ita vīta puerōrum servātur. Geminī Rōmulus et Remus nōminantur. Magnā cum cūrā Faustulī Lārentiaeque ēducantur[3] et cum cēterīs pāstōribus vīvunt.

1 duōs (Akk.Pl.): zwei 2 nūtrīre: säugen 3 ēducāre: erziehen

B 1. Titus mīles līberīs Gāī frātris dē rēbus gestīs imperātōris Pompeī nārrat. 2. Memoria rērum gestārum populī Rōmānī etiam hodiē servātur. 3. Magnus numerus spectātōrum iam in circō sedet. 4. Clāmor multōrum virōrum in circō ā puerīs audītur. 5. Merīdiē umbra magnae arboris pāstōres dēlectat. 6. Mārcus convīvās invītat: „Venīte, vīcīnī, nōnā hōrā diēī ad vīllam Gāī patris!"

Die „Capitolinische Wölfin", 5. Jahrh. v. Chr. Die Zwillinge Romulus und Remus sind Ergänzungen des 15. Jahrh. n. Chr.

C *Beantworte lateinisch:* 1. Cuius uxor Lārentia est? 2. Cuius clāmōrem Faustulus audit? 3. Ā quō geminī inveniuntur? 4. Ad cuius casam geminī portantur? 5. Quōcum Rōmulus et Remus vīvunt?

D 1 clāmor – vēnātōres; clāmor vēnātōrum
Setze ebenso zu den Nominativen:
soror; victōria; umbra; spectātōrēs; hortī; laetitia
passende Genitive aus folgenden Wörtern:
lūdus; agricola; amīcī; populus Rōmānus; arborēs; puellae.

D 2 *Jetzt hat das -um auch einen Zwillingsbruder!*
Bestimme und stelle nach Gruppen zusammen: spectātōrum; ūnum; campōrum; campum; cum; lupārum; ōrātōrum; agricolārum; lupum; flōrum; tum; equum; equōrum; tubārum.

E Faustulus geminis de patre et matre narrat

Post multos annos Faustulus pueris narrat: „Audite, pueri! Nunc vobis de matre vestra et de patre vestro narro: Nam ego pater vester non sum, neque Larentia mater vestra est. Vos, pueri, filii Martis dei estis. Mater vestra Ilia nominatur. Avus[1] vester olim rex Latii[2] fuit[3]; ab Amulio fratre dolo malo expulsus est[4]. Amulius servum filios Iliae – vos! – necare iubet. Servus misericordiae plenus est; vos non necat, sed in ripa Tiberis[5] fluvii deponit et fugit. Ibi a me videmini et servamini.“
Pueri res gestas magna cum ira audiunt. Postea Romulus et Remus cum aliis pastoribus avunculum malum puniunt. Tum in ripa Tiberis[5] fluvii Roma conditur.

1 avus: Großvater 2 rēx Latiī: „König von Latium“ 3 fuit: „er war“
4 expulsus est: „er wurde vertrieben“ 5 Tiberis: „des Tiber“

F* 1. Zur ersten Stunde des Tages kommt der Hirte Faustulus aus seiner Hütte. 2. Er sieht eine Wölfin und hört das Weinen kleiner Kinder (…, dass kleine Kinder weinen). 3. Oft spielen die Zwillinge mit den anderen Kindern der Hirten. 4. Nach vielen Jahren hören Romulus und Remus von Faustulus: 5. „Ihr seid nicht Söhne eines Hirten, sondern die Söhne des Gottes Mars und der Ilia.“

S **Die Anfänge Roms.** Wie bei vielen anderen Völkern liegen auch die Anfänge des römischen Volkes im Dunkeln. Später, als Rom groß und mächtig war, haben Geschichtsschreiber und Dichter die römische Frühzeit mit Sagen und Legenden ausgeschmückt.

Die Cloaca maxima, der älteste und bedeutendste Entwässerungskanal Roms. Er mündet unterhalb des Pons Aemilius (heute: Ponte Rotto) in den Tiber.

So knüpft der römische Dichter *Vergil* (im 1. Jahrh. v. Chr.) an die alte griechische Sage von der Stadt Troja an, die in der Nähe der Durchfahrt vom Mittelmeer zum Schwarzen Meer lag und der Sage nach von den Griechen zehn Jahre lang bestürmt und schließlich zerstört wurde. Ein überlebender Trojaner, *Aeneas,* sei nach langer Irrfahrt mit wenigen Gefährten in Italien gelandet und habe sich in Latium, der Landschaft, in der später Rom liegen sollte, niedergelassen.

Zu den Nachkommen des Aeneas zählten, wie die Sage weiter berichtet, die Zwillingsbrüder *Romulus* und *Remus.* Sie gründeten am *Tiber* – dort, wo sie einst als Säuglinge ausgesetzt worden waren – eine Stadt, die sie *Roma* nannten. Das soll 753 v. Chr. geschehen sein. „Seit Gründung der Stadt" (*a. u. c. – ab urbe condita*) war später bei den römischen Geschichtsschreibern die gebräuchliche Jahreszählung.

Die Lage des Ortes war tatsächlich günstig: Hier kreuzten sich zwei wichtige Handelswege, die Wasserstraße auf dem Tiber und der Landweg von Norden nach Süden. Hier, etwa 25–30 Kilometer vom Meer entfernt, konnte der Tiber zum letzten Mal vor der Mündung leicht überquert werden.

Wie Ausgrabungen gezeigt haben, waren einige der sieben Hügel Roms schon sehr früh besiedelt. Der zentrale Platz zwischen den Hügeln, später das *forum Romanum,* war ursprünglich ein sumpfiges Gebiet. Es wurde durch einen Kanal, die *cloaca maxima,* entwässert und diente dann als Markt und Versammlungsplatz.

Lectio Duodecima

A –

B Rōmulus Remum frātrem necat

Nunc Rōmulus et Remus frātrēs dominī Latiī sunt. Rōmulus cūnctōs pāstōrēs et agricolās vocat: „Venīte ē vīcīs et casīs vestrīs, pāstōrēs et agricolae! Vīvite nōbīscum in nostrō vīcō novō! Vīcus novus ā nōbīs Rōma nōminātur.“
Multī pārent et veniunt. Tum Rōmulus cum pāstōribus et agricolīs Rōmam condit et parvō mūrō circumdat. Remus frāter autem mūrum novum spectat et interrogat: „Cūr mūrus Rōmae tam parvus est, frāter? Etiam ā puerō trānsilīrī[1] potest.“ Rōmulus autem magnā cum īrā frātrī respondet: „Quī[2] mūrum nostrum trānsilit[1], ā mē necātur, Reme, nam mūrus Rōmae sānctus est!“ Tamen Remus mūrum trānsilit[1]. Statim poenās solvit: Ā frātre suō necātur.

1 trānsilīre: überspringen 2 quī: wer

C 1 *Übersetze:* Cornēliae equus est. Cornēlia equum suum vocat. – Mārcō columbae sunt. Mārcus columbās suās vocat. – Servī ancillaeque dominum suum nōn amant.

Was fällt dir bei der Übersetzung des Possessivpronomens suus, sua *auf? Wonach richten sich Genus und Numerus des Poss.-Pron. im Deutschen, wonach im Lateinischen?*

C 2 *Schreibe aus Lektion 11 A und E alle Genitive heraus und stelle sie dabei nach den Deklinationsklassen zusammen!*

C 3 *Verfahre ebenso mit allen Dativen aus 11 A und E!*

C 4 *Schreibe ab und ergänze das Personalpronomen:* 1. Mārcus puellās invītat: „Ā ~~~ invītāminī, puellae.“ 2. Lūcius Mārcum vocat: „~~~ vocō, Mārce.“ 3. Mārcus: „In campum ad lūdum properāte, amīcī! Cēterī ~~~ exspectant.“ 4. Vīcīnus Gāiō litterās dat: „~~~ litterās dō, Gāī.“ 5. Mārcus: „Properāmus in circum, pater ~~~ in circum dūcit.“ 6. Convīvae dominō (et dominae) grātiās agunt: „Grātiās ~~~ (~~~) agimus, Gāī (et Valeria).“

D 1 *Zu den Verben:* timēre; clāmāre; cōnsulere; imperāre; labōrāre; spectāre; terrēre; vincere
kennst du Substantive. Schreibe sie ins Heft!

D 2 *Immer diese gleichen Wortausgänge! Bestimme die Formen und stelle die Wörter nach Kasus bzw. Verbformen zusammen!*

-e: clāmōre; rē; rīdē; clāmāre; merīdiē; domine; vidēte; salvē; scīre; arbore; terrēre; terrōre; saepe; valdē; unde; submitte.

-is: vexāris; trahis; populīs; victōris; familiīs; labōris; cōnspicis; fēriīs; īnscrībis; cōnsulis; cadis; aliīs; uxōris; labōrātis.

-o: laudō; carrō; novō; cognōscō; faciō; iubeō; adōrō; hortō; dūcō; cēnseō; cōnsulō; pāreō; parō; servō; subitō.

D 3 pāstōrem bonum – pāstōrēs bonōs / magnōrum labōrum – magnī labōris. *Verwandle ebenso (im gleichen Kasus) vom Sg. in den Pl. oder umgekehrt:* ōrātōrī aegrōtō; agricolīs bonīs; iānuae apertae; rēs pūblicās; medicī bonī; magnī imperātōris.
Beachte dabei, dass manche Formen mehrdeutig sind!

E In schola tabula mundi spectatur, Marcus de magna pugna narrat

MARCUS: „Cupio de Tito avunculo, de Asia, de magna pugna narrare, magister."

MAGISTER: „Bene, Marce, postea tu narrabis[1]. Sed nunc apporta tabulam mundi, Luci!" *(tabula apportatur)*

MAGISTER: „Quid in tabula videtis, liberi?"

MARCUS: „In tabula Europam, Asiam, Africam video, magister."

LUCIUS: „Totam terram oceano circumdari video."

MAGISTER: „Recte, Marce et Luci. Quis nobis magnam insulam in oceano sitam nominat?"

LUCIUS: *(ad tabulam currit, Britanniam insulam monstrat)*
„Ibi est magna insula, sed nomen[2] insulae nescio, magister."

CORNELIA: „Ego scio: Insula Britannia nominatur."

MAGISTER: „Recte. Nunc dīc nobis, Cornelia: Cur Britannia Romanis paene ignota est?"

CORNELIA: „Nautae Romani ad Britanniam per oceanum navigare non audent. Nam nautis nostris oceanus plenus terroris est."

MAGISTER: „Sed nunc, Marce, narra nobis de Pompeio et de Tito avunculo!"

MARCUS: „Avunculus meus cum Pompeio imperatore ex Asia venit. Etiam in extrema Asia pugnavit[3]. Indiam paene expugnavit[4]."
(liberi rident)

MAGISTER: *(docet)* „Pompeius Magnus multis cum militibus Romanis Syriam expugnavit[4]. Syria nunc provincia populi Romani est."

1 nārrābis: du wirst erzählen 2 nōmen (Akk.Sg.): den Namen
3 pūgnāvit: er hat gekämpft 4 expūgnāvit: er hat erobert

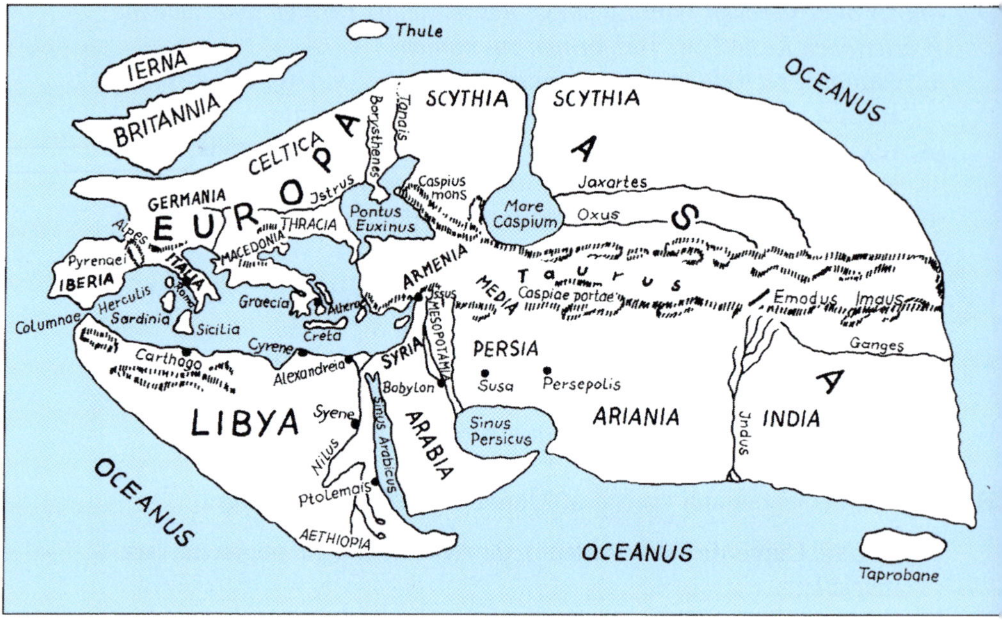

Zeichnung nach der sog. Erdkarte des Griechen Eratosthenes (3. Jahrh. v. Chr.).

F* 1. Euer Haus ist groß, es gefällt uns. 2. Unsere Familie arbeitet auf *(in)* den Feldern. 3. Eure Pferde laufen schnell. 4. Markus besteigt sein Pferd, Lucius führt sein Pferd aufs Feld. 5. „Erzähle von euren Kämpfen, Titus!“ 6. Die Erinnerung an die Taten der Römer wird immer bewahrt.

S **Das Weltbild der Römer.** Die Zeichnung zeigt, wie sich die Römer etwa im 1. Jahrh. v. Chr. die Erde vorstellten und was sie von ihr wussten.
Einige Gelehrte vertraten schon im Altertum die Lehre von der Kugelgestalt der Erde; allgemein verbreitet war jedoch eine andere Vorstellung: Die Erde (*terra*) ist eine Scheibe, die im *oceanus,* dem grenzenlosen Weltmeer, schwimmt. Um die Mitte, nämlich um Italien und Griechenland, liegen die drei Erdteile *Europa, Asia* und *Africa* (*Libya*). Nach Osten erstreckt sich eine weite Landfläche, deren Grenzen unbekannt waren. Indien, der Indus und der Ganges waren nur vom Hörensagen bekannt.
Von Afrika kannte man außer dem Gebiet am Unterlauf des Nils die Nordküste und den Wüstenrand. Mit dem Europa nördlich der Alpen und östlich des Rheins sind die Römer bis zur Mitte des 1. Jahrh. v. Chr. kaum in Berührung gekommen. Als der Feldherr C. Iulius Caesar 55 v. Chr. mit einigen Legionen von Gallien aus in Britannien landete, war dies ein großes Abenteuer.
Über der Erdscheibe wölbt und dreht sich der Himmel, *caelum,* eine Halb-

kugel, an der die Fixsterne befestigt sind. Mond und Planeten kreisen innerhalb dieser Himmelsschale um die Erde.
Dieses Weltbild hatte Geltung, bis Nikolaus Kopernikus um 1512 durch genaue Beobachtungen noch einmal entdeckte, was einzelne antike Naturwissenschaftler schon vertreten hatten: dass die Erde keine Scheibe und nicht der Mittelpunkt des Weltalls ist, sondern Kugelgestalt hat und wie die anderen Planeten um die Sonne kreist.

Lectio Tertia Decima

A –

B Marcō et Cornēliae contrōversia est

Māne Mārcus librum quaerit: „Ubī est liber pulcher meus?" Cornēlia: „Librum pulchrum tuum nōn videō, sed librōs meōs in mēnsā esse nōn īgnōrō. Nam ibī librōs semper dēpōnō." Mārcus: „Puellae librōs numquam suō locō[1] dēpōnunt." Cornēlia: „Stultus es, Mārce. Puerī semper rēs suās quaerunt neque inveniunt."
Tandem māter misera clāmat: „Nōs mātrēs rē vērā[2] miserae sumus! Semper līberōs iūrgāre vidēmus et audīmus."

1 suō locō: am rechten Ort 2 rē vērā: wahrhaftig!

C 1 *Magister* puerīs fābulam nārrat. *Quis* puerīs fābulam nārrat? – Wer erzählt den Jungen eine Geschichte?
Frage in gleicher Weise mit einem Fragepronomen nach puerīs *und nach* fābulam!

C 2 *Frage ebenso lateinisch und deutsch nach Satzgliedern (außer dem Prädikat):* 1. Tabula Eurōpae ā magistrō apportātur. 2. Līberī tabulam pulchram spectant. 3. Pompēius cum mīlitibus in Italiam nāvigat. 4. Mārcus cum amīcō in campō lūdit. 5. Nōnā hōrā līberī in hortum properant. 6. Mārcus magistrō avunculum adesse nārrat. 7. In scholā Cornēlia amīcae librum novum mōnstrat. 8. Amīca librum pulchrum esse dīcit.

C 3 *Schreibe ab und ergänze die Endungen (wenn möglich, im Sg. und im Pl.):* 1. Vīlla agricol~ in tumul~ sita est. 2. Umbra arbor~ pulchr~ iūcunda est. 3. Gāius mult~ convīv~ sub vesperum exspectat. 4. Cōnsulēs in Camp~ Mārti~ creantur. 5. Populus Rōmānus ā cōnsul~ in Camp~ Mārti~ vocātur. 6. Fābul~ pulchr~ līberōs dēlectant. 7. Mārcus cum Cornēli~ sorōr~ domum migrat.

D equōrum – pulcher: equōrum pulchrōrum
Setze ebenso zu den Substantiven: liber; clāmor; geminōrum; equōs; ā magistrō; in librīs; līberīs; librōs; magistrum; puerō; in terrīs; fēmina
eines der folgenden Adjektive (beachte dabei die KNG-Kongruenz): pulcher; miser; novus; parvus; bonus; extrēmus.

E Pompeius triumphum agit

Titus vestitu militari ornatus[1] e villa fratris venit. Pueri Titum conspiciunt, statim interrogant: „Quid agitur, Tite? Num hostes villae nostrae appropinquant?“ Titus respondet: „Minime. Romam propero; Pompeius imperator cum militibus triumphum agit. Cur non venitis mecum, pueri? Spectate triumphum!“ Tum cuncti Romam petunt.
Multi viri, feminae, liberi iam in viis stant, triumphum imperatoris et militum exspectant. Interea copiae in Campum Martium coguntur. A Campo Martio triumphus per vias Romae ducitur.
Tandem tubae canunt, triumphus appropinquat. Cuncti pleni laetitiae sunt; „Io triumphe!“ clamant.
Servi praedam magnam in triumpho portant. Etiam tabulae in triumpho portantur. Marcus legit: POMPEIUS SYRIAM SUPERAVIT[2].
Gaius filio: „Videsne vasa[3] aurea aliasque res pulchras, Marce?“ Marcus: „Video. Sed dic, pater, nonne viros miseros ibi trahi vides? Cur catenis[4] onerantur?“ Gaius: „Captivi sunt. In triumpho captivi semper ante currum[5] victoris ducuntur.“
Tandem currus[5] appropinquat. Marcus: „Cuius currus[5] ibi venit? Quis in curru[5] stat?“ Gaius: „Imperator Pompeius est. Quattuor equi pulchri currum[5] imperatoris trahunt. Pompeius toga purpurea vestitus[6] in curru[5] stat.“ Triumphus Via Sacra per portam triumphalem[7] ducitur, imperator Capitolium ascendit. Ibi deis pro victoria gratias agit.
Post triumphum Marcus Titum interrogat: „Quo properas, Tite?“ Titus: „In tabernam propero, ibi victoria celebratur. Venite mecum, Gai et pueri cuncti!“

1 vestītū mīlitārī ōrnātus: „in Legionärsausrüstung“ 2 superāvit: hat unterworfen 3 vāsa (Akk.Pl.): Gefäße 4 catēna, ae: Kette 5 currus (Akk.Sg.: currum; Abl.Sg.: currū): Wagen 6 togā purpureā vestītus: „in einer purpurroten Toga“ 7 per portam triumphālem: „durch den Triumphbogen“

F* 1. Die schönen Geschichten des Onkels gefallen den Kindern. 2. Die armen Hirten leben in Hütten. 3. Das Wohnhaus des Gaius ist klein, aber schön. 4. Der Wagen (*currus*) des Feldherrn wird von vier Pferden gezogen. 5. Der Triumphzug des Pompeius wird von vielen römischen Männern und Frauen angesehen (*spectare*).

Triumphbogen des Septimius Severus, errichtet 203 n. Chr. anlässlich des 10. Amtsjubiläums des Kaisers. Der Bogen erinnert an die Siege des Septimius Severus und seiner Söhne Caracalla und Geta über die Parther, Araber und Assyrer.

S **Das Imperium Romanum.** Ein Triumph, wie ihn Pompeius 61 v. Chr. in Rom feierte, war die höchste Auszeichnung und Ehre für einen römischen Feldherrn und wurde vom Senat nur einem *imperator* bewilligt, der einen großen Sieg errungen hatte. Pompeius hatte in einem langen Feldzug den König Mithridates, einen mächtigen Gegner Roms, besiegt und große Gebiete erobert. Diese waren nun ein Teil des Römischen Reiches (*imperium Romanum*), das in zahlreichen Kriegen geschaffen wurde.

Zunächst hatte Rom Mittel- und Unteritalien unter seine Herrschaft gebracht. Das dauerte bis ins 3. Jahrh. v. Chr. Mit Sizilien wurde zum ersten Mal ein Gebiet erobert, das nicht zum Festland Italien gehörte. Solche Gebiete des *imperium Romanum* nannten die Römer Provinz (*provincia*). Ihre Bewohner waren römische Untertanen, zu Steuerzahlungen und zu regelmäßigen Abgaben an Rom, z. B. Getreidelieferungen, verpflichtet. Eine Provinz unterstand

einem Statthalter, der unter Aufsicht des Senats, später des Kaisers, das Gebiet selbstständig verwaltete. Viele Statthalter nutzten ihre große Macht aus und bereicherten sich, indem sie die Bewohner rücksichtslos erpressten.

Zur Zeit der größten Ausdehnung (um 115 n. Chr.) umfasste das *imperium Romanum* 39 Provinzen und reichte vom heutigen Schottland bis nach Nordafrika und vom heutigen Portugal bis nach Syrien. Die Karte auf der Innenseite des Einbandes zeigt die Entstehung dieses riesigen Reiches, dessen Zentrum Rom war, seit dem 1. Jahrh. v. Chr. Misslungen war den Römern die vollständige Unterwerfung der Germanen. Nach einer schweren Niederlage im Teutoburger Wald (9 n. Chr.) zogen sich die Römer an den Rhein und die Donau zurück.

In den von Rom beherrschten Gebieten breiteten sich römische Lebensweise, Baukunst und Rechtsprechung aus und verdrängten oft die Sitten der einheimischen Bevölkerung. Latein war die Umgangssprache in Handel, Verkehr, Unterricht und Verwaltung. Im Osten des Reiches sprach man daneben weiterhin Griechisch.

Linke Seite: Pont du Gard, Teil einer römischen Wasserleitung aus dem 1. Jahrh. v. Chr. Sie versorgte Jahrhunderte lang die Stadt Nîmes mit Trinkwasser. Das Wasser floss im oberen Teil des Bauwerks. Provinz Gallia Narbonensis (heute: Provence).

Oben: Römisches Theater in Bostra, Provinz Arabia (heute: Bosra, Syrien).
Unten links: Kapitol in Thugga, Provinz Africa (heute: Dougga, Tunesien).
Unten rechts: Römische Brücke über den Chabinas in Kommagene, Provinz Syria (heute: Osttürkei).

Lectio Quarta Decima

A Gāius pater līberōs vocat

Sub vesperum Gāius pater vocat: „Mārce, Cornēlia, ubī estis? Avunculus iam vocāvit. Nōnne avunculum vocāre audīvistis?“ Mārcus accurrit et respondet: „Mēne vocāvistī, pater? Iam adsum!“ Pater: „Et tē et Cornēliam vocāvī, mī fīlī. Ubī est soror tua?“ Mārcus: „Cornēliam in hortō esse exīstimō; ibī ambulāvimus cum Lūciō Iūliāque. Nōs vīsitāvērunt.“

Pater: „Iam herī vōs monuī: Cūr nōn statim pāruistis?“ Mārcus: „Iam tibi nārrāvī: In hortō fuimus. Lūcius Iūliaque nōbīscum fuērunt. Clāmor magnus fuit. Itaque cēterī tē nōn audīvērunt. Sed vidē: Nunc cūnctī accurrunt. Dīc: Cūr avunculus nōs vocāvit? An Titus avunculus imperātor familiae est?“ Pater rīdet et respondet: „Minimē, Mārce. Titus tibi cēterīsque dē Rōmulō et Sabīnīs nārrāre cupit. Cūnctī iam intrāvērunt et vōs exspectant.“

B Rōmānī fīliās Sabīnōrum rapiunt

Rōmulus mūltōs agricolās pāstōrēsque ē vīcīs in Latiō sitīs Rōmam vocāvit et oppidum novum[1] incolīs complēvit.

Rōmānī: „Oppidum novum[1], Rōmule, celeriter aedificāvistī et incolīs novīs aperuistī. Sed cūr nōn etiam mulierēs vocāvistī? Mulierēs nōbīs dēsunt. Sine uxōribus neque vīta nostra iūcunda neque rēs pūblica salva esse potest.“ – Rōmulus: „Eam[2] rem egō iam dēlīberāvī. Sabīnōs, populum vīcīnum, iam anteā interrogāvī. Sed patrēs Sabīnī fīliās suās uxōrēs Rōmānōrum esse vetuērunt. Itaque vīcīnōs dolō fallere dēbēmus. Iam Sabīnīs īnsidiās parāvī.“

Rōmānī diem fēstum magnīs lūdīs celebrāvērunt Sabīnōsque invītāvērunt: „Rōmam venīte cum familiīs vestrīs! Spectāte oppidum novum[1], spectāte lūdōs pulchrōs!“ Et intrāvērunt Rōmam Sabīnōrum patrēs, mātrēs, fīliī, fīliae pulchrae; cum Rōmānīs lūdōs spectāvērunt.

Sed subitō virī Rōmānī magnō cum clāmōre ad fīliās Sabīnōrum properāvērunt, puellās rapuērunt, celeriter in casās suās portāvērunt. Frūstrā Sabīnī puellās ā Rōmānīs postulāvērunt. – Patrēs, mātrēs, frātrēs Sabīnārum īrae plēnī in patriam properāvērunt: „Nōn impūne[3] fīliās nostrās rapuistis. Vae Rōmānīs!“

1 oppidum novum: die neue Stadt 2 eam rem: „diese Sache“
3 impūne: ungestraft

C 1 *Schreibe aus A und B alle Perfektformen heraus. Unterscheide dabei konstatierendes Perfekt und historisches Perfekt.*

C 2 *Welche Wirkung erzielt die Nebeneinanderstellung ohne Konjunktion von* patres, matres … *in B, Zeile 13/14 und Zeile 17/18?*

D 1 *Wer hat zwölf Richtige?*
1. pāruit – pāret; *mache weiter:* exīstimāvit; exspectāvērunt; vocāvistī; docuimus; vetuit; salūtāvistis; nescīvī; fuimus; pāruī; parāvī; rapuimus; cēnsuistī.
2. laudās – laudāvistī; *mache weiter:* adōrāmus; salūtant; audītis; sum; terreō; parant; pārent; estis; timēmus; properās; rapis; vetāmus.

D 2 *Auch Verben kann man bestimmen*
laudāmus: 1. Pers. Pl. Präs. Akt. von laudāre: loben

Bestimme ebenso: laudāminī; laudāvistī; aperuistis; aperīte; dēbuimus; fuit; parās; parātur; parāvērunt; cupimus; prohibentur; adsunt; adesse; dēfuit; vetuērunt; vetō; vetātis; parā.

E Controversia inter Romanos Sabinosque finitur

Sabini milites et socios convocaverunt: „Romani filias nostras dolo malo rapuerunt. Nobiscum Romam properate! Romanos malos punite! Filias liberate!“
Paulo post Sabini rursus Romam properaverunt. Cum Romanis pugnaverunt multosque Romanorum vulneraverunt.
Tandem filiae Sabinorum, nunc uxores Romanorum, inter patres, fratres, maritos properaverunt et viros oraverunt: „Nos filiae sororesque vestrae fuimus. Nunc uxores sumus Romanorum. Nonne audivistis nos maritosque nostros pacem velle[1]? Finite pugnam!“ Patres, fratres, mariti mulieribus paruerunt. Ita Sabinae controversiam finiverunt.

1 pācem velle: „Frieden wollen“

F* 1. Gestern baten Markus und Lucius den Vater: „Erzähle uns die Geschichte von den Römern und den Sabinerinnen.“ 2. Gaius erzählte: „Die Römer wollten *(cupiverunt)* ihre Nachbarn durch eine List täuschen. 3. Sie luden daher die Sabiner in die Stadt *(oppidum)* und zu schönen Spielen ein. 4. Am Festtag besuchten die Sabiner Rom. 5. Doch plötzlich raubten die römischen Männer die Sabinerinnen. 6. Die Sabiner eilten voller Zorn nach Hause.“

Relief von einem Sarkophag mit der Darstellung eines römischen Hochzeitszuges. Rechts das Brautpaar, das sich in Gegenwart von Zeugen die Hände reicht.

S **Hochzeit, Ehe.** Die Römer nahmen Ehe und Familie sehr ernst. Die Familie und ihre strenge Ordnung spielten eine wichtige Rolle in der *res publica.*

Die Ehepartner wurden meistens von den Eltern ausgesucht – oft, wenn die zukünftigen Eheleute noch Kinder waren. Für die Eheschließung war das Mindestalter einer Frau 12 Jahre, der Ehemann sollte volljährig, also über 16 Jahre alt sein. Im Allgemeinen ging der Hochzeit eine Verlobung voraus, bei welcher der zukünftige Ehemann seiner Braut einen eisernen Ring schenkte, den sie an der linken Hand trug.

Das Hochzeitsdatum wurde sorgfältig ausgesucht, damit es nicht auf einen Tag fiel, der nach den religiösen Vorstellungen der Römer Unglück bringen konnte. Am Tag vor der Hochzeit legte die Braut ihre Mädchenkleider ab und weihte sie zusammen mit ihrem Kinderspielzeug am Hausaltar den Göttern. Zur Hochzeitsfeier wurde sie mit einer weißen, besonders gewebten *tunica recta* bekleidet, über der sie einen dunkelgelben Mantel, die *palla*, trug. Den Kopf der Braut verhüllte ein Schleier aus feinem, rotgelb gefärbtem Stoff, das *flammeum.* Die Schuhe hatten dieselbe Farbe.

Im Haus des Brautvaters fanden die Trauung, zu der ein Opfer an die Götter gehörte, und das Hochzeitsmahl statt. Die einfachere und übliche Form der Trauung war die so genannte *coemptio.* Der Mann fragte die Frau in Gegenwart der Trauzeugen: „Willst du mir *mater familias* sein?“ – „Ich will“, antwortete die Braut. Dann fragte sie: „Willst du mir *pater familias* sein?“ – „Ich will“, antwortete der Mann. Danach reichten beide sich die Hände. Nun wurde der Ehevertrag unterzeichnet, in dem z.B. festgehalten war, wie viel Geld die Frau

als Mitgift in die Ehe einbrachte. Nur bei sehr vornehmen Familien wurde die Trauung in einem Tempel vom *pontifex maximus*, dem Oberpriester, und dem *flamen Dialis,* dem Jupiterpriester, vollzogen. Diese Form der Eheschließung hieß *confarreatio,* weil dabei ein Körnerbrot (*panis farreus*) geopfert wurde.
Nach dem Hochzeitsmahl wurde die Braut in fröhlichem Zug, dem die brennende Hochzeitsfackel vorangetragen wurde, zum Haus ihres Ehemannes geleitet, über die Schwelle getragen – ein Stolpern hätte ein böses Vorzeichen bedeutet – und vom Ehemann in ihrem neuen Heim aufgenommen.
Mit der Eheschließung ging die Frau aus der rechtlichen Gewalt des Vaters in die des Ehemannes über, behielt aber auch als *matrona* (verheiratete Frau) ihren alten Familiennamen.
Eine Ehe konnte im Einvernehmen beider Partner oder durch einseitige Willenserklärung des Mannes geschieden werden. Der Mann brauchte seiner Frau nur zu erklären: *Tuas tibi res habeto,* etwa: „Behalte deine Sachen für dich!" In älterer Zeit waren Ehescheidungen in Rom selten; vom 1. Jahrh. v. Chr. an kamen sie jedoch häufiger vor.

Lectio Quinta Decima

A 1 Asellus sub pelle[1] leōnis

Ōlim asellus fugitīvus in silvam cucurrit ibīque sē occultāvit. Posteā in silvā pellem[1] leōnis invēnit[2]; pellem[1] statim induit[3].
Tum per silvās campōsque cucurrit, incolās bēstiāsque fefellit, cūnctōs in fugam dedit. Nam cūnctī asellum leōnem saevum esse exīstimāvērunt.
Paulō post dominus asellum quaesīvit et silvam intrāvit. Asellus statim vōce atrōcī[4] clāmāvit; sed dominum attentum neque terruit neque fefellit. Dominus asellum suum statim cognōvit, nam auris[5] asellī ē pelle[1] leōnis pependit. Dominus: „Aliōs", inquit, „in fugam dedistī, sed dominum nōn fefellistī." Et asellum domum pepulit.

1 pellis (Akk.: pellem; Abl.: pelle) Fell 2 invēnit: „er fand" 3 induit: „er legte an" 4 vōce atrōcī: „mit grässlicher Stimme" 5 auris: Ohr

A 2 Dē Quīntō parvō

Post merīdiem līberī in hortum cucurrērunt; subitō Quīntus parvus accurrit et „Amīcī", inquit, „venīte! Mārcus noster in aulā equitāvit, sed equus cecidit, Mārcus in foveam[1] incidit." Amīcī clāmāvērunt: „Iterum nārrā, Quīnte: Quid in aulā accidit? Respondē!" Sed Quīntus parvus nihil respondit, ex hortō cucurrit. Itaque cūnctī rem malam accidisse crēdidērunt, celeriter in aulam ad foveam[1] concurrērunt. Sed ibī neque Mārcum miserum neque equum incautum repperērunt. Tum Quīntus: „Saepe mē verbīs[2] malīs vexāvistis – nunc egō vōs fefellī. Vōs magnōs puerōs meās in īnsidiās incidisse gaudeō.“

1 fovea, ae: Grube 2 verbīs: „mit Worten“

B 1 *Übersetze:* 1. Dominus asellum suum herī ex aulā cucurrisse et nunc per silvās errāre dīcit. 2. Sub vesperum agricola vīcīnōs asellum fugitīvum frūstrā quaesīvisse nārrāvit, sed magnō cum timōre addidit: „Magnum leōnem in silvā clāmāre audīvī!“

Wie wird im aci ausgedrückt, dass die Handlung des aci zugleich mit der Handlung des Hauptprädikats geschieht (gleichzeitig ist)?
Wie wird im aci ausgedrückt, dass die Handlung des aci der Handlung des Hauptprädikats vorangegangen ist (vorzeitig ist)?

B 2 *Untersuche, ob Gleichzeitigkeit oder Vorzeitigkeit vorliegt:*
1. Dominus asellum neque in aulā neque in hortō esse videt.
2. Itaque vīcīnīs asellum suum in silvam cucurrisse nārrat.
3. Dominus cūnctōs incolās asellum quaerere gaudet.
4. Agricola leōnem saevum incolās in fugam dedisse nārrāvit.
5. Posteā dominus asellī cēterīs agricolīs: „Asellum meum vōs cūnctōs terruisse et in fugam dedisse doleō.“

C *Gib das Zeitverhältnis des jeweiligen aci an, ändere das Zeitverhältnis:*
Lūcius nārrat …: 1. amīcōs in aulam accurrisse. 2. Mārcum praeter hortum currere. 3. rem malam accidisse: amīcam aegrōtam esse. 4. servum incautum fuisse portamque aulae aperuisse.

D 1 *Die Zeiten ändern sich!*
ōrat: 3. Pers. Sg. Präs. Akt. zu ōrāre – er betet
Bestimme ebenso: pellor; pellit; pellī; pepulit; pellunt; pepulisse; pepulērunt; currit; currite; cucurrimus; cucurristis; cucurrisse; accurristis; stō; stetit; audīvisse; audīvistis; audī; audīvī; audīrī; cecidisse; incidimus.

D 2 *Zurück zur Gegenwart!*
pāruit – pāret. aperuistī – aperīs.
Verwandle ebenso: exspectāvērunt; vocāvistī; migrāvimus; terruī; salūtāvisse; cecinī; accurrimus; nāvigāvimus; dedī; fuistis; repperistis; accidit.

primus
Fabula · xv · de Corvo et vulpe ·
Qui se laudari gaudet verbis subdolis
decepti penitent. De quo hec ẽ fabula ·
Cum de fenestra corvus caseũ rapet
alta consedit in arbore · Vulpes ut hũc
vidit / caseum habere cupiens / subdolis
verbis sic eum alloquitur · O corve quis silis tibi /
et pennarum tuarum qualis est nitor / qualis esset decor
tuus si vocem habuisses clarã / nulla tibi prior avis
fuisset · At illa vana laude gaudens / dum placere
vult et vocem ostendere / validius clamavit et ore
aperto / oblitus casei ipm deiecit / quem vulpes do-
losa celerius rapuit et avidis suis dentibus abro-
dit · Tũc corvus ingemuit / ac vana laude deceptus
penituit / sed post factum quod penitet. Monet aũt hec fabula
cũctos verbis subdolis / vaneque laudãtibus nõ attendẽ ·

Die Fabel vom Fuchs und dem Raben. Seite aus einer Ausgabe der Fabeln des Äsop, lateinisch mit deutscher Übersetzung von G. Steinhöwel, gedruckt 1476 in Ulm.

E De corvo et vulpecula

Aliquando corvus mane praeter fenestram villae volavit. Subito clamavit: „Ecce, quid ibi video? An oculi me fefellerunt? Non erravi! Video incolas cibum bonum mihi in fenestra posuisse." Nam ancilla incauta caseum[1] in fenestra posuerat[2].
Itaque corvus statim ad fenestram volavit, praedae appropinquavit. Tum caseum[1] rapuit et celeriter in arborem proximam volavit.
Subito vox[3] corvum e laetitia excitavit. Vulpecula sub arbore stetit et „Salve, corve!" inquit. „O, quam pulcher es! Nitor[4] pennarum tuarum

oculos meos delectat. Dic, nonne etiam vox[3] tibi pulchra est? Cane, amice! Te etiam heri voce[3] pulchra cecinisse uxor mihi narravit.“ Blanditiae[5] vulpeculae corvum stultum superaverunt. Rostrum[6] aperuit, caseus[1] in terram cecidit. Vulpecula autem: „Gratias“, inquit, „tibi ago. Te bestiam stultam esse non ignoro.“ Statim in silvam cucurrit, praedam devoravit.

1 cāseus, ī m.: Käse 2 posuerat: „sie hatte gestellt“ 3 vōx, vōcis f.: „eine Stimme“ 4 nitor, ōris m.: Glanz 5 blanditiae, ārum: Schmeicheleien 6 rōstrum (Akk. Sg.): Schnabel

F* 1. Syrus sagt, dass Markus und Lucius in den Wald gelaufen seien. 2. Abends waren die Jungen mit ihren Freunden wieder zu Hause. 3. „Wir haben eine lange Wanderung gemacht *(migrare).* 4. Dann kamen die Mädchen und suchten uns. 5. Aber wir haben die Mädchen getäuscht.“ 6. Valeria sagt: „Ich weiß, dass ihr fröhliche Jungen seid. 7. Aber dass ihr die Mädchen getäuscht habt, finde ich nicht schön *(bedauere ich).*“

S **Fabel.** Wer andere Menschen belehren und bessern will, muss ihnen manchmal unbequeme Wahrheiten sagen. Tut er das direkt, bewirkt er oft wenig. Er macht sich unbeliebt oder begibt sich, wenn er Kritik an Mächtigen übt, sogar in Gefahr.

Der Fabeldichter wählt einen anderen Weg. Er erzählt eine Geschichte, mit der er zugleich unterhalten (*delectare*) und belehren (*docere*) will. In der Fabel werden menschliche Schwächen und Fehler an Tieren dargestellt, die wie Menschen reden und handeln. Das Rollenspiel ist aber fast immer leicht zu durchschauen: Im Löwen oder im Adler erkennen wir den König, in der Taube oder im Lamm den Geduldigen und Schwachen, der unter dem Stärkeren zu leiden hat. Die Ameise verkörpert den Fleiß, der Esel die Dummheit, der Fuchs Schlauheit. Pfau oder Hirsch sind in der Fabel Vertreter menschlicher Eitelkeit.

Der bekannteste Fabeldichter der Griechen ist *Äsop.* Er soll als hässlicher, buckliger Sklave im 6. Jahrh. v. Chr. auf der Insel Samos und in Kleinasien gelebt haben. Um sein Leben ranken sich viele Legenden und es wird sogar berichtet, dass er wegen seiner bissigen Geschichten erschlagen wurde. Seine Fabeln wurden zunächst mündlich überliefert. Da sie sehr beliebt waren, wurden in späteren Sammlungen auch Geschichten anderer Autoren hinzugefügt und unter dem Namen des Äsop verbreitet.

Ein Sklave wie Äsop war auch der Römer *Phaedrus.* Er wurde später vom Kaiser Augustus frei gelassen. In seinen Fabeln, die in Versen geschrieben sind, begegnen uns viele Erzählungen des Äsop wieder.

Die Fabeln des Äsop und Phaedrus sind in späteren Jahrhunderten immer wieder neu erzählt worden. Auf diesem Wege sind manche Redewendungen auch in unsere Sprache übergegangen, so z. B. „der Wolf im Schafspelz.“ Auch was ein „Löwenanteil“ ist, sagt eine Fabel des Äsop: In ihr nimmt sich der Löwe trotz gemeinsamer Jagd mit anderen, schwächeren Tieren einen unverschämt großen Anteil an der Beute.

Lectio Sexta Decima

A Dē Rōmulō, patre patriae (I)

Rōmulus multōs annōs rem pūblicam rēgnābat et semper magnō in honōre apud Rōmānōs erat. Rēs gestae Rōmulī ā cūnctīs laudābantur. Numerus incolārum Rōmae sub Rōmulō augēbātur; Rōmānī ā populīs vīcīnīs aut colēbantur aut timēbantur.

Aliquandō Rōmulus cōpiās Rōmānās recēnsēre cupīvit. Tuba māne cecinit virōsque in Campum Mārtium convocāvit. Cūnctī virī armātī accurrērunt.

Rōmulus in Campō Mārtiō diū in tumulō stābat, multās hōrās cōpiās recēnsēbat, cum subitō nimbus dēnsus Rōmulum circumdedit. Paulō post nimbus dīlāpsus est[1], sed Rōmulus in tumulō nōn iam stābat; tumulus vacuus erat.

Rōmulus diū frūstrā ā Rōmānīs quaerēbātur. Tandem virī Rōmānī magnō cum dolōre domum migrāvērunt. Domī ā cēterīs saepe interrogābantur: „Etiamne tū in Campō Mārtiō aderās, vīcīne?“ – „Eram. Ibī stābam inter cēterōs virōs.“ – „Quid tū dīcis? Num deī virum clārum abstulērunt[2]?“ – „Egō senātōrēs Rōmulum necāvisse crēdō. Nam senātōrēs Rōmulō semper invidēbant!“

1 dīlāpsus est „(die Wolke) verzog sich“ 2 abstulērunt: „sie haben entrückt“

B –

C 1 *In A treten zwei verschiedene Tempora der Vergangenheit auf. Stelle in einer Tabelle zusammen, welche Verben in einem Vergangenheitstempus Dauer und welche den Eintritt einer Handlung bezeichnen.*

C 2 *Was lässt sich in folgenden Sätzen über den Zusammenhang zwischen dem Geschehen im Hauptsatz und dem im Gliedsatz sagen?*

1. Cāseus[1] in fenestrā iacēbat, cum corvus praeter vīllam volāvit. 2. Ancillae in vīllā labōrābant, cum agricola clāmāvit: „Ecce, corvus cāseum[1] ā fenestrā rapuit!“ 3. Vulpēcula sub arbore occultābātur, cum corvus in arborem volāvit.

1 cāseus, ī m.: Käse

D *Bestimme die Verbformen:* occultō; occultor; occultābar; pendēbant; pepulērunt; errāvistī; interrogābāris; nāvigābant; iacēbam; quaerēbāminī; mōnstrāminī; mōnstrāvī; cecinērunt; canēbant; dēfuistis; cupiēbat; complētur; circumdedit; audīmus; numerāvī; docuit; reperiēbāmus; onerāvit; submittis; repperistis; recēnsuit; condunt.

E De Romulo, patre patriae (II)

Postridie Iulius Proculus senator populum Romanum nova spe complevit, nam vir fidus populo narravit: „Forte in Campo Martio ambulabam, Romulum nobis deesse valde dolebam, cum Romulus mihi apparuit. Statim magnus timor animum meum complevit. Diu stabam et tacebam, sed pater patriae me benigne advocavit: ‚Desine timere! Dic non modo senatoribus, sed etiam ceteris viris Romanis: Non inimici me necaverunt, sed Mars, pater meus, me in caelum[1] portavit. Nuntia Romanis cunctis: Populum Romanum dominum esse mundi dei cupiunt. Ego non dubito: Aliquando totus orbis terrarum[2] populo Romano parebit[3].‘“
Ita Iulius Proculus animos Romanorum confirmavit. Romani semper memoriam Romuli, patris patriae, sacram habebant.

1 caelum: Himmel 2 orbis terrārum: „Erdkreis“
3 pārēbit: „er wird gehorchen“

Die Romulussage wird von dem römischen Geschichtsschreiber Livius, gest. 17 n. Chr., berichtet, also zu einer Zeit, da Rom bereits den größten Teil der damals bekannten Welt beherrschte. Ist die Legende vom Verschwinden des Romulus und der Bericht des Iulius Proculus glaubhaft?

F* 1. Romulus wurde nicht nur von den Römern, sondern auch von den Nachbarvölkern verehrt. 2. Er regierte den römischen Staat viele Jahre lang. 3. Er gab gerade den römischen Truppen Befehle *(imperata)*, als ihn *(eum)* Mars aus dem Marsfeld entführte *(abstulit)*.
4. Am folgenden Tage erschien Romulus erneut auf dem Marsfeld.
5. Der Senator trauerte um Romulus, als der Vater des Vaterlandes rief: „Hört auf zu trauern!“

S **Die Zeit der römischen Könige.** Nach Romulus, so berichtet die römische Geschichtsschreibung, haben bis 510 v. Chr. sechs weitere Könige Rom regiert. Heutige Geschichtsforscher sind sich allerdings einig, dass die Berichte über die sieben römischen Könige Legenden sind, die von den Römern erst später erfunden und ausgemalt worden sind. In ihrem Kern aber spiegeln diese Legenden das allmähliche Wachsen des römischen Staates, die Entwicklung seiner Gesellschaftsordnung, seiner Religion, kurz: seiner *institutiones,* wider. Die folgenden Angaben bis zum Ende dieses S-Textes sind also keine historischen Tatsachen.
Auf den Helden *Romulus,* der vom Hirten zum König aufgestiegen war, folgte ein König sabinischer Abkunft, der weise und friedliebende *Numa Pompilius.* Er ordnete den römischen Götterkult und setzte Priesterkollegien ein, darunter das Kollegium der *augures*, die aus der Beobachtung des Vogelflugs den Willen der Götter erkundeten. Die *Vestalinnen* beauftragte er mit dem Dienst am

Das antike Rom (in der Kaiserzeit)

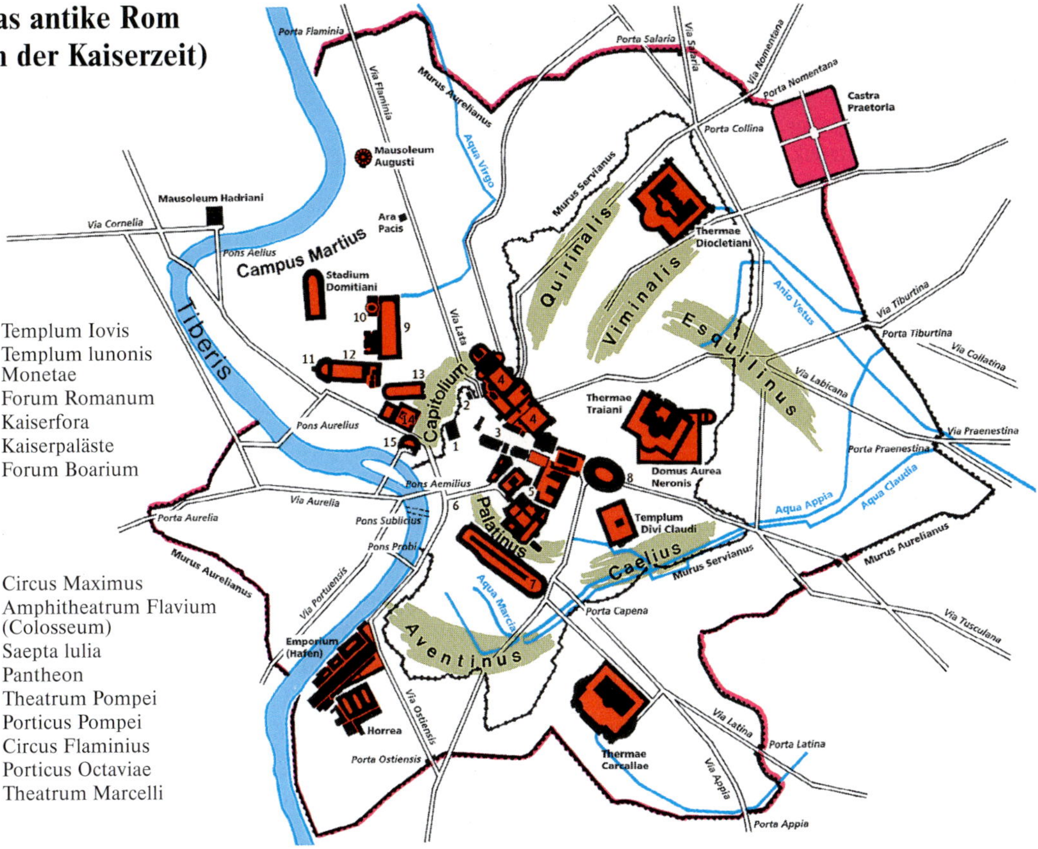

1 Templum Iovis
2 Templum Iunonis Monetae
3 Forum Romanum
4 Kaiserfora
5 Kaiserpaläste
6 Forum Boarium
7 Circus Maximus
8 Amphitheatrum Flavium (Colosseum)
9 Saepta Iulia
10 Pantheon
11 Theatrum Pompei
12 Porticus Pompei
13 Circus Flaminius
14 Porticus Octaviae
15 Theatrum Marcelli

immer brennenden Herdfeuer im Tempel der Göttin *Vesta*. Auch die Ordnung der römischen Festtage und die Einteilung des Jahres in zwölf Monate und deren Namen werden ihm zugeschrieben.

Sein Nachfolger *Tullus Hostilius* dagegen suchte Kriegsruhm und unterwarf einige Nachbarvölker. Der Blitz des Jupiter erschlug ihn, weil er den Kult der Götter vernachlässigte.

Mit *Ancus Marcius,* dem vierten König Roms, wurden wieder Friedenswerke verbunden. Er siedelte Latiner in der Stadt Rom an, baute die erste Tiberbrücke und gründete den wichtigen Hafen *Ostia* an der Tibermündung.

Auf *Tarquinius Priscus* gehen bedeutende Bauten in Rom zurück. Er soll das *forum Romanum* angelegt, es durch einen unterirdischen Kanal, die *cloaca maxima,* entwässert und den ersten Jupitertempel auf dem Kapitol gebaut haben. Auch Gladiatorenspiele und die Sitte des Triumphzuges nach einem siegreichen Krieg soll er in Rom eingeführt haben.

Dem König *Servius Tullius* wurde der Bau der ersten Ringmauer um Rom zugeschrieben. Die so genannte Servianische Mauer ist jedoch, wie Ausgrabungen bewiesen haben, erst nach 370 v. Chr. erbaut worden. Reste dieses mächtigen Bauwerks sind heute noch an einigen Stellen in Rom zu sehen.

Der siebte und letzte König Roms war *Tarquinius Superbus.* Seine Herrschaft war tyrannisch und grausam. Er beging viele Gewalttaten gegen römische Bürger. Schließlich rafften sich einige adlige Römer um *Brutus* auf und vertrieben den verhassten König. So berichtet die Legende. Tatsache ist, dass sich die Römer etwa 500 v. Chr. in schweren Kämpfen von der Vorherrschaft der Etrusker befreit haben. Damit wurde der Weg frei für die *res publica Romana,* die wir aus späterer Zeit kennen.

Lectio Septima Decima

A Syrus servus tacet

Gāius, quod dominus sevērus est, ā Syrō servō nōn amātur. Dominus Syrō saepe dīcit: „Servus bonus semper labōrat et nihil dīcit, nisī dominus servum interrogāvit."
Aliquandō Gāius Syrum amīcōs ad cēnam invītāre iubet, quod diēs fēstus adest. Syrus etiam ad Quīntum et Gnaeum, amīcōs fīdōs, mittitur, quamquam vīllae amīcōrum longē ā vīllā Gāī absunt. Postrīdiē nōnā hōrā diēī, ubī ancillae cēnam parāvērunt, cūnctī convīvae vīllam intrant praeter Quīntum et Gnaeum. Gāius, postquam Syrum advocāvit, interrogat: „Quid accidit? Nōnne etiam Quīntum et Gnaeum invītāvistī, ut tibi imperāvī?" – „Amīcōs invītāvī, ut mihi imperāvistī, domine." – „Cūr nōndum adsunt?" – „Aegrōtī sunt. Convīvae, sī aegrōtī sunt, venīre nōn possunt. Morbō prohibentur." – „Cūr amīcōs aegrōtōs esse mihi nōn statim nūntiāvistī?" – Syrus: „Ut mihi imperāvistī", inquit, „domine: Nihil dīcō, nisī tū mē interrogāvistī."

B 1. Geminī, ubī Amulium pūnīvērunt, glōriam novam quaesīvērunt. 2. Itaque nōn dubitāvērunt magnum vīcum condere, postquam multōs hominēs extrēmā inopiā vexārī vīdērunt[1]. 3. Et, postquam Rōmam condidērunt, agricolās pāstōrēsque ē vīcīs proximīs et tōtā ex Italiā convocāvērunt. 4. Rōmulus autem, quod hostēs arcēre cupiēbat, Rōmam mūrō circumdedit. 5. Ubī fundāmenta[2] mūrī aedificāvit, Remus frātrem interrogāvit: 6. „Cūr mūrum tam parvum aedificāvistī, Rōmule? 7. Frūstrā labōrāvistī, sī mūrus etiam ā puerīs superārī potest. 8. Rēx[3] malus es, mī frāter, quod vīcum malum condidistī."

1 vīdērunt: sie sahen 2 fundāmenta mūrī: Grundmauern
3 rēx (Nom.Sg.): König

C *Denke über den Sinnzusammenhang der beiden Einzelsätze nach und verbinde sie zu einem Satzgefüge!*

Beispiel: Mārcus equum cōnscendit. – Mārcus ā patre laudātur. *Dass Markus auf ein Pferd zu klettern wagt, ist für den Vater ein Grund, ihn zu loben. Also:* Mārcus, quod equum cōnscendit, ā patre laudātur.

Verfahre ebenso: 1. Lūcius aegrōtus erat. – Medicus Lūcium in hortō lūdere vetuit. 2. Mārcus amīcum venīre audīvit. – Statim ad fenestram accurrit. 3. Pater Mārcum vocāvit. – Mārcus nōn venit. 4. Magister: „Britannia lībera Rōmānīs īgnōta est. – Mercātōrēs per ōceanum ad Britanniam nōn nāvigant.“ 5. Fābulae vōbīs nōn placent. – In hortō lūdere vōbīs licet.

D *Wir denken uns den Rest auf deutsch!*

Sī bene canitis, *bekommt ihr eine Belohnung.*

1. Quod Lūcius equum nōn timēbat, … 2. Quamquam mē nōn invītāvistis, … 3. Sī ab iānuā arcēmur, … 4. …, ut magister nōbīs imperāvit. 5. Quod nōs fefellistis, … 6. Sī amīcum quaeris, … 7. Nisī labor vōs fatīgāvit, …

E De cicada et formica

Cicadae quotannis totam aestatem[1] canunt, quamquam aliae bestiae, ut formica, semper cibum quaerunt. Itaque, ubi hiems adest, ceteris bestiis cibus non deest, cicadae autem inopia extrema vexantur. Aliquando hieme cicada ad formicam vicinam accurrit et „Ad te venio“, inquit, „quod tibi magnam copiam cibi esse scio. Praebe mihi parvam copiam cibi, quod inopia extrema vexor.“ Formica, postquam cicadam audivit, vicinam interrogavit: „Cur tu aestate[1], ut ceterae bestiae, cibum non quaesivisti?“ Cicada respondit: „Semper cecini; cunctae bestiae me canere libenter audiverunt. Num te voce[2] mea non delectavi?“

Sed vicina, quamquam diu orabat, animum formicae non mollivit: „Merito nunc puniris, quod mihi non paruisti. Saepe a me monebaris.“ Et addidit: „Si aestate[1] cecinisti, nunc saltare tibi licet.“

1 aestās (Gen.: aestātis f.): Sommer 2 vōx (Gen.: vōcis f.): Stimme

F* 1. Sobald die Magd den Käse *(caseus)* ins Fenster gelegt hatte, flog der Rabe herbei. 2. „Wenn mich nicht meine Augen getäuscht haben“, sagte er, „liegt dort eine schöne Speise.“ 3. Nachdem er herangeflogen war, ergriff *(capere)* er die Speise. 4. Weil der Fuchs die Beute des Raben haben wollte *(wünschte)*, rief er: „Singe, Rabe! Ich weiß, dass du gestern gesungen hast."

In der Küche arbeitende Sklaven. Nachzeichnung eines Reliefs vom Grabmal der Familie der *Secundini* („Igeler Säule"). 3. Jahrh. n. Chr.

S **Sklaven.** Ein *servus* oder eine *ancilla* waren unfrei. Sie waren Sklaven, Eigentum des *dominus* oder *patronus,* der sie meist auf einem Sklavenmarkt gekauft hatte und wie eine Ware wieder verkaufen konnte. Auch die Kinder von Sklaven waren Eigentum des Herrn ihrer Mutter.

Wenn Sklaven ihrem Herrn nicht gehorchten, wurden sie durch Schläge, Brandmale und Ketten hart bestraft – ganz besonders, wenn sie nach einem Fluchtversuch wieder eingefangen worden waren. Ein Herr konnte seinen Sklaven sogar zum Tode durch Kreuzigung verurteilen.

Sklaven waren fast überall beschäftigt, auch in kleineren Haushalten oder als Landarbeiter auf Bauernhöfen, wo der Herr und seine Familie selber mitarbeiteten. Andere halfen in Handwerksbetrieben oder leiteten als gelernte Handwerker einen Betrieb, der ihrem Herrn gehörte. Wenn sie, wie es vorkam, am Gewinn beteiligt waren, konnten sie später sogar ihre Freiheit kaufen.

In den Häusern reicher Herren gab es viele Sklaven: Diener, Köche, Sänftenträger, Sekretäre, Hauslehrer oder Musiker.

Solche Sklaven hatten häufig ein einigermaßen erträgliches Leben. Schlechter erging es jenen, die auf großen Landgütern oder in Großbetrieben und Bergwerken unter der Peitsche eines Aufsehers arbeiten mussten. Vielfach waren sie am Arbeitsplatz angekettet.

Immer wieder kam es zu Sklavenaufständen, die blutig unterdrückt wurden. Der bekannteste Aufstand fand 73 v. Chr. unter *Spartacus* statt. Mit den von ihm militärisch geschulten Sklaven schlug er wiederholt sogar römische Legionen in die Flucht. Erst der Prätor *Crassus* konnte ihn mit einem großen Heer besiegen. Er ließ zur Abschreckung 6000 gefangen genommene Sklaven entlang der *Via Appia* ans Kreuz schlagen.

Lectio Duodevicesima

A1 Titus cum līberīs forum Rōmānum vīsitat

Titus: „Campus Mārtius et forum Rōmānum ā multīs vīsitantur. Vōsne Campum Mārtium et forum Rōmānum iam vīsitāvistis, līberi?“

Marcus: „Campum Mārtium iam cum patre vīsitāvimus, Tite. Sed dūc nōs per forum Rōmānum! Monstrā nōbīs aedificia pulchra forī cēterāsque rēs pulchrās!“

(postquam Rōmam migrāvērunt, in forum dēscendunt)

Titus: „Multa aedificia et templa in forō sunt. Ecce parvum templum Iānī deī. Cum bellum ā populō Rōmānō geritur, semper portae templī aperiuntur.“

Cornelia: „Cūr Rōmānī in bellō templum Iānī aperiunt? Num, quod exīstimant Iānum deum templum relinquere et cōpiīs Rōmānīs in pūgnā adesse?“

Titus: „Quamquam mīles sum, nesciō, Cornēlia. Sed spectāte cūriam! Senātōrēs ā cōnsule saepe in cūriam convocantur et dē rē pūblicā cōnsuluntur. – Prope cūriam rōstra sita sunt.“ *(Lūcius et Mārcus rōstra ascendunt)*

Lucius: „Licetne nōbīs rōstra ascendere, Tite?“

Titus: „Dēscendite, puerī! Dē rōstrīs magnī ōrātōrēs dē rē pūblicā ōrant. Num vōs ōrātōrēs clārī estis, puerī?“

Marcus: „Postquam tōtum forum spectāvimus, per Campum Mārtium ambulāre cupimus, Tite. Venī nōbīscum! – Dūc nōs!“

(forum relinquunt, Campō Mārtiō appropinquant)

A2 Templum Minervae et theātrum Pompēī spectant

Marcus: „Ecce, Lūcī, templum novum! In mūrō tabula est!“

* POMPEIUS * IMP * MINERVAE *

Lucius: „In tabulā nōmen Pompēī legitur. Vidēsne litterās nōminis, Mārce?“

Marcus: „Videō. Sed dīc, Tite: Cūr Pompēius nōmen suum incīdit[1]?“

Titus: „Quod Pompēius dē praedā templum Minervae prō victōriīs dēdicāvit[2]. Ita suō nōmine deae grātiās agit.“

Cornelia: „Itaque nunc cūnctī nōmen Pompēī victōris legere dēbent.“

TITUS: „Etiam aliōs virōs clārōs forum et Campum Mārtium aedificiīs pulchrīs ōrnāvisse scīmus, quod nōmina virōrum in tabulīs leguntur. Memoria nōminum clārōrum semper servātur.“

(magnō theātro appropinquant)

TITUS: „Ecce theātrum novum Pompēī.“ –

(ubī theātrum intrāvērunt) „Poētam recitāre audiō.“

POETA: „Audīte carmen novum, Rōmānī! Opus novum vōbīs recitō. In carminibus meīs Pompēius laudātur. Rēs gestae et victōriae magnī imperātōris opere meō celebrantur.“

(dum opus novum recitātur, multī accurrunt)

TITUS: „Multī poētae opera et carmina sua nōn modō in forō, sed etiam in magnīs aedificiīs recitant.“

MARCUS: „Viā longā fatīgor, Tite. Iam vesper adest.“

TITUS: „Multa iam spectāvimus, cūncta vidēre hodiē nōn licet, quod tempus nōbīs dēest.“

CORNELIA: „Grātiās tibi agimus, Tite. Aliō tempore cētera spectāre cupiō.“

1 incīdit: hat einmeißeln lassen   2 dēdicāre: weihen

B –

C *Gleichzeitig oder vorzeitig?*
Erkläre das Zeitverhältnis zwischen dem aci oder Gliedsatz und dem übergeordneten Verb:

1. Māter puerōs hodiē cum Titō avunculō Rōmam migrāre et forum Rōmānum vīsitāre scit. 2. Postquam sub vesperum vīllam intrāvērunt, māter: „Vōs“, inquit, „multa in forō spectāvisse gaudeō.“ 3. Mārcus: „Cum ab avunculō Rōmam dūcimur, semper gaudēmus.“ 4. Lūcius: „Carmina dē rēbus gestīs Pompēī ā poētā recitārī audīvimus.“ 5. In forō Cornēlia, dum templum Iānī spectat, Titum interrogāvit: „Portās templī Iānī deī apertās esse videō. Dīc, Tite: Num Iānus deus in multīs pūgnīs tibi appāruit?“ 6. Sed Titus: „Deōs antīquīs temporibus appāruisse, nunc rārō ā nōbīs vidērī exīstimō.“

D *Was sagte der Dichter im Pompejustheater?*
(Die Anfangsbuchstaben aller Nominative, hintereinandergereiht, verraten es.)

Per planitiem poetae operibus oratorum oceanus submittunt. Misericordia clamoribus pennae equi oculum inimici placent. Una repperimus stultum consulum magistri non aegrota gallus mane togarum nomen carminis umbra inopiam socii. Dierum equus murum suus sine sociorum theatrum merito saltat.

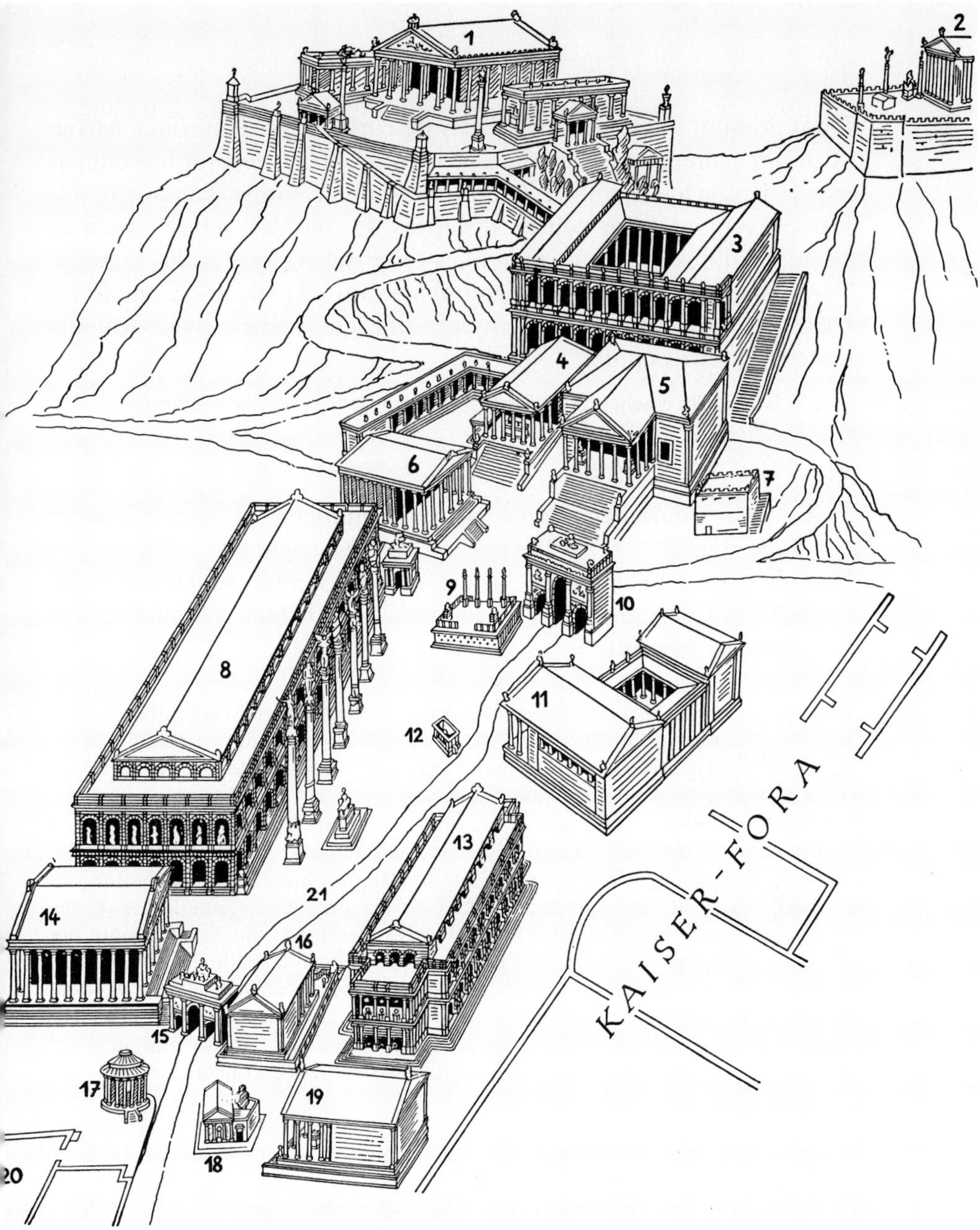

Forum Romanum (zeichnerische Wiederherstellung) 1 Templum Iovis; 2 Arx, Templum Iunonis; 3 Tabularium; 4 Templum Vespasiani; 5 Templum Concordiae; 6 Templum Saturni; 7 Carcer; 8 Basilica Iulia; 9 Rostra; 10 Arcus Septimii Severi; 11 Curia; 12 Templum Iani; 13 Basilica Aemilia; 14 Templum Castorum; 15 Arcus Augusti; 16 Templum Divi Iulii; 17 Templum Vestae; 18 Regia; 19 Templum Antonini et Faustinae; 20 Atrium Vestae; 21 Via Sacra.

E Titus de curia narrat

Dum domum migrant, Titus liberis de curia et de senatoribus narrat: „Curiam aedificium antiquum esse vidistis[1], liberi. Senatoribus cunctis in parva curia locus non est. Itaque interdum in templa aliaque aedificia fori conveniunt, cum consul senatores de maximis rebus consulere cupit et multi senatores de re publica orare vel oratores audire cupiunt. Tum senatus[2] in templo Iovis Optimi Maximi vel in templo Concordiae habetur. Populus ante templum convenit, quod etiam cives[3] Romani oratores audire cupiunt."

1 vīdistis: ihr habt gesehen 2 senātus (Nom.Sg.): Senat; Senatsversammlung
3 cīvēs (Nom.Pl.): die Bürger

F* 1. Auf dem römischen Markt hat ein berühmter Feldherr ein neues Gebäude erbaut. 2. Im Theater auf dem Marsfeld las ein berühmter Dichter seine Gedichte. 3. Viele römische Dichter erzählen von den Göttern. 4. Die Gedichte vieler römischer Dichter werden heute in den Schulen gelesen.

S **Forum Romanum.** *Das forum Romanum* war nicht nur der Mittelpunkt Roms, sondern auch das politische und wirtschaftliche Zentrum des römischen Weltreiches. Hier lag die *curia,* in der gewöhnlich der Senat tagte; hier befand sich die Rednerbühne *(rostra)*, von der die Beamten und Volkstribunen zu den versammelten römischen Bürgern sprachen. Die Rednerbühne hatte den Namen *rostra,* „Schiffsschnäbel", weil die Römer nach der siegreichen Seeschlacht bei Antium (338 v. Chr.) Rammsporne der erbeuteten Schiffe an den Seiten der Rednerbühne auf dem *forum* anbrachten. Auf dem *forum* standen auch die Tempel der wichtigsten Staatsgötter. Den Kapitolshügel am *forum* krönte der Tempel des *Iupiter,* des höchsten Gottes, wo die neuen Konsuln bei ihrer Amtseinführung am 1. Januar ein feierliches Opfer darbrachten. Gegenüber auf dem Burgberg *(arx)* befand sich der Tempel der *Iuno,* der obersten Göttin. Ihr Beiname *Moneta* (Mahnerin) übertrug sich auf die benachbarte Münzstätte der Römer und lebt heute noch fort als Ausdruck für Geld (Moneten, money). Im Tal erstreckte sich das *forum Romanum.*

Im Tempel des *Saturnus* wurde in der Schatzkammer *(aerarium)* der Staatsschatz aufbewahrt. Der Tempel der Göttin *Concordia* erinnerte an die erst nach schweren Auseinandersetzungen erreichte Eintracht zwischen Patriziern und Plebejern. Als Torbogen war der Tempel des Gottes *Ianus* gebaut. Er stand offen, wenn Krieg war; die feierliche Schließung der Türflügel war das Zeichen, dass im ganzen Römischen Reich Frieden herrschte. Das Heiligtum der *Vesta,* der Göttin des Herdfeuers, war ein kleiner Rundtempel, in dem das heilige Feuer des römischen Staates brannte und von den Priesterinnen der Vesta *(virgines Vestales)* gehütet wurde. Die Akten, Senatsbeschlüsse und Gesetze des römischen Staates wurden im *tabularium* aufbewahrt. Dieses mächtige Gebäude schloss das *forum* an der Schmalseite im Nordwesten ab.

Oben: Forum Romanum mit Blick auf den Kapitolshügel. Rekonstruktion, wie es in der Kaiserzeit ausgesehen haben dürfte. Von links nach rechts: Basilica Iulia; Templum Saturni, darüber Templum Iovis; Templum Vespasiani; Templum Concordiae; Arcus Septimii Severi. Im Vordergrund die Rostra, im Hintergrund in der Mitte das Tabularium. Unten: Forum Romanum mit Blick auf den Kapitolshügel, heute.

Neben den Tempeln prägten große Hallen, *basilicae,* das Bild des *forum.* Im 2. Jahrh. v. Chr. wurde die *basilica Aemilia* gebaut; später ließ Caesar die große *basilica Iulia* errichten. Diese und andere *basilicae* waren vor allem Markthallen. Es fanden darin aber auch Versammlungen und Gerichtssitzungen statt, außerdem dienten sie den Bürgern zum Aufenthalt. Auf der *via Sacra* über das *forum* spazieren zu gehen, Bekannte zu treffen, prominente Politiker aus der Nähe zu sehen, war ein Hauptvergnügen der römischen Bürger.

Lectio Undevicesima

A Rōmānī rēgem ultimum pellunt

Ōlim rēgēs bonī populum Rōmānum rēgnābant. Rōmulus, prīmus Rōmānōrum rēx, populō bene cōnsuluit, lēgēs bonās dedit magnamque laudem apud Rōmānōs sibi parāvit. Post bellum Sabīnōrum Rōmulus pācem cum populīs fīnitimīs firmāvit. Templa pulchra prō salūte cīvitātis Rōmānae deīs aedificāvit. Quamquam cīvitās Rōmāna aetāte Rōmulī aliōrumque rēgum parva erat, Rōmānī magnā celeritāte imperium suum augēbant et firmābant.

Tarquinius autem, septimus et ultimus rēx, propter superbiam ā Rōmānīs Tarquinius Superbus nōminābātur. Quod malus et sevērus erat, Brūtus, vir nōbilis[1], Rōmānōs monuit: „Rēgem malum pellite! Servitūtem fīnīte! Ecce, lībertās ante pedēs est!“ Rōmānī Brūtō, ducī cīvitātis, libenter pāruērunt. Rēgem pepulērunt, servitūtem fīnīvērunt.

Deinde populus dē rē novā cōnsuluit, duōs[2] cōnsulēs creāvit. Cīvitās Rōmāna cōnsulibus pārēbat; cōnsulēs autem lēgibus pārēbant. Nunc vōx populī summa lēx erat, quod lēgēs nōn ā rēge, sed ā populō dabantur.

Itaque cīvitās „rēs pūblica“ nōminābātur. Rōmānī lībertātem suam servābant et diū dēfendēbant.

1 nōbilis: adlig 2 duōs (Akk.): zwei

B VŌX POPULĪ VŌX DEĪ

C

In welcher Bedeutung und Beziehung zueinander stehen in A die Begriffe lēx – cōnsul – populus? *Erläutere auch den Begriff* lībertās*! Lies dazu die Sachinformation „Ständekampf, Volkstribunen“!*

D 1 *Substantive und Adjektive gehen verschiedene Wege!*
Dekliniere: rēx clārus; cīvitās clāra; mīles Rōmānus; rēs nova; lēx bona; magnum opus.

D 2 *Übersetze und verwandle in die entsprechende Form des Perfekts:* curris; rapiō; cadimus; laudāre; complēmus; monent; monēre; cupiunt; dēsumus; dēsinit; sinimus; incido; prohibēs; cōnsulunt; accurrimus; addō; quaeritis; recēnset; concurrō; saltāmus; condunt; reperiō.

E Libertas plebis defenditur

Romani, postquam Tarquinium Superbum e civitate pepulerunt, legibus bonis concordiam et salutem civitatis servabant. Postea autem controversia fuit inter senatores et plebem, quod senatores libertatem plebis contra leges opprimere cupiverunt. Itaque plebs in forum accurrit. Magnae voces audiebantur. „Quamquam nos legibus semper parebamus, senatores plebi libertatem rapuerunt. Nobis servitutem malam parare cupiunt! Itaque novos duces create, amici! Rem publicam non modo a senatoribus, sed etiam a plebe administrari oportet. Nisi senatores legibus parent, nos Romam relinquere et e patria migrare cogimur!“
Populus tribunos plebis[1] creavit. Tum Romani leges novas sibi dederunt et in XII (duodecim) tabulis aeneis[2] in foro collocaverunt.

1 tribūnus plēbis: Volkstribun 2 tabulae aēneae: Bronzetafeln

F* 1. Publius Cornelius Scipio[1] war ein berühmter Feldherr und ein guter Redner. 2. Er gehorchte immer den Gesetzen des Staates und sorgte für das Wohlergehen der Bürgerschaft. 3. Einst schlugen die Feinde die römischen Soldaten in einer großen Schlacht; viele Römer fielen. 4. Da rief das Volk mit lauter *(magnus)* Stimme (nach) Publius Cornelius. 5. Die Senatoren gaben dem Mann neue Truppen. 6. Nach vielen Jahren beendete Publius Cornelius den Krieg.

1 Pūblius Cornēlius Scīpiō: römischer Staatsmann, 235–183 v. Chr.

S **Ständekampf, Volkstribunen.** Nach Errichtung der Republik, so berichten die römischen Geschichtsschreiber, folgten lange Auseinandersetzungen zwischen Patriziern und Plebejern. *Patricii* nannten sich die Angehörigen der alten adligen Familien. Sie verfügten über großen Grundbesitz und hielten als Senatoren, Beamte und Heerführer die politische Macht allein in ihren Händen. Die ärmeren und machtlosen Bürger (*plebei, plebs*) waren als Kleinbauern, Pächter und Handwerker von den Patriziern abhängig, vor allem wenn sie bei ihnen Schulden hatten. Nach den ältesten römischen Rechtstafeln, dem

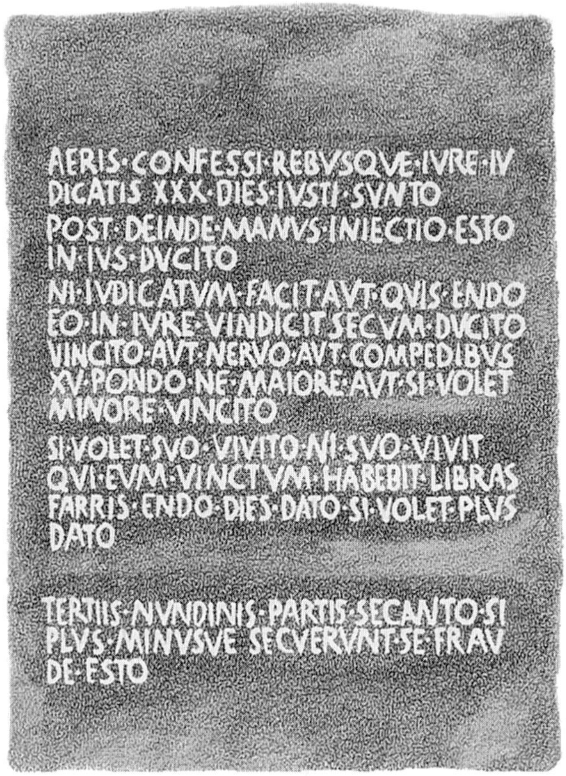

Das Zwölftafelgesetz. Eine der rekonstruierten Bronzetafeln mit Bestimmungen zum Schuldrecht. Nachzeichnung.

„Zwölftafelgesetz“ (*leges duodecim tabularum,* um 450 v. Chr.), durfte ein Gläubiger einen zahlungsunfähigen Schuldner sogar als seinen Sklaven in Ketten legen. Ein Kleinbauer konnte leicht in Schulden geraten, z.B. wenn ihm nach einem langen Hungerwinter im Frühjahr das Saatkorn fehlte und er es sich zu Wucherzinsen bei einem reichen Herrn leihen musste.

Im 5. Jahrh. v. Chr. entschlossen sich die Plebejer, für eine Verbesserung ihrer Lage zu kämpfen. Es wird berichtet, dass sie einmal in eine Art „Streik“ traten und mit ihren Familien vorübergehend die Stadt Rom verließen. Die Patrizier mussten ihnen politische Zugeständnisse machen, denn ohne die plebejischen Soldaten konnte die Republik nicht verteidigt werden. Die Auseinandersetzungen dauerten über hundert Jahre. An ihrem Ende hatten die Plebejer eine Menge erreicht: Die Ehe zwischen Patriziern und Plebejern wurde gestattet; Plebejer erhielten Zugang zu den höheren Staatsämtern. Die wichtigste Errungenschaft war jedoch das Recht, eigene Volksvertreter, die Volkstribunen (*tribuni plebis*), zu wählen. Diese hatten große Befugnisse: Sie konnten, wenn eine Anordnung eines Beamten oder ein Senatsbeschluss nach ihrer Meinung die Rechte des Volkes verletzte, durch das Wort *veto* die Ausführung dieses

Befehls oder Beschlusses verhindern. Sie durften in gleicher Weise auch in Einzelfällen einen Bürger in Schutz nehmen. Die Person des Volkstribunen war unantastbar, *sacrosanctus*.
Damit hatte sich ein vertragsmäßiger Zustand zwischen Patriziern und Plebejern herausgebildet: Die Plebejer erkannten die *dignitas* der adligen Herren, ihren Anspruch auf die Führungsrolle im Staat, an. Die Patrizier regierten nach den von Senat und Volk gemeinsam geschaffenen Gesetzen und respektierten die *libertas*, die Freiheit und Menschenwürde der plebejischen Bürger.

Lectio Vicesima

A 1 Dē Paride, Priamī fīliō

Antīquīs temporibus in Asiā fuit magnum oppidum, Trōia nōmine. Oppidum et populum Priamus rēx imperiō sevērō rēxit. Aliquandō fīlius Priamō nātus est[1], Paris nōmine. Sed ōrāculum rēgī dīxit: „Necā Paridem! Paris fax[2] Trōiae est.“ Pater, quod ōrāculum metuit, servum cum parvō fīliō in silvam mīsit; servum puerum necāre iussit.
Servus autem, postquam in silvam vēnit, imperiō rēgis nōn pāruit. Puerum nōn necāvit, sed in silvā relīquit. Ibī pāstōrēs puerum invēnērunt et sēcum domum dūxērunt.

1 nātus est: „wurde geboren“ 2 fax, facis f.: Fackel, „Brandstifter“

A 2 Dē iūdiciō Paridis

Paris multōs annōs cum pāstōribus vīvēbat. Aliquandō Mercurius deus ad Paridem vēnit et trēs[1] fēminās pulchrās addūxit. Mercurius mālum aureum portāvit; Paris in mālō lēgit: PULCHERRIMAE[2]. Mercurius Paridī dīxit: „Iupiter tē, Paris, iūdicāre iussit. Quis hārum[3] fēminārum pulcherrima[2] est? Cui mālum aureum darī oportet?“ Tum prīma fēmina Paridī dīxit: „Iūnō, uxor Iovis, sum. Tū rēx Asiae eris[4], sī mihi mālum aureum dederis[5].“ Altera: „Minerva, fīlia Iovis, sum. Tū imperātor clārus eris[4], sī mihi mālum aureum dederis[5].“ Venus autem, tertia dea, Paridī Helenam, fēminam pulcherrimam[2], prōmīsit. Venus, dea amōris, vīcit et mālum aureum ā Paride accēpit.

1 trēs: drei 2 pulcherrima, ae: die Schönste 3 hārum: „von diesen“
4 eris: „du wirst sein“ 5 sī dederis: „wenn du gibst“

Relief mit Darstellung des Paris-Urteils. Links *Minerva*, *Iuno* und *Venus*, vor ihnen der Liebesgott *Amor*. Dahinter *Mercurius*, ganz rechts *Paris*.

B Paris Trōiam in patriam venit

Posteā Paris in oppidum Trōiam vēnit et lūdīs Trōiānōrum interfuit. Ibī multōs Trōiānōs vīcit. Tum Priamus rēx Paridem animadvertit et fīlium cognōvit. Nunc etiam servus ille[1] accurrit et rēgī rem tōtam aperuit. Quamquam multī Trōiānī ōrāculum metuērunt, Priamus fīlium ā cēterīs dēfendit et in aulam rēgis accēpit.

1 ille: „jener (von damals)“

C *Setze in B alle Verben ins Präsens!*

D 1 *Wie lautet die Präsensform?*

mīsērunt; iussistī; dūximus; animadvertērunt; metuisse; accēpi; vīdimus; metuit; dēfendimus; interfuisse; lēgit; vēnērunt; vīdī; vīcistis; mīsisse; dīxī; addūxistī; prōmīsī; fēcisse; relīquit; rēxērunt; pūrgāvistis; īgnōrāvērunt.

D 2 *Wiederhole die Bedeutung der „kleinen Wörter“:*

tum; tam; tandem; tamen; quam; cum; num; nam; ōlim; nunc; deinde; sī; sed; sum; nōn; nōnne; an; nōn modo … sed etiam; quid; quod; quō; quis; sub; subitō; quamdiū; quamquam; quandō; ut; ubī; unde; ibī; ita; itaque; iam; nōn iam; per; propter; praeter; post; paulō post; rūrsus; posteā; postrīdiē; quotannīs; interdum; intereā; nōndum; tantum; vel; rārō; paene.

D3 *Wie lautete das „Telegramm“, das der römische Feldherr Caesar nach einem schnell errungenen Sieg nach Rom schickte? (Die Anfangsbuchstaben aller Genitive verraten, aneinandergereiht, den Inhalt.)*

Olim venatoris interdum magno vicinis recitatur laus equorum. Nam non attentos nonae, sed hodie insularum geminos legunt. In villis viri magistros libenter attentis imperatoris incauto. Decimi cogit hiemem irae intrare. Vitarum nautas raro finitimam esse. Iucundi non aetates sumus cum civitatis hastas deest; inopiae invitamur.

E De equo ligneo

Paulo post Priamus rex filium in Graeciam misit. In Graecia Paris Helenam, uxorem regis Graecorum, vidit et amore accensus est[1]. Dum maritus in Aegypto bellum gerit, Paris Helenam rapuit et secum Troiam duxit. Itaque Graeci Troianis bellum paraverunt, magnis cum copiis in Asiam navigaverunt, Troiam oppugnaverunt.

Sed quamquam decem annos pugnabant, frustra laborabant. Oppidum non ceperunt, quod incolae Troiam magna cum virtute defendebant. Tandem Graeci dolum paraverunt: Equum ligneum fecerunt, in equo milites occultaverunt. Equum et Sinonem, virum callidum, in litore reliquerunt. Tum Graeci litus reliquerunt, sed minime domum navigaverunt: In insula proxima noctem exspectaverunt.

Troiani, ubi Graecos litus reliquisse animadverterunt, ex oppido properaverunt. Postea in litore equum ligneum et Sinonem invenerunt.

1 amōre accēnsus est: „er verliebte sich“

F* 1. Titus erzählte den Jungen und Mädchen, dass die römische Bürgerschaft einst den bösen König vertrieben habe. 2. Mit großer Tapferkeit kämpften die Römer für ihre Freiheit und schufen *(facere)* eine Republik. 3. Brutus forderte die Römer auf *(iubere)*, aufs Forum zu kommen. 4. Später kämpfte das römische Volk *(plebs)* lange gegen die Senatoren und verteidigte seine Freiheit.

S **Heinrich Schliemann und Troja.** Die *Ilias* und die *Odyssee*, die ältesten bekannten Dichtungen der Griechen, schildern den Kampf um eine befestigte Stadt namens Troja und die gefährlichen Abenteuer des Helden Odysseus auf seiner Heimfahrt nach Griechenland. Im vorigen Jahrhundert waren sich die Gelehrten einig, dass dieses Troja der Phantasie *Homers*, des Dichters dieser beiden Lieder, entsprungen sei und dass es keinen Sinn habe, nach seinem Ort zu suchen.

Der Kaufmann Heinrich Schliemann (1822–1890) war anderer Meinung. Schon als Kind hatte er begeistert von den Erzählungen um Troja gehört und war seitdem fest entschlossen, die Stadt eines Tages zu finden und auszugraben. In sei-

Das trojanische Pferd. Ausschnitt aus dem Relief am Hals einer griechischen Amphora, einem großen Tonkrug, aus dem 7. Jahrh. v. Chr.

nem Buch über die Entdeckung Trojas, das er 1869 veröffentlichte, schildert er seinen abenteuerlichen Werdegang.

Mit vierzehn Jahren wurde er Kaufmannslehrling in einer Kleinstadt in Mecklenburg. Er musste von fünf Uhr morgens bis elf Uhr abends arbeiten und hatte so kaum Zeit, zu lesen und sich weiterzubilden. Mit zwanzig Jahren fand er in Amsterdam eine Anstellung als Bürogehilfe, die ihm etwas mehr Zeit ließ, das zu lernen, was ihn interessierte. Er hatte eine außergewöhnliche Sprachbega-

Das trojanische Pferd, modern. Aufgestellt beim Ausgrabungsgelände von Troja.

bung; nach wenigen Jahren sprach er fast alle europäischen Sprachen. Wegen seiner Russischkenntnisse schickten ihn seine Vorgesetzten nach St. Petersburg, der damaligen Hauptstadt Russlands. Dort gründete er später ein eigenes Geschäft und erwarb ein großes Vermögen. Jetzt endlich konnte er sich den Wunsch erfüllen, Griechisch, die Sprache Homers, zu lernen.

Mit vierzig Jahren war er ein reicher Mann, gab sein Geschäft auf und wandte sich ganz der Erforschung des griechischen Altertums zu. Er glaubte, allen Fachgelehrten zum Trotz, dass es das sagenhafte Troja wirklich gegeben habe. An der Nordwestküste der Türkei suchte er nach Flüssen, Hügeln, Quellen und Tälern, die in der Ilias erwähnt werden. Trotz mancher Misserfolge gab er nicht auf. In der Gegend, in der nach Homer die Burg Troja gelegen hatte, ließ er auf seine Kosten auf einem Hügel graben: Mauern, Stadttore, Reste von Gebäuden, Waffen, Gefäße und wertvoller Goldschmuck kamen zum Vorschein. Auch Spuren von Zerstörung durch Feinde ließen sich nachweisen. Troja war gefunden.

Lectio Vicesima Prima

A Dē Lāocoonte, sacerdōte Neptūnī

Ubī lītus ā Graecīs relictum est, cūnctī Trōiānī ex oppidō cucurrērunt. Quod perīculum metuēbant, cautē[1] equō ligneō appropinquābant. Sed postquam Sinō tantum prope equum inventus est, timor āfuit. Sinō statim ab incolīs dē equō interrogātus est et respondit: „Equus vōbīs Trōiānīs ā deīs datus est. Collocāte dōnum deōrum in forō vestrō!“

Trōiānī diū dēlīberābant. Prīmō Sinōnī fidēs habita nōn est; postquam autem multae sententiae dictae sunt, vīcit sententia: „Dōnum deōrum in oppidum trahī et in forō collocārī oportet. Ita ā deīs imperātum est.“ Iam Trōiānī equum magnō cum labōre trahēbant, cum ā Lāocoonte, sacerdōte Neptūnī, verbīs sevērīs monitī sunt: „Nōnne Sinōnem ab hoste missum esse animadvertistis? Num verbīs virī Graecī fidem habētis?“

Sed postquam haec[2] verba a Lāocoonte dicta et ā cūnctīs audīta sunt, duae anguēs[3] magnae longitūdinis in lītore vīsae sunt. Cūnctī territī sunt et fūgērunt, sed anguēs[3] Lāocoontem tantum petīvērunt. Ubī Lāocoōn cum fīliīs ab anguibus[3] necātus est, Trōiānī ōmine malō timōre complētī sunt. Itaque equum statim in oppidum trāxērunt.

1 cautē: vorsichtig 2 haec: diese 3 duae anguēs (Abl.: anguibus): zwei Schlangen

B Trōia expūgnātur

Postquam equus ligneus in oppidum tractus atque in forō collocātus est, Trōiānī deīs propter victōriam grātiās ēgērunt. Cūnctī, dum diem fēstum celebrant, laetī erant. Sed mīlitēs Graecī in equō sedēbant et noctem exspectābant. Nox tandem vēnit. Trōiānī dormiēbant; perīculum nōn iam metuēbant. Tum Graecī ā Sinōne ex equō līberātī sunt. Mīlitēs clam ex equō dēscendērunt. Postquam etiam portae oppidī ā Sinōne apertae sunt, cēterī Graecī in oppidum cucurrērunt. Ita Trōiānī ab hostibus oppressī sunt.

Decem annōs Graecī cum Trōiānīs bellum gerēbant; decimō annō Trōia expūgnāta et dēlēta est.

C 1 *Wie hat Markus sich verkleidet? Er sagt:*

„Ab amīcīs ad fēstum laetum invītāta sum.“

Laokoon und seine Söhne kämpfen mit den Schlangen. Statuengruppe um 50 v. Chr.

C2 *Wer spricht hier oder wird angesprochen? (ein Mann, eine Frau, mehrere Männer, mehrere Frauen?)*
1. Litterīs tuīs valdē dēlectātae sumus. 2. Nōs magnō calōre fatīgātōs esse vidētis. 3. Fēriīsne ab amīcō vīsitāta es? – Vīsitāta sum. 4. Num ā patre vocātī sumus? 5. Nōnne herī ā magistrō interrogatus es?

C3 *Verwandle ins Passiv:*
Rōmānī lībertātem dēfendērunt. – Lībertās ā Rōmānīs dēfēnsa est.
Mache weiter: 1. Brūtus Rōmānōs in forum convocāvit. 2. Rōmānī rēgem pepulērunt. 3. Populus cōnsulēs novōs creāvit. 4. Populus

lēgēs novās dedit. 5. Rōmānī servitūtem fīnīvērunt. 6. Sinō Trōiānōs dēcēpit.

D 1 *Eine Reise in die Vergangenheit*
vocātur – vocātus est. terrentur – territī sunt
Mache weiter! Wähle die maskuline oder feminine Form: pūnior; salūtāminī; portantur; interrogāris; cēna apportātur; puellae vocantur; victōria nūntiātur; mittimur; relinquuntur; capiminī.

D 2 *Schreibe ab und setze dabei zu den Formen des Adjektivs* bonus *die passende(n) Form(en) des Substantivs* carmen:
1. ~~~ bonō; ~~~ bonōrum; ~~~ bonīs; ~~~ bonī; ~~~ bona.
Verfahre ebenso mit magnus *und* vōx:
2. ~~~ magnae; ~~~ magnārum; ~~~ magnā; ~~~ magnīs.
Weiter mit aegrōtus *und* uxor:
3. ~~~ aegrōtā; ~~~ aegrōtārum; ~~~ aegrōtae.
Ebenso mit prīmus *und* opus:
4. ~~~ prīma; ~~~ prīmōrum; ~~~ prīmō; ~~~ prīmīs.

E Hercules incolas timore leonis liberat

Olim incolae Graeciae leone saevo terrebantur. Agros agricolarum a bestia saeva vastatos esse, etiam homines necatos esse saepe nuntiabatur. Cuncti incolae pleni timoris erant. Itaque Eurystheus rex Herculem, virum magnae virtutis, incolas timore leonis liberare iussit. Nam Hercules filius Iovis erat; saepe contra bestias saevas et viros malos pugnabat.

Hercules vir magni roboris erat. Gladius, clava[1], sagittae arma Herculis erant. Hercules, quod leonem in silva se occultare sciebat, ibi bestiam quaerebat. Tandem magna vestigia bestiae inventa sunt. Leo, quod homines non metuebat, sine timore Herculem appropinquare sivit. Hercules, ubi leonem invenit, sagittas in bestiam misit. Sed bestia sagittis Herculis vulnerata non est, quod corium[2] leonis durum erat. Tum Hercules leonem gladio petivit. Gladius fractus est. Deinde magna clava[1] caput leonis pulsabat[3]. Postquam etiam clava[1] fracta est, Hercules consilium audax[4] cepit: Manibus[5] bestiam necavit. Corium[2] leonis ad regem Eurystheum portavit. Sed rex Herculem aulam intrare non sivit, quod etiam corium[2] leonis metuebat. Ab incolis autem Herculi gratiae actae sunt; semper memoriam Herculis diebus festis et ludis celebrabant.

1 clāva, ae f.: Keule 2 corium, ī n.: Haut 3 pulsāre: schlagen
4 audāx (Akk.Sg.n.): kühn 5 manibus: „mit den Händen“

F* 1. Die Soldaten saßen im hölzernen Pferd und fürchteten sich sehr, denn sie kannten die Absichten *(consilia)* der Trojaner nicht *(nescire)*. 2. Nachdem das Pferd in die Stadt gezogen worden war, feierten die Trojaner ein großes Fest. 3. Die Trojaner schliefen schon lange, als die Griechen von Sino befreit wurden. 4. Dann wurden die übrigen Griechen herbeigerufen. 5. Nachdem die Stadt von den Griechen überfallen worden war, wurden viele Trojaner getötet und die Stadt zerstört.

S **Griechische Götter.** Die Griechen verehrten nicht, wie die Juden und Christen, einen einzigen Gott, sondern viele Götter, die eine große Götterfamilie bildeten. Sie wohnten, wie Sagen und Erzählungen griechischer Dichter berichten, auf dem *Olymp*, einem hohen, schneebedeckten Berg im Norden Griechenlands. Oberster Gott war *Zeus* (*Iupiter* nannten ihn die Römer). Bei dem griechischen Dichter *Homer* hat er den Beinamen „Wolkenversammler", denn er war der Himmelsgott, der den Menschen heiteres Wetter bescherte oder ihnen mit Blitz und Donner seine Allmacht zeigte.

Seine Gemahlin *Hera* (*Iuno*) wurde als Beschützerin der Ehe verehrt. Der Kriegsgott *Ares* (*Mars*) und *Hephaistos* (*Vulcanus*) waren ihre beiden Söhne aus der Ehe mit *Zeus*. *Hephaistos* wird als hässlich und hinkend geschildert; sein Ansehen in der Familie von starken und schönen Göttern beruhte darauf, dass er als geschickter Schmied und Handwerker seinen Verwandten gute Dienste leistete. Er war zudem verheiratet mit der Schönsten der Göttinnen: *Aphrodite* (*Venus*), der Göttin der Liebe.

Mächtig und seinem Bruder *Zeus* fast gleich gestellt war der Meeresgott *Poseidon* (*Neptunus*), der mit seinem Dreizack das Meer aufwühlte oder glättete. Die Griechen nannten ihn auch „Erderschütterer", denn er war der Urheber der bedrohlichen und unberechenbaren Naturgewalten Erdbeben und Sturm. Die Unterwelt, der *Hades*, war das Reich des dritten Bruders, *Pluton* (*Pluto*), der dort über die Seelen der Verstorbenen herrschte.

Ein freundlicher Helfer der Menschen war der Gott *Hermes (Mercurius)*. Er war der Götterbote, der Flügelschuhe zum schnellen Lauf und einen Botenstab trug. Er schützte Wanderer und Kaufleute, galt aber auch als Gott der Diebe. Sein Bruder *Apollon* (*Apollo*) war der Gott der Kunst, des Gesanges und der *Kithara*, eines bei den Griechen beliebten Saiteninstrumentes.

Dionysos (*Bacchus*), der Gott des Weines, zog auf einem von Panthern gezogenen Wagen mit wilden, trunkenen, in Tierfelle gehüllten Begleitern durch die Natur. Diesem Gott haftete etwas Unheimliches an, er wurde deshalb erst spät unter die griechischen Staatsgötter aufgenommen.

Der Name der Göttin *Athene* (*Minerva*) weist auf die Stadt Athen hin, deren Schutzherrin sie war. Sie wurde nicht von einer Mutter geboren. Die Sage berichtet, dass sie erwachsen und kriegerisch gerüstet dem Haupt des *Zeus* entsprang; *Hephaistos* musste bei der Geburt mit der Axt etwas nachhelfen. Auch *Athene* war eine Helferin der Menschen. Sie lehrte sie kluges Planen und viele Handwerkskünste. Ihre besonderen Schützlinge waren *Herakles* und *Odysseus*.

Lectio Vicesima Secunda

1. *Quem* herī vīsitāvistī, Mārce? *Wen* hast du gestern besucht, Markus?	Fragesatz mit *Interrogativpronomen*
Amīcus, *quem* vīsitāvī, Lūcius vocātur. Der Freund, *den* ich besucht habe, heißt Lucius.	Aussagesatz mit untergeordnetem *Relativsatz,* der durch *Relativpronomen* eingeleitet wird.

2. *Du kennst die Fragepronomina* cui?, quem?, quid?, cuius?, ā quō?, quis? *Ordne diese Pronomina in der üblichen Reihenfolge der Kasus, nach m., f. und n. gesondert!*

3. *Vergleiche damit die folgende Tabelle über den Singular des Relativpronomens:*

quī	quae	quod	*welcher; der*	*welche; die*	*welches; das*
cuius	cuius	cuius	*dessen*	*deren*	*dessen*
cui	cui	cui	*dem*	*der*	*dem*
quem	quam	quod	*den*	*die*	*das*
quō	quā	quō	*von dem*	*von der*	*von dem*

Welche Wörter stimmen mit dem entsprechenden Fragepronomen überein?

4. *Im Plural haben die Relativpronomina folgende Formen:*

quī	quae	quae	*die*
quōrum	quārum	quōrum	*deren*
quibus	quibus	quibus	*denen*
quōs	quās	quae	*die*
quibus	quibus	quibus	*von denen*

Welche Endungen sind dir bereits aus den Deklinationen der Substantive bekannt?

5. *Nenne die beiden Pluralformen, deren Ausgänge von den dir gewohnten Ausgängen abweichen!*

6. *Benutze diese Tabellen bei der Übersetzung des folgenden Textes:*

A Pater fīliōs ad concordiam monet

Agricolae quattuor fīliī erant, quī cottīdiē inter sē iūrgābant. Contrōversiae, quae inter fīliōs erant, patrem vexābant. Sed praecepta[1], quae pater fīliīs dabat, nōn audiēbantur.
Tandem pater fīliōs, quōrum contrōversiae īram patris excitābant, convocāvit. Frātrēs, quibus contrōversiae gaudium parābant, tamen convēnērunt et statim patrem interrogāvērunt: „Quā dē causā, pater, virgās, quās in mēnsā iacēre vidēmus, apportāvistī?" Quī nihil respondit, sed ūnam virgam, quam tenēbat, dēmōnstrāvit et frēgit.
Tum fīlium, quī prope stābat, aliam virgam dē mēnsā, in quā iacēbat, capere et frangere iussit. Quod fīlius sine magnō labōre fēcit.
Sed postquam pater quattuor virgās coniūnxit, etiam fīlius maximus, cui rōbur corporis nōn dēerat, frūstrā labōrābat.
Tum pater: „Ecce, mī fīlī", inquit, „vir, cui nōn sunt amīcī, ā quibus adiuvātur, statim vincitur – ita, ut virga frācta est. Virī, quōrum animī amīcitiā concordiāque coniūnctī sunt, semper vincunt. In concordiā rōbur." Quod fīliī tandem didicērunt patrīque, cuius sapientiam laudābant, grātiās ēgērunt.

1 praeceptum, ī n.: Vorschrift, Belehrung

B 1 1. Leō, quī agrōs vāstābat, etiam hominēs necāvit. Quem Herculēs vīcit. 2. Iupiter Herculem post multōs et dūrōs labōrēs in Olympum vocāvit. Ibī deī vīvunt. Quōrum in numerō etiam Herculēs habēbātur. 3. Sinō multa verba dē equō ligneō fēcit. Cui Trōiānī fidem habuērunt. 4. Sinō Trōiānōs equum in forō collocāre iussit. Quod Trōiānī fēcērunt.

B 2 *Lucius hat Geburtstag. Markus, der eingeladen ist, trägt etwas in der Hand:*
Lūcius: „*Quid* apportāvistī, Mārce?" – Mārcus: „*Dōnum.*"
„*Quod dōnum* apportāvistī?" – „Pulchrum."

Vergleiche die beiden Fragen und Antworten und erkläre ihren Unterschied!

B 3 *Übersetze und beantworte deutsch und lateinisch in vollständigen Sätzen:*

1. Quis (quī rēx) Trōiānīs diū imperābat? 2. Quae fābulae vōbīs valdē placuērunt? 3. Quem amīcum invītāvistī? 4. Quae templa Rōmae spectāvistī?

C 1 *Schreibe aus A und B 1 die Relativpronomina und ihre Beziehungswörter heraus. Beispiel: … filium* maximum, *quī* prope stābat …

Adjektive stimmen mit ihren Beziehungswörtern in KNG überein. Worin stimmen Relativpronomina mit ihren Beziehungswörtern überein?

C 2 *Schreibe ab und ergänze ein passendes Relativpronomen:* 1. Puerī, ~~~ fēriās agunt, per campōs ambulant. 2. Ascendimus tumulum, ē ~~~ magna plānitiēs vidērī potest. 3. Puerī, ~~~ lūdum ibī spectāmus, amīcī meī sunt. 4. Adsunt amīcī, ~~~ invītāvistī. 5. Lūdus, ~~~ interfuimus, nōbīs valdē placuit. 6. Spectāvistīne templa, ~~~ in forō sita sunt?

D 1 *Ergänze ein passendes Beziehungswort im Nominativ. Achte dabei auf Numerus und Genus:* 1. ~~~, quī vēnērunt 2. ~~~, quī vēnit 3. ~~~, quod fēcistis 4. ~~~, cui magnum rōbur erat 5. ~~~, quārum timor magnus erat 6. ~~~, cui fābula nōn placuit 7. ~~~, quibus grātiam dēbēmus 8. ~~~, quōrum amīcī vēnērunt 9. ~~~, quae fābulam audīvērunt 10. ~~~, quae Rōmānī aedificāvērunt.

D 2 *Zum Verwechseln ähnlich!*
Bestimme: quae; quid; quod; ā quō; ā quā; quī; quis; quōrum; cuius; quibus; cibus; rēbus; cui; tuī; fuī.

E Hercules stabula Augiae purgat

Audite de alio labore, quem Eurystheus rex Herculi imposuit! Fuit in Graecia rex nomine Augias, cuius divitiae magnae erant. Boves[1], quos possidebat, numquam numerati sunt. Immensa erat copia stercoris[2], quod in stabulis atque in aula iacebat. Nemo stercus[2] removebat. Qua ex re incolae iam procul odore[3] malo, qui totam regionem complebat, vexabantur.

Quod Eurystheus rex audivit. Herculem stabula uno die purgare iussit. Hercules, qui aulam et stabula spectavit, laborem durum esse statim vidit. „Tanta“, inquit, „stercoris[2] copia furca[4] removeri non potest. Alio modo rem conficere debeo.“

Aquas fluminis, quod praeter aulam fluebat[5], in stabula atque aulam rexit.

Ita Hercules stercus[2] e stabulis aulaque removit. Quod totam regionem ab odore[3] malo liberavit.

1 bōs, bovis m.: Rind 2 stercus, stercoris n.: Mist 3 odor, is m.: Geruch
4 furca, ae f.: Mistgabel 5 fluēbat: „er floss“

F* 1. Einst lebte in einer berühmten Stadt Asiens, die Troja hieß, König Priamus, der über das Volk der Trojaner herrschte. 2. Priamus schmückte die Stadt mit Tempeln und anderen schönen Gebäuden. 3. Paris, der ein Sohn des Königs Priamus war, segelte nach Griechenland und raubte die schöne Helena. 4. Die Griechen aber führten mit den Trojanern Krieg.

S **Die Heraklessage.** *Herakles* (lat. *Hercules*) war ein Sohn des Gottes *Zeus*. Seine Mutter war *Alkmene*, die Frau des Königs *Amphitryon*. Aus Eifersucht verfolgte *Hera* diesen Sohn ihres Gatten. Aber *Zeus* bestimmte, dass *Herakles* der berühmteste Held Griechenlands werden und nach einem tatenreichen Leben in den Olymp unter die Götter aufgenommen werden sollte.

Eurystheus, König von Argos und Vetter des *Herakles,* stellte ihm zwölf Aufgaben:

1. Töte den *Nemeischen Löwen* und bring mir sein Fell!
2. Vernichte die *Hydra* im Sumpf von Lerna!
3. Fang die *Hirschkuh* auf den Kerynitischen Hügeln und bring sie lebendig hierher!
4. Fang den *Eber,* der die Menschen am Berg Erymanthos bedroht!
5. Reinige die *Ställe des Augias*!
6. Vernichte die *Vögel* in den Sümpfen von Stymphalos, die mit ihren Federn aus Metall Menschen töten!
7. Fang den heiligen *Stier* auf Kreta!
8. Zähme die vier wilden *Pferde des Diomedes*!
9. Hole den *Gürtel der Hippolyte,* der Königin der kriegerischen Amazonen!
10. Hole die *Viehherde des Königs Geryones* von der Insel Erytheia!
11. Bring mir die *Äpfel der Hesperiden*!
12. Nimm den dreiköpfigen Hund *Kerberos* gefangen, der den Eingang zur Unterwelt bewacht!

Kleine Bronzestatue des Herakles aus dem Römerfund von Weißenburg (1979). Römische Kopie eines griechischen Originals aus der Zeit um 450 v. Chr.

Seit der ersten Tat trug Herakles das Fell des Löwen als schützendes Gewand. Seine bekannteste Waffe war die Keule. Die meisten Abenteuer zeigen ihn als Überwinder des Unheimlichen und Übermächtigen, gegen das sich Menschen sonst nur mit göttlicher Hilfe wehren können. Dass er nicht nur mit Körperkraft, sondern auch mit „Köpfchen“ seine Abenteuer bestand, zeigt die elfte Tat: Auf dem Atlasgebirge am Westrand der Welt wuchs in einem Garten, der Hera gehörte, ein Baum mit goldenen Äpfeln. Die *Hesperiden*, Töchter des Riesen *Atlas*, pflegten den Baum, den ein Drache bewachte. Herakles überredete Atlas, der das Himmelsgewölbe auf seinen Schultern trug, ihm die Äpfel zu holen; währenddessen wolle er den Himmel tragen. Als Atlas mit den goldenen Äpfeln zurückkam, wollte er die Himmelslast nicht wieder übernehmen. Herakles überlistete ihn jedoch: „Einverstanden, ich will den Himmel weiter tragen. Aber halte du ihn noch einmal für kurze Zeit, damit ich mir ein Kissen auf den Kopf legen kann.“ Atlas ließ sich täuschen und Herakles zog mit den Äpfeln davon.

Lectio Vicesima Tertia

A 1 Dea Lātōna celebrātur

Niobae, uxōrī rēgis Thēbārum, septem fīliī septemque fīliae erant. Quī numerus rēgīnam magnā superbiā complēvit.
Aliquandō ūna ex fīliīs sorōribus: „Diēs fēstus“, inquit, „deae Lātōnae adest. Cūnctī incolae deam celebrant; memoria deae ab incolīs nōn neglegitur. Quō modō nōs diem fēstum deae celebrēmus, sorōrēs? Dea ā nōbīs nē neglegātur! Quid faciāmus?“
Tum alia: „Āram deae ōrnēmus, sorōrēs! Etiam statua deae ā nōbīs ōrnētur! Deae grātiās agāmus!“
Et alia: „Egōne flōrēs colligam et apportem?“ Sorōrēs: „Nē dubitēmus corōnās pulchrās ē flōribus facere! Nē pigrae sīmus, properēmus cūnctae! Studium nostrum deae grātum sit!“ Cēterae sorōrēs statim clāmant: „Ita faciāmus!“

A 2 Dē superbiā Niobae

Tum fīliae ante āram deae ōrant: „Utinam, dea, propitia sīs familiae Niobae! Utinam semper in tuā grātiā sīmus! Nē terreāmur rēbus adversīs! Utinam servēmur ā cūnctīs perīculīs! Vīta nostra fēlīx[1] sit!“ Ita sorōrēs ōrābant, cum Nioba māter advēnit fīliāsque sevērīs verbīs vituperāvit: „O, quam stultae estis, puellae! Septem fīliī septemque fīliae mihi sunt. Nōnne scītis līberōs meōs nōn cūrā deae, sed meā cūrā salvōs esse? Lātōna, cui duo[2] tantum līberī sunt, mēcum nē comparētur!“

Apollo und Diana töten die Kinder der Niobe. Darstellung auf einem griechischen Tongefäß, um 640 v. Chr.

Lātōna dea, ubī verba impia Niobae audīvit, statim clāmāvit: „Quid faciam? Num egō ā mortālī[3] fēminā dērīdear? Tāle[4] facinus impūne[5] nē maneat! Superbia hominum pūniātur!“ Līberōs suōs, Apollinem et Diānam, cūnctōs līberōs Niobae sine misericordiā sagittīs necāre iussit.

1 fēlīx: glücklich 2 duo (Nom.Pl.): zwei 3 mortālī (Abl.Sg.): sterblich
4 tāle: „solch eine“ 5 impūne: ungestraft

B –

C Fīliae mātrī pārent. – Māter postulat: „Fīliae mihi pāreant!“
„Ad templum properāmus. Domī nōn manēmus.“ – Soror monet: „Ad templum properēmus! Domī nē maneāmus!“

Verwandle ebenso in einen Befehl oder in eine Aufforderung in der direkten Rede: 1. Flōrēs ab ancillīs apportantur. – Fīliae monent: ~~~

2. Flōrēs ārae nōn dēsunt. – Soror monet: ~~~
3. Dea nōbīs propitia est et familiam nostram ā rēbus adversīs servat. – Pullae ōrant: ~~~
4. Perīculum ā familiā abest. – Cūnctae ōrant: ~~~
5. Deī ab hominibus nōn dērīdentur. – Lātōna postulat: ~~~

D 1 a *oder* e, *das ist hier die Frage!*
Bestimme folgende Konjunktivformen: dūcam; moneant; parēmus; pāreāmus; quaerātis; invītētis; doleat; exspectem; nārrētur; spectentur; agās; dēbeat; traham.

D 2 nōmināmus – nōminēmus. dūcimus – dūcamus
Bilde ebenso zum Indikativ den Konjunktiv: est; rīdet; vetāmus; terrentur; agis; mōnstrātur; portō; vīvit; iubet; sedeō; surgunt.

E De Daedalo et Icaro (I)

Daedalus, qui artifex[1] praeclarus erat, iam diu in Creta insula in exilio vitam agebat. Minos, a quo Creta regnabatur, Daedalum labyrinthum aedificare iussit. Quo in aedificio Minotaurus bestia custodiebatur, cui partim[2] hominis, partim[2] tauri corpus erat.
Daedalus, postquam multos annos ibi servivit, regi dixit: „Satis tibi, rex, servivi. Nunc mihi via in patriam aperiatur! Tandem mihi cum filio Cretam relinquere liceat!“ Sed rex, quod Daedalum multa alia et praeclara opera in Creta conficere cupivit, virum insulam relinquere vetuit. Militibus imperavit: „Ne effugiant Daedalus Icarusque! Retineantur in Creta! Maneant in aula mea, serviant, laborent!“
Tum Daedalus deliberavit: „Quid faciam? Quo modo aulam regis relinquam? Captivi sumus.“ Icarus clamavit: „Cur nobis insulam relinquere non licet? Utinam Graeciam, patriam pulchram, videam!“

1 artifex, ficis m.: Handwerker 2 partim ... partim: teils ... teils

F* 1. Markus soll die Gäste einladen! 2. Gaius sagt: „Die Sklaven sollen immer den Herren gehorchen und arbeiten!“ 3. Der Konsul betet: „Mögen *(utinam)* die Götter dem römischen Volk immer wohl gesonnen sein!“ 4. Die Freunde fragen: „Wo wollen wir heute spielen?“ 5. Markus antwortet: „Lasst uns zu Hause mit Würfeln *(talis)* spielen, Freunde!“ 6. Lasst uns fröhlich sein *(gaudere)*!

S **Antike Technik (I), Träume und Wirklichkeit.** Die Sagengestalt des Atheners *Daedalus* verkörpert die Wunschträume der Griechen von technischem Wissen und Können und damit von Macht über Natur und Menschen. Ihm schrieb man nicht nur die Erfindung von Werkzeugen wie Axt, Säge, Bohrer, Zirkel und Töpferscheibe zu. Er soll auch als Erster Mast und Segel zum Antrieb von Schiffen eingesetzt haben. Auch phantastische Geräte, Gebäude und Kunstwerke hat er der Sage nach erfunden, darunter Flügel für Menschen. Er galt als der Erbauer des Labyrinths auf Kreta, in dem der Minotaurus gefangen gehalten wurde. Ein Netz von unterirdischen Gängen und Kammern verwirrte

Dädalus und Ikarus. Relief aus dem 1. Jahrh. n. Chr. Um die Kunstfertigkeit des Dädalus zu zeigen, sind die Flügel mit besonderer Sorgfalt wiedergegeben.

jeden Eindringling so sehr, dass er nicht wieder herausfand und elend zugrunde gehen musste. Manche Archäologen beziehen die Erzählung von dem Labyrinth auf den Palast von Knossos auf Kreta.

Die Griechen und Römer hatten bereits ein großes technisches Wissen. Sie kannten Mühlen, Wasserschöpfräder und Baukräne. Römische Architekten errichteten mächtige Gebäude, deren Räume von Gewölben und Kuppeln überspannt waren, und bauten Tunnel, Brücken, Wasserleitungen von mehr als 100 Kilometer Länge und in ganz Europa ein Netz von Fernstraßen.

In einem jedoch unterschied sich die Technik der Antike grundlegend von der heutigen: Arbeit war immer Handarbeit. Vom Wasserrad abgesehen, konnten Maschinen und Geräte nur mit Muskelkraft von Menschen oder Tieren betrieben werden.

Lectio Vicesima Quarta

A Dē Crētā īnsulā

Temporibus antīquīs Crēta īnsula praeclāra fuit. Homērus poēta centum urbēs in Crētā fuisse nārrat.

Magna fuit glōria et potentia Mīnōis, rēgis īnsulae. Mīnōs magnō exercitū pācem in īnsulā firmābat. Classis rēgis longē lātēque per mare nāvigābat, ab hostibus multīsque aliīs timēbātur. Itaque multae Asiae et Eurōpae gentēs, etiam cīvēs urbium Graecārum, Mīnōī pārēbant tribūtaque solvērunt.

Praeclāra fuit etiam domus rēgis propter lātitūdinem aulae altitūdinemque moenium. Ruīnae[1] domūs hodiē ā multīs vīsitantur.

Sed magna ēruptiō ignium[2], quae in proximā īnsulā accidit (Thēra nōminābātur), et potentiae et glōriae rēgnī fīnem fēcit. Nam vī flūctuum, quī per mare ad lītus Crētae appellēbantur, portūs urbēsque ad mare sitae ūnō impetū dēlētae sunt. Nōmen Mīnōis glōriaque rēgnī tantum manent.

1 ruīnae: Ruinen 2 ēruptiō ignium: Vulkanausbruch

B MANUS MANUM LAVAT

SPQR – Senātus PopulusQue Rōmānus

C –

D 1 *Setze aus den Adjektiven oder Pronomina:*
altus; novus; vester; tōtus; noster; pulcher; līber; multī; magnus
in KNG übereinstimmende Attribute zu:
urbēs; gentium; exercituī; impetū; ex urbe; in fīne; portūs; flūctibus; cīvium; flūctum; portuum; urbium.

D 2 Ā verbīs nōbīs īnsidiae parantur!
Bestimme folgende Formen (ohne Längenzeichen):
civi; regi; laudari; custodivisti; homini; dubitavi; servi; servivi; nomini; dixi; navi; corpori; feci; urbi; fecisti; genti.

D 3 portus: Nom.Sg.; Gen.Sg.; Nom.Pl.; Akk.Pl.
Gilt das für alle Nomina auf -us?
Bestimme folgende Formen (ohne Längenzeichen):
servus; corpus; exercitus; tempus; virtus; salus; servitus; asellus; domus.

Knossos auf Kreta, „Palast des Minos“, um 1600 v. Chr. an der Stelle eines älteren Palastes erbaut.

E De Daedalo et Icaro (II)

Daedalus, quod a rege in Creta retinebatur, diu cum Icaro filio deliberabat. Icarus: „Qua via in patriam veniamus, pater? Nonne navigemus per mare?“ Sed pater: „Ibi naves regis adsunt. Portus nobis fugitivis clausus est.“

Tandem Daedalus: „Via nova inveniatur! Alas[1] conficiamus! Per caelum volemus! Arte mea magnae manus regis vincantur! Caelum petamus! Non imperat Minos caelo.“

Daedalus sibi filioque alas[1] ex pennis ceraque[2] confecit. Puero dixit: „Moneo te, mi fili: Per medias vias volemus. Caelum altum et calorem solis evita! Evita mare!“

Ita custodes regis fefellerunt, qui patrem filiumque iam per caelum volare viderunt. Primus custos: „Num homines per caelum volare credamus?“ Alius custos: „Ego tibi non credo, amice. Oculi te fefellerunt.“ Sed alius: „Minime oculi, Daedalus nos fefellit!“ Custodes timore poenae capti sunt. „Quid faciamus? Num regi Daedalum fugisse nuntiemus? Quo modo poenam regis effugiamus?“

Daedalus filiusque multas horas volabant. Iam montes Graeciae videbantur, cum Icarus in caelum altum volavit. Calore solis cera[2] alarum[1] mollita est. Puer alas[1] amisit, in mare cecidit. Pater, postquam corpus filii invenit, Icarum in Icaria insula sepelivit[3].

1 āla, ae f.: Flügel 2 cēra, ae f.: Wachs 3 sepelīre: begraben

F* 1. Minos befahl den Soldaten, den Hafen zu bewachen. 2. „Dädalus soll kein Schiff besteigen *(ne, conscendere)*!“ 3. Auf Befehl *(iussu)* des Königs bewachten die Soldaten den ganzen Hof. 4. Von den Beamten des Staates wurden die römischen Provinzen verwaltet. 5. Schiffe aller Völker *(gens)* segelten in die Häfen Kretas. 6. Die Griechen gründeten Städte in vielen Ländern.

Marmorrelief von einem Familiengrab bei Rom, 2. Jahrh. n. Chr. Links der Baukran, rechts der reich verzierte Grabbau in Form eines Tempels.

S **Antike Technik (II).** Viele der erstaunlichen Leistungen der Griechen und Römer erforderten technische Hilfsmittel. Einen schweren Steinblock für ein hohes Gebäude hätten auch noch so viele Menschen allein nicht in die Höhe heben können. Das war aber möglich, wenn man einen – von Menschen betriebenen – Baukran verwendete.
Ein solcher Baukran ist auf dem Grabmal eines reichen Römers dargestellt, der zu Lebzeiten wahrscheinlich an vielen römischen Großbauten beteiligt war. Dieser Baukran besteht aus einem Mast, der aus mehreren starken Balken zusammengefügt ist. Er kann durch ein System von Seilen und Winden zu verschiedenen Höhen aufgerichtet und in verschiedene Richtungen gedreht werden. Die Last wird durch Seile und Flaschenzüge hoch gehoben und durch Drehen und Senken des Mastes an die gewünschte Stelle befördert. Die Kraft zum Heben wird durch mindestens zwei Arbeiter im Tretrad erzeugt. Auf der Mittelwelle des Tretrades werden die Seile aufgewickelt, an denen die Last hängt. Andere Arbeiter außerhalb des Rades ziehen vielleicht noch mit. Der auf dem Grabmal dargestellte Kran wird anscheinend gerade repariert oder für den Gebrauch fertig gemacht.
Die Römer konnten mit einem Kran Lasten von mehreren Tonnen Gewicht heben. Begrenzt wurde die Tragfähigkeit vermutlich von der Festigkeit der Hanfseile.

Lectio Vicesima Quinta

A Bacchus deus Midae rēgī grātiās agit

Multae fābulae ā poētīs antīquīs dē Midā, rēge Phrygiae, nārrantur. Aliquandō Bacchus, deus vīnī, multīs cum comitibus vīnolentīs[1] agmine laetō per Phrygiam migrābat. Etiam Silēnus, quī propter sapientiam ōlim magister Bacchī fuerat[2], cum deō iter faciēbat. Dum agmen deī prōcēdit, Silēnus vīnolentus[1] in hortō obdormīverat[3]. Agricolae senem invēnērunt et in aulam rēgis dūxērunt.
Midās adventū hospitis praeclārī delectābātur et Silēnum invītāvit, ut paucōs diēs in aulā manēret: „Ōrō, ut maneās mihique multās fābulās nārrēs." Ut hospitem gaudiō afficeret, fēstum decem diērum ēgit, in quō Silēnum ōrāvit, ut dē Bacchō cēterīsque deīs nārrāret.
Tandem Bacchus, quī comitem iam dēsīderābat, cum cēterīs advēnit et senem cūrā Midae salvum esse cum gaudiō vīdit. Deus, nē rēgem sine grātiā praemiōque relinqueret, dīxit: „Permittō tibi, ut praemium optēs, nē tibi ingrātus videar." Midās statim optāvit, ut cūnctae rēs, quās contigisset[4], in aurum mūtārentur. Quod deus dedit.

1 vīnolentus: betrunken 2 fuerat: „er war gewesen"
3 obdormīverat: „er war eingeschlafen" 4 contigisset: „er berührte"

B 1. Comitēs, postquam Silēnum abesse animadvertērunt, timēbant, nē īra Bacchī deī commovērētur: 2. „Utinam Silēnus nōbīscum esset! 3. Quaerāmus comitem, nē quid malī[1] senī miserō accidat.“ 4. Daedalus: „Utinam nē“, inquit, „ā mīlitibus rēgis cūstōdīrēmur! 5. Nisī mīlitēs nōs retinērent, iam in patriā essēmus.“ 6. Īcarus: „Sī patriam vidērem, gaudium meum maximum esset.“ 7. Pater iam īnstrūmenta fugae parābat, quod timuit, nē vītam semper in exiliō agerent.

1 quid malī: etwas Schlimmes

C Mārcus mātrem ōrāvit: „Nārrā fābulam!“ – Mārcus mātrem ōrāvit, ut fābulam nārrāret.

Forme ebenso die Befehle und Aufforderungen in einen finalen Gliedsatz mit Konj. Ipf. um: 1. Mārcus amīcōs ōrāvit: „In campum venīte!“ 2. Rēx Daedalō imperāvit: „Labyrinthum aedificā!“ 3. Mīnōs cūstōdibus imperāvit: „Daedalum cūstōdīte!“ 4. Rēx postulāvit: „Daedalus in Crētā maneat!“ 5. Daedalus fīlium monuit: „In caelum altum nē volēs!“

D 1 laudat: laudet – laudāret
Bilde ebenso den Konj. Präs. und den Konj. Ipf. zu: monēmus; sum; monēmur; cūstōdītis; estis; vocant; vocāris; sunt; terreō; labōrō; es; venīmus; migrant; sumus; fugitis; capimus; onerantur; cōnstat; dēcipiuntur; submittō; appelluntur; adveniunt; neglegit; oportet.

D 2 *Wiederhole die Bedeutung der Verben:* advocāre; addūcere; advenīre; addere; adesse. *Welche Bedeutung hat bei diesen Wörtern die Vorsilbe* ad-?
Wiederhole: apportāre; appellere; appārēre. *Wie ist die Verwandlung der Vorsilbe* ad- *in* ap- *zu erklären?*
Erkläre ebenso: accurrere; accipere. *Versuche die Bedeutung von:* appōnere; admovēre; admittere *zu erschließen.*

E Midas orat, ut dono dei liberetur

Midas, postquam a deo praemio affectus est, ne tempus consumeretur, statim lapidem manu tetigit: „Fac, ut lapis in aurum mutetur!“ Nam timebat, ne a deo falleretur. Sed lapis in aurum mutatus est.
Plenus laetitiae Midas domum contendit; servis imperavit, ut cena opulenta apportaretur. Sed ubi ad mensam consedit, se donum malum

Römische Münzen, etwa um ein Drittel vergrößert. *Oben links* As des Kaisers Nero, Rückseite: Ianus-Tempel mit geschlossener Tür. *Oben Mitte* und *rechts* Denar Caesars, Vorderseite: verschiedene Opfergeräte, Rückseite: Elefant, der eine Schlange zertritt. *Unten links* Sesterz des Kaisers Trajan, Vorderseite: Büste des Kaisers mit Lorbeerkranz. *Unten Mitte* und *rechts:* Aureus des Kaisers Antoninus Pius, Vorderseite: Büste der Faustina Minor, der Tochter des Kaisers, Rückseite: Faustina mit ihren Kindern.

optavisse animadvertit. Nam cibi, ubi a rege tacti sunt, statim in aurum mutati sunt.

Tum rex miser deum oravit: „Oro te, Bacche, ut me dono tam periculi pleno liberes. Nam timeo, ne fame necer; timeo, ne et vitam et divitias amittam." Deus Midae: „Nisi tam stultus esses, nunc fame non vexareris. Auri sacra fames!" Regi imperavit, ut corpus in flumine Pactolo lavaret. Quod ubi rex fecit, dono dei liberatus est. Nam numen dei effecit, ut vis aurea a Mida in flumen cederet[1].

Ex eo tempore[2] magna copia auri in flumine Pactolo reperiebatur.

1 cēdere in: „übergehen in"   2 ex eō tempore: „seit dieser Zeit"

Welche Lehre steckt in der Geschichte vom „reichen" König Midas? Vergleiche diese Geschichte mit den Fabeln von Rabe und Fuchs (Lektion 15) und Grille und Ameise (Lektion 17).

F* 1. Midas wünschte, viel Gold zu besitzen. 2. Der Gott gewährte *(dare),* dass er Steine in Gold verwandeln konnte *(nur: verwandelte).* 3. Midas sagte: „Ich wünsche, dass der Stein in Gold verwandelt wird." 4. Dädalus: „Ich fürchte, dass wir vom König in Kreta zurückgehalten werden." 5. Ikarus: „Wenn uns der König nicht in Kreta zurückhielte, wären wir jetzt in Griechenland."

S **Römisches Geld.** Nicht ohne Grund verleiht die Sage einem König von Phrygien die Fähigkeit, „Gold zu machen". In Phrygien und im Nachbarland Lydien (heute westliche Türkei) wurde in der Antike in größerem Umfang Gold aus den Flüssen gewaschen.
Höchstwahrscheinlich waren es die Lyder, die als erstes Volk im europäischen Kulturbereich auf die Idee gekommen sind, kleine Gold- und Silberplättchen mit einem Stempel auf Vorder- und Rückseite zu versehen und so Münzen herzustellen. Mit diesem „Geld" konnte man nun Waren kaufen. Vor dem Aufkommen des Geldes musste entweder wertvolles Material im Wert der Ware abgewogen werden oder es wurde Ware gegen Ware getauscht.
Die Römer kannten für „Geld" zwei Wörter: *pecunia* und *argentum. Pecunia* hängt mit *pecus,* Vieh, zusammen und verweist auf die Zeit des Tauschhandels. Silber, *argentum,* wurde neben Kupfer für Münzen am häufigsten verwendet. Die kleinste römische Münze war der *as* aus Kupfer. As bedeutet „Einer". Der *denarius* aus Silber war der „Zehner", also zehn As. Dazwischen lag der *sestertius* im Wert von zweieinhalb As. Geldbeträge waren meistens in Sesterzen angegeben. 130 v. Chr. wurden vom Senat der Wert des Denars auf 16 As, der des Sesterz auf vier As festgesetzt, die Namen der Münzen aber beibehalten. Den höchsten Wert – 25 Denare oder 100 Sesterzen – hatte der *aureus,* eine Goldmünze. Diese Goldmünzen ließen vor allem die römischen Kaiser häufig prägen. Bei alltäglichen Einkäufen wurde der Aureus freilich – wie heute ein 500-Euro-Schein – selten verwendet.
Anfangs waren auf den römischen Münzen meist Götter dargestellt, später wählten die für die Prägung verantwortlichen Beamten die verschiedensten Münzbilder aus. Meistens beziehen sich diese Münzbilder auf ein bestimmtes Ereignis.
Der erste Römer, dessen Bild Münzen schon zu seinen Lebzeiten zeigten, war C. Iulius Caesar. Auch seine Nachfolger, Augustus und die späteren römischen Kaiser, haben das übernommen. Zu ihrer Verherrlichung ließen sie Münzen mit ihrem Bild oder dem von Familienangehörigen prägen.

Rechte Seite: Fußbodenmosaik in Ostia Antica vor dem Kontor der Schifffahrtsgesellschaft aus der Gallia Narbonensis („Navicularii Narbonenses").

Lectio Vicesima Sexta

A 1 Dē Ōstiā, portū urbis Rōmae

Gāius uxōrī: „Ōstiam petere dēbeō, ut amīcum conveniam, quī nāve ē Graeciā vēnit.“ Statim Mārcus ōrāvit, ut cum patre Ōstiam migrāre et portum vīsitāre sibi cēterīsque līberīs licēret. Gāius, postquam Syrō imperāvit, ut comes esset, in itinere puerīs puellīsque dē Ōstiā nārrāvit: „Is portus et id oppidum nōmen ab ōstiō flūminis Tiberis habent. Mercātōrēs ē terrīs cūnctārum gentium frūmentum aliāsque rēs in eum portum important. Nisī ex eō portū cottīdiē frūmentum Rōmam trānsportārētur, incolae eius urbis fāme vexārentur. Nam ea urbs magna est, multī hominēs in eā vītam agunt.“
Ubī Ōstiam intrāvērunt, viā lātā ad portum eius oppidī migrāvērunt. Mārcus: „Qui est ūsus eius aedificiī, in quō fenestrae nōn sunt? Num id ab hominibus habitārī crēdāmus?“ Gāius: „Minimē, Mārce. In eō horreō[1] frūmentum conditur, quod servī ex eā nāve, quam ibī vidēs, portant.“ Cornēlia: „Quid ea vāsa continent, quae ex eō horreō[1] in eam nāvem portantur?“ Gāius: „Ea oleum vel vīnum continēre exīstimō, Cornēlia. Eās rēs ex Italiā in cūnctās regiōnēs maris nostrī ā mercātōribus trānsportārī scīmus.“

1 horreum, ī n.: Speicher

A2 Etiam leōnēs elephantīque Ōstiam trānsportantur

Subitō Lūcius clāmāvit: „Leōnēs videō!“ Mārcus: „Vae, leōnēs! Fugiāmus! Utinam Herculēs adesset!“ Lūcius: „Tacē, stulte! Ecce leōnēs – ibī in eā nāve, quae advenit.“ Iūlia: „Nōnne tuīs oculīs vidēs eōs līberōs nōn esse, sed caveīs[1] tenērī? Nōn est eīs aditus ad hominēs.“ Cornēlia rīdet: „Num tū rē vērā timuistī, nē ab eīs dēvorārēris, Mārce?“
Tum nauta, quī prope stābat: „Magistrātus Rōmānus“, inquit, „ea animālia saeva ex Āfricā Libyāque mittī iussit, ut gladiātōrēs in lūdīs cum iīs pūgnārent. Eae terrae plēnae eōrum animālium sunt. Dominus eius nāvis, quam ibī vidētis, vēnātor praeclārus est, quī iam elephantōs Ōstiam trānsportāvit. Iī elephantī in lūdīs mōnstrantur neque necantur.“ Tum Cornēlia: „Egō ea animālia vīva[2] spectāre mālō[3].“ Nauta līberīs multa dē iīs animālibus nārrāvit. Ea, quae nārrābat, eīs valdē placēbant.
Tum Gāius contendit, ut amīcum convenīret. Mārcus patrem ōrāvit: „Permitte, pater, ut balneās vīsitēmus! Eās prope forum sitās esse vīdī. Syrus nōbīscum veniat!“ Gāius: „Sit! Sed id videat Syrus, nē līberī in iīs balneīs dētrīmentum capiant!“

1 cavea, ae: Käfig 2 vīva: „lebendig“ 3 mālō: „ich will lieber“

B –

C *Auf welches Satzglied beziehen sich in den folgenden Sätzen die Reflexiva* sē, sibi? *Auf welche Satzglieder beziehen sich die Formen von* is, ea, id?

1. Mārcus sē numquam Ōstiam vīsitāvisse dīcit. 2. Gāius eum cēterōsque līberōs sēcum Ōstiam migrāre iubet. 3. Līberī patrem ōrant, ut balneās vīsitāre sibi liceat. 4. Pater eīs permittit, ut cum Syrō balneās intrent. 5. Iam Lūcius in piscīna[1] sē dēlectat, sed Mārcus aquam frīgidam sibi nōn placēre dīcit. 6. Paulō post Syrus Lūcium Mārcum sēcum in piscīnam[1] trāxisse videt. 7. Līberī, postquam domum vēnērunt, sē leōnēs multaque alia Ōstiae vīdisse mātrī nārrant. 8. Māter eōs multa Ōstiae vīdisse gaudet.

1 piscīna, ae f.: Schwimmbecken

D 1 *Setze zu den Substantiven das passende Demonstrativpronomen (beachte mehrdeutige Formen):* tempus; tempore; agricolae; vīnō; vīna; lapidī; comitibus; gentium; corporis; puellae; cīvitātēs; altitūdine; tempora; aditūs; gaudium; gladiōs; corporum; lītore; ducum; ducem; nūmen; vestīgia; tabellae; sacerdōtem; fīnis; pedum; mulierem; stabula; dolōrī; lātitūdinem.

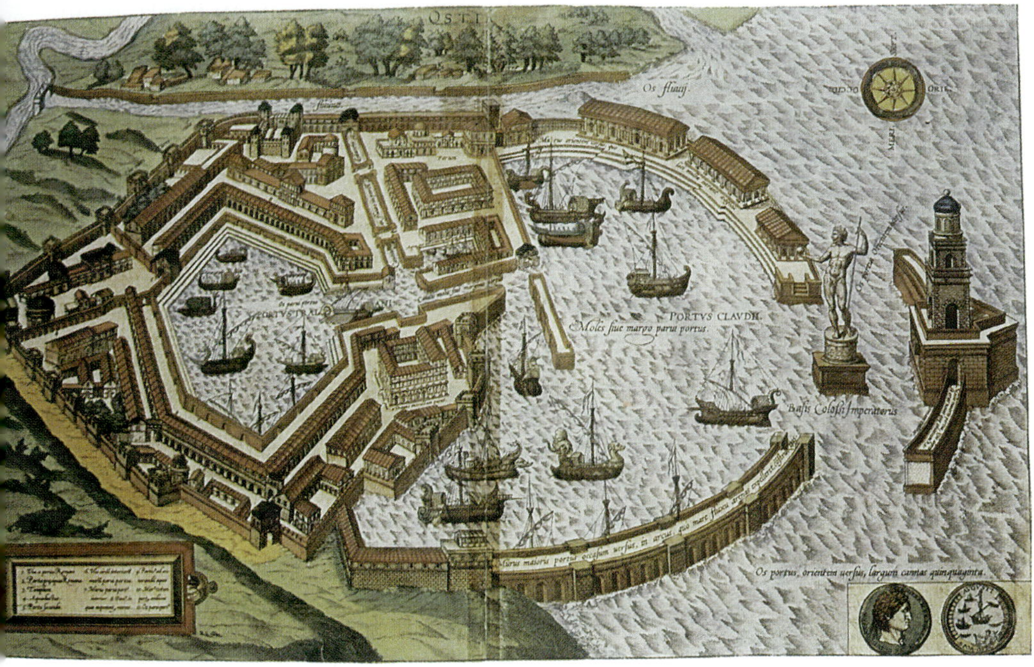

Der Hafen von Ostia nach einer Karte aus dem 18. Jahrhundert.

D 2 *Stelle alle dir bekannten Vokabeln zusammen, die zum Bereich* familia *gehören.*

D 3 *Die Vorsilbe* con- *(oder* com-*) hat oft die Bedeutung „zusammen-". Etwa 10 Vokabeln sollten dir bekannt sein, in welchen diese Bedeutung zu erkennen ist. Schreibe sie auf!*

D 4 *Bestimme:* is; iīs; eius; eōs; eās; iī; eī; eam; eōrum; eum; eārum; ea; eā; quid; id; quod; cuius; quibus; eae; quae; quā; quōrum; cui; quōs; quō; eō.

E Liberi cum Syro balneas visitant

Syrus pueros puellasque vocat eosque in balneas publicas prope forum sitas ducit.

Eas balneas liberi gratuito[1] intrant, Syrus tesseram[2] solvere debet. Cornelia Iuliaque balneas feminarum intrant. Pueri: „Ubi vestes ponamus, Syre?" Syrus eis persuadet, ut eas in apodyterio[3] ponant. In eo, ne a furibus rapiantur, custodiuntur.

Tum pueri palaestram[4], quae plena virorum est, intrant. Ii pila ludunt vel alio modo in ea corpora exercent. Lucius Marco: „In magna piscina[5] natemus! – Cur non venis, Marce?“ Marcus: „Timeo, ne ea piscina[5] plena aquae frigidae sit. Aqua frigida a corpore meo absit!“ Lucius: „Tu puer vere Romanus non es, Marce!“ Sed Marcus: „Ecce, Luci! Ex eo laconico[6] vapor[7] emittitur. In eo sudemus[8], ut viri vere Laconici[6] olim fecerunt.“ Lucius ridet et Marco paret, sed postea ei persuadet, ut in ea piscina[5] natent atque aqua frigida delectentur.
Nona hora Syrus liberos monet, ut balneas relinquant patremque conveniant.

1 grātuītō: umsonst 2 tessera, ae f.: Eintrittsmarke 3 apodytērium: Umkleideraum 4 palaestra, ae f.: Spiel- und Sportplatz (oder -halle) 5 piscīna, ae f.: Schwimmbecken 6 lacōnicum, ī n.: Dampfbad, „Sauna“; Lacōnicus, a, um: spartanisch (die Spartaner galten als besonders abgehärtet) 7 vapor, ōris m.: Dampf 8 sūdāre: schwitzen

F* 1. Midas führte Silen in seinen Hof, um ihn über den Gott Bacchus zu befragen *(interrogare de)*. 2. Später führte der König ihn zu Bacchus zurück, der sich sehr darüber freute, dass sein Begleiter wiedergefunden *(reperire)* worden war. 3. Nachdem er seine Belohnung erhalten hatte, berührte der König einen Stein. 4. Der Gott verwandelte diesen in Gold. 5. Später bat der arme Midas den Gott, von diesem Geschenk befreit zu werden.

S **Thermen.** In vielen römischen Städten gab es Thermen, *balneae,* mit mehreren Wasserbecken und weiteren Anlagen für Körperpflege, Sport und Erholung, sogar Bibliotheken mit Leseräumen. Häufig waren die Räume mit Kunstwerken geschmückt. In Rom haben vor allem die Kaiser prächtige Thermen gebaut, in anderen Städten taten das die Gemeinden, oft mit Hilfe von Spenden reicher Bürger.
Da nur wohlhabende Bürger in ihrer Wohnung private Wasserleitungen und ein Badezimmer, *balneum,* hatten, mussten die meisten Römer zur Säuberung und Körperpflege die öffentlichen Thermen besuchen. Am Eingang löste der Besucher eine Eintrittsmarke, *tessera.* Männer und Frauen badeten in getrennten Räumen. Im Umkleideraum, *apodyterium,* legte man die Kleider ab und verwahrte sie in Wandnischen. Dann konnte der Besucher wählen, ob er zunächst in einem Innenhof, *palaestra,* den Körper durch Ballspiel oder Gymnastik erwärmen oder ob er zum Schwitzen in das Dampfbad, *laconicum,* gehen wollte. Anschließend begab er sich meistens in den Raum mit dem Heißwasserbecken, *caldarium.* Danach kühlte man seinen Körper allmählich ab. Über einen lauwarm geheizten Raum, *tepidarium,* mit entsprechend erwärmtem Wasser führte der Weg in ein Kaltwasserbad, *frigidarium.* Zum Schluss stieg oder sprang man in ein größeres Schwimmbecken, *piscina.*
Die Räume und Wasserbecken wurden durch ein wohl durchdachtes System beheizt: Von Holzfeuern im Keller strömte die heiße Luft in Röhren unter den

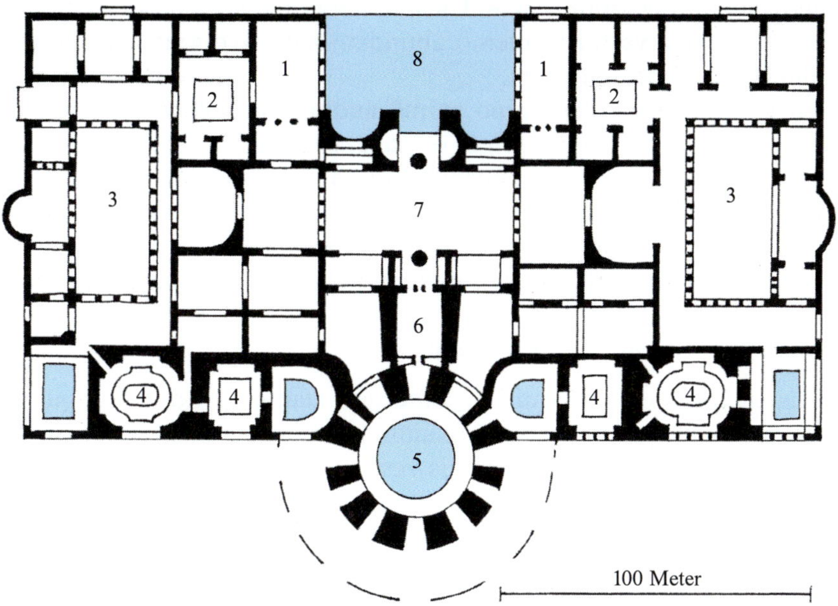

Grundriss der Caracalla-Thermen in Rom: 1 Eingang; 2 Apodyterium; 3 Palaestra; 4 Laconicum; 5 Caldarium; 6 Tepidarium; 7 Frigidarium; 8 Piscina.

Wasserbecken und dem Fußboden hindurch. Danach stieg die noch warme Luft durch Hohlziegel zwischen den Wänden empor und entwich nach draußen. Die Wärme wurde somit fast vollständig ausgenutzt. Eine solche Fußbodenheizung nannte man *hypocaustum.*
Thermen brauchten viel Wasser. Oft musste eine Stadt zum Bau einer neuen Thermenanlage sogar eine neue Wasserleitung errichten.

Lectio Vicesima Septima

A 1 Gallī ā Clūsīnīs agrōs postulant

Quārtō a. Chr. n. saeculō magnum agmen Gallōrum in Italiam invāsit, quod ex agrīs suīs multitūdinem hominum alere nōn iam poterant. Ubī Clūsium, oppidum in Etrūriā situm, vēnērunt atque magnās vīllās agricolārum immēnsōsque agrōs eōrum vīdērunt, lēgātum in senātum Clūsīnōrum mīsērunt. Is ōrātiōnem habuit: „Partem agrī vestrī, Clūsīnī, ā vōbīs postulāmus, quod in patriā nostrā multitūdinem cīvium

alere nōn iam possumus. Vōs, Clūsīnī, nōbīs adesse et prōdesse potestis, quod terra vestra frūmentō abundat. Nam iī, quī habent, iīs, quī nihil habent, adesse dēbent."
Sed Clūsīnī verba eius aequō animō audīre nōn potuērunt. Ūnus ex senātōribus eī respondit: „Egō, ō Galle, ea, quae dīxistī, laudāre nōn possum, nam rem inīquam postulās. Id nōbīs persuādēre nōn potes, ut dē agrīs nostrīs cēdāmus. Iīs, quī cīvēs suōs alere nōn possunt, quod eīs agrī bonī dēsunt, minimē terrās aliārum cīvitātum rapere licet. Sī cūnctae gentēs id facerent, contrōversiae et bella fīnīrī nōn possent."

A2 Lēgātī Rōmānī cum Gallīs pūgnant

Clūsīnī, quod ea verba nihil prōfuērunt, statim lēgātōs ad populum Rōmānum mīsērunt, ut ab eō auxilium peterent: „Utinam nōbīs adesse possītis, Rōmānī! Utinam amīcitia vestra nōbīs prōsit!" Rōmānī statim lēgātōs in castra Gallōrum mīsērunt, ut cum iīs agerent. Etiam Rōmānī Gallōs permovēre nōn potuērunt, ut dē Italiā cēderent. Tum is, quī lēgātiōnī praeerat, plēnus īrae clāmāvit: „Quid iīs barbarīs dīcāmus? Ōrātiō nostra nōn prōdest, verba nihil prōsunt. Gallōs permovērī nōn posse videō. Sī verba apud barbarōs prōdessent, arma dēesse possent. Nunc autem arma capiāmus!" Et lēgātī Rōmānī ūnā cum Clūsīnīs in aciē cum Gallīs pūgnāvērunt, ducem eōrum necāvērunt.
Quod facinus populō Rōmānō valdē obfuit. Gallī id contrā iūs gentium factum esse clāmāvērunt, statim Rōmam contendērunt, ut Rōmānī pūnīrentur.

B –

C1 Mārcus librum *suum* quaerit. – Lūcius librum *eius* invenit.
Markus sucht sein *Buch. – Lucius findet* sein *Buch.*

Wann wird zur Bezeichnung des Besitzers im Lateinischen das Possessivpronomen verwendet, wann der Genitiv des Demonstrativpronomens?

C2 Clūsīnīs agrī bonī erant. Gallī agrōs *eōrum* postulavērunt.

Setze ebenso das richtige Pronomen ein: 1. Gallī in Italiam vēnērunt. Clūsīnī lēgātōs ~~~ in senātū ōrāre iussērunt. 2. Lēgātī Rōmānōrum Gallōs monuērunt, ut ex Italiā cēderent. Sed Gallī ōrātiōne ~~~ permōtī nōn sunt. 3. Lēgātus Rōmānus ducem eōrum necāvit. Facinore ~~~ īra Gallōrum mōta est. 4. Lēgātī Rōmānī contrā iūs gentium ēgērunt. Sed Rōmānī lēgātōs ~~~ nōn pūnīvērunt.

D 1 *Übersetze die deutschen Infinitive durch dir bekannte Komposita von* esse: dabei sein; schaden; nicht fehlen; weg sein; befehligen; anwesend sein; nicht vorhanden sein; teilnehmen; fern sein; leiten; fern bleiben; da sein; beistehen; hinderlich sein; führen; fehlen; kommandieren; abwesend sein; an der Spitze stehen; zugegen sein; nicht mitmachen.

D 2 possumus – poterāmus – potuimus – possīmus – possēmus
Setze ebenso folgende Formen von posse *und* prōdesse *in alle dir bekannten Tempora und Modi:* possum; prōdestis; possunt; prōdes; potestis; prōsum.

D 3 *Schreibe alle dir bekannten Vokabeln auf, die zum Bereich* rēs pūblica *gehören!*

E Capitolium ab anseribus[1] servatur

Postquam exercitus Romanus, qui ante muros urbis Gallis iratis se obiecerat[2], magna clade affectus est, cives terrore capti sunt. Nam senatus novas copias cogere non potuit. Eo in periculo unum tantum consilium proderat: Cives, ubi muros urbis tam parva manu defendi non posse intellexerunt, in Capitolium fugerunt. Senatores curaverunt, ut arx templaque deorum quidem defenderentur.

Galli, quamquam Capitolium multos dies oppugnabant, arcem capere non potuerunt. Tandem parva manus eorum saxa ardua[3] noctu clam ascendebat, ut custodes opprimeret. Custodes dormiebant, etiam canes tacebant.

Sed anseres[1], animalia Iunoni deae sacra, qui in templo eius alebantur, decipi non poterant. Ea animalia magno clamore custodes ceterosque milites excitaverunt; ita eos civesque servaverunt.

Postea Galli, quod pestilentia fameque cogebantur, de pace egerunt. Romani eos magna copia auri permovere potuerunt, ut Romam relinquerent.

1 ānserēs, erum m.: Gänse 2 sē obiēcerat: „es hatte sich entgegengeworfen"
3 saxa ardua: „die steilen Felsen"

F* 1. Gestern konnte ich an eurer Unterhaltung nicht teilnehmen.
2. Diese Sache hat uns sehr geschadet. 3. Der Legat kommandierte die Reiterei des römischen Heeres. 4. Könnten wir doch bei eurem Spiel mitmachen! 5. „Worte nützen oft nicht", sagte der römische Gesandte. 6. Er forderte die anderen Gesandten auf, am Kampf gegen die Gallier teilzunehmen *(Übersetze zweimal: einmal mit* iubere *und einmal mit* monere*).*

S **Römische Religion.** Die frühesten Bewohner der Hügel Roms waren Bauern und Hirten. Sie waren abhängig von der Natur, den Jahreszeiten und dem Wetter. Sie fürchteten Krankheit von Menschen und Tieren oder Überfälle von Feinden. Dies prägte die religiösen Vorstellungen der Römer. Für sie war alles Zeichen des Wirkens von Göttern oder göttlicher Kraft.

Im Gewitter offenbarte sich *Iupiter.* Die Göttin *Ceres* ließ das Getreide gedeihen. Die *penates* schützten die Vorratskammer und die Göttin *Vesta* bewahrte das Herdfeuer. Den *lares,* den Haus- und Feldgeistern, errichtete man im Haus und an den Wegen kleine Kapellen. Selbst ein Grenzstein unterstand dem Schutz eines Gottes: *Terminus.* An Geburtstagen verehrte man den *genius,* den Schutzgeist einer Person.

Mit Opfergaben von Tieren und Früchten versuchte man, die Gottheiten gnädig zu stimmen. Man betrat keinen Ort, der – etwa durch Blitzschlag – heilig, *sacer,* war, ehe nicht ein Sühneopfer dargebracht worden war. Die römische Religion forderte nämlich ein korrektes Verhalten im Umgang mit den göttlichen Mächten, die nur dann den Menschen wohl gesonnen waren. Fromm, *pius,* war, wer mit ängstlicher Scheu den Willen der mächtigen Götter achtete.

Mit den Etruskern kam in früher Zeit die Götterdreiheit *Iupiter, Iuno, Minerva* nach Rom. *Iupiter,* der Herrscher über die Götter, wurde der Hauptgott des römischen Staates, *Iuno,* seine Frau, schützte Ehe und Familie; *Minerva* war

Haruspex bei der Eingeweideschau. Darstellung auf einem Relief aus dem 1. Jahrh. n. Chr.

Bronzemodell einer Leber, das bei der Eingeweideschau benutzt wurde. Es ist in Abschnitte eingeteilt, jeder trägt den Namen einer Gottheit.

die Schutzgottheit der Stadt Rom. Diese drei Gottheiten, die *Kapitolinische Trias*, wurden im großen Tempel auf dem Kapitol verehrt.
Von den Etruskern lernten die Römer auch die Orakelbefragung. So versuchte man, aus dem Flug von Vögeln *(augurium)* und den Eingeweiden der Opfertiere *(auspicia)* den Willen der Götter zu erkennen. Vor jeder wichtigen Staatshandlung wie Volksversammlungen oder Senatssitzungen wurden vom Opferbeschauer *(haruspex)* die *auspicia* eingeholt.
Nachdem die Römer mit den Griechen in Berührung gekommen waren, fanden auch deren Götter, die meist lateinische Namen erhielten, rasch Aufnahme *(interpretatio Romana)*.
Eine Eigenart der Römer aber blieb stets, dass sie auch Gottheiten verehrten, die man sich nicht als Person vorstellen kann. Es gab in Rom einen Tempel der *Concordia* (Eintracht der Bürger), der *Fides* (Treue, Glaubwürdigkeit), der *Victoria* (Sieg) und der *Salus* (Wohl des Staates).

Lectio Duodetricesima

Der römische Staatsmann C. Iulius Caesar hatte – nach seinem Konsulat 59 v. Chr. – die Provinz *Gallia Transalpina* als Statthalter zugewiesen bekommen. Ohne direkten Auftrag, aber mit nachträglicher Billigung des Senats, griff er in die Auseinandersetzungen der von Rom unabhängigen gallischen Stämme militärisch ein. Nach einem Hilferuf des mit Rom befreundeten Stammes der Häduer *(Haedui)* entschied er sich für weiteres Vordringen im freien Gallien.

Vorderseite eines Silberdenars, geprägt ca. 48 v. Chr. in Rom. Kopf eines bärtigen Galliers mit fliegendem Haar, hinter ihm ein gallischer Schild.

A Gallī ā populō Rōmānō auxilium petunt

Prīmō a. Chr. n. saeculō Suēbī, Germānōrum gēns, trāns Rhēnum flūmen in Galliam invāsērunt. Itaque Haeduī, quī amīcī et sociī populī Rōmānī erant, auxilium ā Rōmānīs petīvērunt.

C. Iūlius Caesar, prōvinciae Rōmānae prōcōnsul[1],
postquam ā Gallīs vocātus est,
ā Gallīs vocātus
in Galliam properāvit.

Gallī: „Subvenīte nōbīs, Rōmānī! Patria nostra,
quod ā multitūdine hostium oppressa est,
ā multitūdine hostium oppressa
ā nōbīs dēfendī nōn iam potest.“

Caesar, quamquam magnā dubitātiōne[2] commovēbātur,
magnā dubitātiōne[2] commōtus
tamen id mandātum accēpit auxiliumque prōmīsit.

Sed Ariovistus, Suēbōrum rēx, ā Caesare ad colloquium invītātus venīre negāvit. Deinde Caesar ā multīs cīvitātibus eius regiōnis ōrātus legiōnēs contrā Germānōs dūxit. Tum dēmum Ariovistus timōre commōtus sē ad colloquium parātum esse Caesarī nūntiāvit.

1 prōcōnsul, is m.: Prokonsul; Statthalter 2 dubitātiō, iōnis f.: Bedenken

Die gallischen Sequaner *(Sequani)* hatten die Sueben unter ihrem Anführer Ariovist (Caesar nennt ihn *rex)* als Söldner ins Land gerufen, um sich mit ihrer Hilfe gegen die Häduer, ihre Rivalen, durchzusetzen. Die Sueben hatten aber nicht nur die Häduer besiegt und zu Tributzahlungen gezwungen, sondern auch ihre Auftraggeber, die Sequaner, unterworfen und sich in deren Gebiet festgesetzt.

B Dē colloquiō, quod Caesar cum Ariovistō habuit

Postquam Caesar et Ariovistus ad colloquium convēnērunt, imperātor Rōmānus Ariovistī superbiā offēnsus tamen ōrātiōne moderātā eum appellāvit. „Haeduī“, inquit, „amīcī et sociī populī Rōmānī, ā tē magnā iniūriā affectī auxilium nostrum implōrāvērunt. Mōre Rōmānōrum sociī ab hostibus vexātī numquam dēseruntur, sed semper dēfenduntur. Quā dē causā postulō, ut ea, quae Haeduīs rapuistī, reddās nēve sociōs populī Rōmānī in futūrum iniūriā afficiās.“
Ad ea verba Ariovistus: „Nōs ā Gallīs propter contrōversiās vocātī cōpiās multārum gentium vīcimus. Itaque iūre victōris tertiam partem agrī eōrum occupāvimus. Etiam populus Rōmānus victīs nōn aliter imperāre solet. Sed sī bellum cupis, cavē, Caesar! Nēmō sine suā perniciē mēcum contendit. Germānī multīs bellīs invictī etiam exercituī Rōmānō interitum parāre possunt.“
Paulō post Suēbī magnā clāde apud Rhēnum flūmen affectī ē Galliā cēdere coāctī sunt.

1. Beschreibe die Ausgangslage der Unterredung zwischen Caesar und Ariovist. Wie begründen beide ihre militärische Anwesenheit im freien Gallien? Haben sie dabei Recht?
2. Ist Caesars Ansprache „gemäßigt“? Untersuche seine Wortwahl.
3. Welche Argumente stellt Ariovist Caesars Rede entgegen? Wie beurteilst du das „Recht des Siegers“, auf das er sich beruft?
4. Ist das, was Ariovist sagt, ein Beispiel für seine superbia *(Zeile 3)? Erläutere seine Wortwahl. Berücksichtige dabei auch, dass wir den Inhalt dieser Unterredung nur aus Caesars eigener Darstellung kennen.*

C 1 *In A (Zeilen 6–14) wurde jeweils ein GS durch ein prädikatives Partizip (PP) ersetzt. Nenne die drei Arten von Gliedsätzen, bei denen dies geschehen ist!*

C 2 *Warum hat diese Verwendung des Partizips die Bezeichnung „prädikativ“ erhalten?*

C 3 *Welches ist das Zeitverhältnis des PP zum Prädikat?*

C 4 *Schreibe aus A und B alle PP und ihre Beziehungswörter heraus!*

C 5 *Übersetze den lateinischen Ausdruck mit einem GS:*

1. Helena ā Paride rapta – lebte (sie) lange zufrieden in Troja.
2. Oppidum mūrīs altīs circumdatum – *leistete (sie) lange den Feinden Widerstand.*
3. Trōiānī decem annōs oppūgnātī – *verloren (sie) nicht den Mut.*
4. Equus ab hostibus in lītore relictus – *erregte (es) keinen Verdacht.*
5. Equus in forō collocātus – *wurde (es) als Göttergeschenk verehrt.*
6. Trōia ā Graecīs dēlēta – *wurde (es) nicht wieder aufgebaut.*

C 6 *Auch Adjektive und Substantive können prädikativ verwendet werden. Suche jeweils das prädikativ verwendete Nomen heraus:*

1. Amīcī cum Gāiō laetī forum vīsitant. 2. Mārcus inter cētera aedificia prīmus templum Iānī videt. 3. Gāius pater nārrat: „Etiam egō puer ā patre in forum ductus sum. 4. Sed nunc (ut) agricola nōn saepe forum vīsitō."

D –

E Galli pro libertate pugnant

Galli a Caesare periculo Germanorum liberati paulo post libertatem sibi a Romanis redditam non esse intellexerunt. Itaque postquam Caesar legiones in castra hiberna[1] duxit, nonnulli Gallorum duces ab Ambiorige, rege Eburonum, convocati de libertate Galliae consuluerunt.

Ambiorix: „Castra Romanorum aut opprimamus aut eos e castris cedere cogamus! Tum Romani in itinere circumventi celeriter deleri possunt." Iis verbis Ambiorix Eburonibus persuasit, ut castra proxima, quibus Sabinus et Cotta legati praeerant, opprimerent.

Sed Galli primo impetu pulsi castra oppugnare desierunt et nuntios ad Romanos miserunt. Qui in castra admissi dixerunt: „Si regionem Eburonum relinqueretis, Romani, sine periculo in alia castra Romanorum perveniretis. Tutum iter vobis promittitur."

Deinde inter Sabinum et Cottam controversia erat: Cottae castra defendi et adventum Caesaris exspectari, Sabino legionem per terram hostium ad alia castra non in agro Eburonum sita duci placuit. Diu iurgabatur. Tandem dat Cotta verbis Sabini permotus manus[2].

Mane Romani castra reliquerunt. Per silvas densas iter faciebant, cum Eburones agmen circumdederunt et milites oppresserunt. Pauci tantum ex ea clade servati ad Caesarem effugerunt.

1 castra hīberna: Winterlager 2 dat manūs: „er gab nach" (Ausdruck aus der Gladiatorensprache: er hebt die Hände zum Zeichen der Ergebung)

F* 1. Nachdem Helena von Paris geraubt worden war, lebte sie lange zusammen mit ihm in Troja. 2. Obwohl die Trojaner von den Griechen bestürmt worden waren, gaben sie Helena nicht zurück. 3. Weil die Soldaten im hölzernen Pferd verborgen waren, wurden sie nicht gesehen. 4. Sino war an der Küste zurückgelassen worden und erzählte den Trojanern vom hölzernen Pferd. 5. Die Soldaten drangen nach ihrer Befreiung aus dem Pferd in die Stadt ein.

S **Die Gallier.** Unter Gallien, *Gallia,* verstanden die Römer das Gebiet, das heute etwa Frankreich, Belgien und den westlich vom Rhein liegenden Teil Deutschlands umfasst. Die Bewohner waren zum größten Teil Kelten, welche die Römer *Galli* (Gallier) nannten. Kelten lebten aber z.B. auch im Gebiet des heutigen Süddeutschlands, bis sie dort von den Germanen verdrängt wurden. Im 4. Jahrh. v. Chr. drangen große Keltenzüge nach Italien und Spanien vor. Die Römer wurden damals in der Schlacht an der Allia besiegt und die Gallier kamen bis nach Rom, wo sie das Kapitol – allerdings erfolglos – belagerten (387 v. Chr.). Ein Gebiet im nördlichen Italien, die Po-Ebene, hieß auch unter römischer Herrschaft noch *Gallia Cisalpina* (Gallien diesseits der Alpen).

An die keltischen Stämme erinnern noch heute die Namen vieler Städte im Gebiet des einstigen Gallien, so Reims an die *Remi,* Paris an die *Parisii* oder Trier an die *Treveri.* An der Spitze der Stämme standen Fürsten. In Fürstengräbern sind kostbare Waffen, Schmuckstücke und Geräte gefunden worden, die auch die enge Verbindung der Kelten zur Mittelmeerwelt zeigen. Einen großen Einfluss in allen Lebensbereichen hatten die Priester, die Druiden. Die Gallier kannten eine Vielzahl von Göttern, die sie aber eher in der Natur als in Tempeln verehrten. Besonders die Quellen waren ihnen heilig. An ihnen entstanden oft Siedlungen. Große Fluchtburgen *(oppida)* auf den Höhen dienten in Notzeiten zum Schutz ganzer Stämme samt ihrem Vieh. Den Römern erschienen die Hosen tragenden Gallier als Barbaren, die meist mit langem und struppigem Haar dargestellt wurden.

In den Jahren 58–51 v. Chr. dehnten die Römer unter Caesar ihr Imperium bis an den Rhein und an den Atlantik aus. Die Gallier wehrten sich entschlossen, denn sie wussten, dass es um ihre Freiheit und ihre ererbte Lebensweise ging. Der letzte Aufstand gegen die Römer unter dem Arverner *Vercingetorix* endete mit der Niederlage der Gallier in *Alesia.*

Für die nächsten drei Jahrhunderte gehörte Gallien, in vier Provinzen aufgeteilt, zum Römischen Reich. Die Bewohner übernahmen in vielen Bereichen die Lebensform und die Kultur der Römer. Erst mit der großen Völkerwanderung (ab 375 n. Chr.) brach die Römerherrschaft in Gallien zusammen. Germanische Stämme drangen in Gallien ein. Die Franken gründeten im späteren „Frankreich" einen neuen Staat.

Lectio Undetricesima

Die Gallier leisteten den römischen Eroberern sieben Jahre Widerstand. Im letzten Kriegsjahr gelang es dem Arverner Vercingetorix, alle gallischen Stämme zum Kampf gegen die Römer zu vereinigen. Seine Krieger wurden jedoch in Alesia, einer Stadt im heutigen Burgund, eingeschlossen und belagert. Caesars Soldaten zogen einen doppelten Ring von Befestigungen und Hindernissen um die Bergfestung. Sie sollten sowohl den Ausbruch der Belagerten verhindern als auch von außen anstürmende Befreier abwehren. Als die erwartete Hilfe der übrigen Gallier ausblieb, wurde die Lage der Eingeschlossenen verzweifelt.

A 1 Gallī Alesiae inclūsī dē salūte paene dēspērant

Tum ūnus ē Gallīs ōrātiōnem habuit, ut animōs suōrum cōnfirmāret: „Nōlīte[1], amīcī, dē salūte dēspērāre! An mūnītiōnēs vel impetūs Rōmānōrum vōs terrēbunt? Certē rēs nostra misera vidētur, certē perīcula magna sunt. Sed vōbīs parva vidēbuntur, sī futūra cōnsīderābitis. Dēmōnstrābō vōbīs id perīculum, quod nōbīs imminēbit, nisī patriam dēfendēmus.

Multī anteā in Galliam invāsērunt, sed sē rūrsus recēpērunt. At Rōmānī Galliam numquam relinquent: Dominī sevērī et iniūstī erunt, lībertātem nostram expellent. Virī trucīdābuntur; līberī, uxōrēs in servitūtem rapientur; templa deōrum dēlēbuntur; iniūriae atque miseriae numquam fīnientur. Cūnctī servī erimus.

Egō autem parātus sum et cūncta faciam, ut lībertātem dēfendam. Nōn terrēbor morte, nōn capiar ab hoste, nōn dūcar in servitūtem. Pūgnābō et pūniam superbiam Rōmānōrum! Nōs, sī eō modō rem agēmus, ā deīs laudābimur; tū, Vercingetorīx, sī eō modō bellum gerēs, ā populō laudāberis!“

1 nōlīte dēspērāre!: „verzweifelt nicht!“

A 2 Vercingetorix animōs suōrum cōnfirmat

Gallī eā ōrātiōne commōtī Vercingetorīgem cūncta factūrum (esse) eumque suīs cum mīlitibus oppidum servātūrum (esse) spērābant. Et Vercingetorīx: „Cōpiās“, inquit, „cēterārum cīvitātum, quās exspectāmus, mox ventūrās et hostēs in fugam datūrās sciō. Clādēs Caesaris immēnsa erit. Eum cum reliquiīs exercitūs suī ē patriā nostrā cessūrum spērō. Tum senātōrēs Rōmānōs, inimīcōs Caesaris, eum scelerātum[1] prō facinoribus eius pūnītūrōs esse putō. Tandem Galliam līberam futūram spērō.

Itaque dum cōpia frūmentī nōbīs nōn dēest, adventum amīcōrum exspectābimus. Vōs cūnctās rēs adversās virtūte vestrā superātūrōs esse certē sciō.“

1 scelerātus, ī: Verbrecher

B 1 *Übersetze:* SERVA ME SERVABO TE.

B 2 *Was bedeutet das Zauberwort, das der Kalif Storch vergessen hatte:* MUTABOR?

C Gallī montēs nōn superābunt. – *Rōmānī* Gallōs montēs superātūrōs nōn esse *spērābant.*
Mache ebenso abhängig von Rōmānī … spērābant: 1. Gallī in Italiam nōn invādent. 2. Italia ab iīs hostibus tūta erit. 3. Clūsīnī eīs agrōs nōn dabunt, sed pūgnābunt. 4. Cīvitātēs vīcīnae Clūsīnīs auxilium mittent. 5. Lēgātī Rōmānī dē pāce agent. 6. Gallī exercitum ad mūrōs Rōmae nōn dūcent. 7. Incolae urbis Rōmae ab iīs tūtī erunt.

D 1 *Bilde das Futur zu:* movēmus; laudātis; capiuntur; cūstōdīmus; dīcitis; dīcitur; invītant; audiunt; ageris; lūdis; monēs; monēris; dūcō.

D 2 laudāre – laudāvisse – laudātūrum esse – laudārī – laudātum esse
Bilde ebenso weitere vier Infinitive zu: pōnere; movēre; regere; mittere; trahere; prōmittere; intellegere.

D 3 *Ordne die folgenden Verbformen in die Spalten ein (manche Formen müssen in mehrere Spalten eingeordnet werden):*

Vergangenheit	Gegenwart	Zukunft	Wunsch

laudābor; lauder; laudāvērunt; mittēbantur; fallēmur; monēmur; moneam; audiam; audiēbam; dūcent; dūcunt; vocābunt; vocābantur; vocāris; vocet; audiō; mittēris; mitteris; caperis; capiēs; cēpit; īnstrūxistī; dēcīpient; dēsīderābam; invidēbimus; iūdicant; īgnōrō; oportēbit; arcuistī; aderis; dēscendit; scrībēs.

E De interitu libertatis Galliae

Paucis diebus post magnae copiae Gallorum appropinquabant et ex arce Alesiae magno cum gaudio videbantur. Cuncti clamaverunt: „Castra et munitiones Romanorum statim ex utraque parte[1] oppugnabimus! Eo modo munitiones eorum perrumpemus! Dei nobiscum erunt! Victoria nostra erit, libertas servabitur!“

Sed frustra Vercingetorix exercitum Gallorum Alesiam liberaturum sperabat. Galli munitiones Romanorum perrumpere non potuerunt. Tum Vercingetorix, postquam nullam spem reliquam esse vidit, suos convocavit et „Fortunae“, inquit, „cedemus. Ego, qui id bellum pro libertate nostra suscepi, me Romanis tradam. Morte mea me vitam saltem[2] vestram servaturum esse spero.“
Postridie Vercingetorix se Romanis tradidit, ceteri in servitutem ducti sunt.

1 ex utrāque parte: „von beiden Seiten“ 2 saltem: wenigstens

F* 1. Vercingetorix sagte zu den Einwohnern Alesias, nachdem sie von den Römern eingeschlossen worden waren: 2. „Die Römer werden uns die Freiheit rauben, wenn wir sie nicht verteidigen *(werden).* 3. Jedoch werden wir niemals aufhören, unser Vaterland zu lieben. 4. Daher werden wir vor den Gefahren niemals erschrecken *(von den Gefahren erschreckt werden).* 5. Ich hoffe, dass unsere Bundesgenossen uns Hilfe schicken *(werden).* 6. Wenn keine Hilfe kommt *(kommen wird),* werden wir bald Sklaven sein.“

S **C. Iulius Caesar.** Als Caesar auf einem seiner Märsche durch ein kleines Bergdorf kam, soll er zu seinen Begleitern gesagt haben: „Lieber möchte ich hier der Erste als in Rom der Zweite sein.“ Er wurde nicht nur der Erste in Rom, sondern ist bis heute eine der bekanntesten Persönlichkeiten der Geschichte. Sein Name wurde zum Herrschertitel (Kaiser, Zar).
Er wurde am 13. Juli 100 v. Chr. in Rom geboren. So, *Juli,* wurde der Monat *Quinctilis* später zu Ehren des C. *Iulius* Caesar benannt. Die *gens Iulia* war ein altes Patriziergeschlecht. Caesar war mit *Marius* verwandt, einem bedeutenden Feldherrn und der „Volkspartei“ angehörenden Politiker. Diese Verwandtschaft legte auch Caesars politische Richtung fest: Er wurde der führende Mann der *populares,* die sich als Freunde des Volkes bezeichneten und ihre Politik mit Hilfe der Volksversammlung gegen den Senat (und damit gegen den Adel) durchsetzen wollten.
59 v. Chr. wurde Caesar zum Konsul gewählt. Unterstützt wurde er dabei von dem Feldherrn *Cn. Pompeius,* der ihm damals an Ansehen und Ruhm noch überlegen war, und von dem sehr reichen Geschäftsmann und Politiker *M. Licinius Crassus.* Mit ihnen hatte er ein Jahr zuvor ein Bündnis zur Durchsetzung der gemeinsamen politischen Pläne geschlossen. Damit lag die eigentliche Macht in Rom in den Händen dieser drei und ihrer Gefolgschaft, nicht mehr bei Senat und Volksversammlung.
Nach seinem Amtsjahr als Konsul ging Caesar als *proconsul* in die beiden bereits römischen Provinzen *Gallia cisalpina* und *Gallia Narbonensis.* In den Jahren 58–51 eroberte er das restliche Gallien und vergrößerte damit das *imperium Romanum,* hatte aber von da ab auch ein nur ihm persönlich ergebenes Heer. Der Senat und Pompeius, nun Caesars Gegner, versuchten den übermächtig gewordenen Mann zu entmachten, doch Caesar marschierte 49 v. Chr. mit sei-

C. Julius Caesar als Feldherr, mit dem Feldherrnmantel über der Schulter. Kolossalstatue aus dem Anfang des 2. Jahrh. n. Chr.

nem Heer gegen Rom. Das bedeutete Bürgerkrieg: Römer kämpften gegen Römer. Caesar siegte in allen Schlachten. Im Jahre 45 v. Chr. wurde er *dictator perpetuus*, Diktator auf Lebenszeit, mit allen Vollmachten eines Alleinherrschers.

Jetzt ging er daran, eine neue staatliche Ordnung zu schaffen. Die regierende senatorische Oberschicht hatte versagt: Ausbeutung der Provinzen, persönliche Bereicherung und Korruption waren an die Stelle einer verantwortungsbewussten Regierung getreten, die Rom einst stark gemacht hatte. Mitten in seinen Plänen für eine Reform des römischen Staates wurde Caesar von Anhängern der alten Senatsordnung an den *Iden des März* (15. März) 44 v. Chr. ermordet. Es folgte ein weiterer schwerer Bürgerkrieg, aus dem Caesars Adoptivsohn *Octavianus,* der später *Augustus* genannt wurde, als Sieger hervorging.

Lectio Tricesima

A 1 Ulixēs specum[1] Polyphēmī intrat

Homērus, poēta nōbilis, nōn modo nārrāvit dē bellō ācrī, quod Graecī cum Trōiānīs fortibus gessērunt, sed etiam carmen nōbile dē reditū Ulixis, virī fortis, composuit.
Ulixēs, postquam cum sociīs fortibus nāvem celerem cōnscendit, ventīs adversīs ad Siciliam, īnsulam Cyclōpum, appulsus est. Ibī Polyphēmus, Neptūnī deī fīlius, cui ūnus tantum oculus mediā in fronte erat, in specū[1] ingentī vīvēbat. Cuius in specum[1] Ulixēs et sociī fortēs invāsērunt. Diū dominum quaerēbant, cum id mōnstrum malum et crūdēle cum grege[2] ovium[3] intrāvit. Saxum grave apportāvit, quō introitum specūs[1] clausit, nē ovēs[3] ēvāderent.
Ubī Polyphēmus virōs timidōs vīdit, crūdēlī animō nōnnūllōs virōrum īnfēlīcium necāvit et dēvorāvit.

1 specus, ūs m.: Höhle 2 grex, gregis m.: Herde 3 ovis, is f.: Schaf

A 2 Ulixēs sociōs ē manibus Polyphēmī līberat

Quō in perīculō ingentī sociī Ulixis dē salūte paene dēspērābant: „Timēmus, nē omnēs ā Polyphēmō crūdēlī necēmur. Saxum grave ab introitū dēvolvere[1] facile nōn erit. Quō modō viam nōbīs aperiēmus? Quis nōs līberābit?“ Timor Polyphēmī animōs sociōrum īnfēlīcium frēgit. Sed Ulixēs etiam id opus difficile nōn vī, sed dolō cōnfēcit: Polyphēmō appropinquāvit; vīnum, quod sēcum portāverat[2], mōnstrō crūdēlī praebuit. Itaque animus eius crūdēlis vīnō dēlēnītus[3] est. Ulixēs ā Polyphēmō dē patriā et dē nōmine interrogātus respondit: „Vir Graecus sum, nōmen meum „Nēmō“ est.“ Posteā Polyphēmus vīnō fatīgātus et somnō superātus iacēbat. Tum timor sociōrum dēsiit; sudem praeacuērunt[4], Polyphēmum caecāvērunt[5]. Ingēns fuit dolor, ingēns fuit clāmor eius.

1 dēvolvere: fortwälzen 2 sēcum portāverat: „er hatte mitgebracht“ 3 dēlēnīre: besänftigen 4 sudem praeacuērunt: „sie spitzten einen Pfahl an“ 5 caecāre: blenden; blind machen

B Nēmō Cyclōpēs dolō fallit

Polyphēmus ab Ulixe vulnerātus aliōs Cyclōpēs, quī prope habitābant, vocāvit: „Venīte, vīcīnī! Servāte vītam meam!“ Ā vīcīnīs interrogātus: „Quis tē necāre temptat, amīce?“ Polyphēmus clāmāvit: „Nēmō mē

necāre temptat. Nēmō mē vulnerāvit!“ Tum cēterī Cyclōpēs: „Sī nēmō tē necāre temptat et nēmō tē vexat, tibi adesse nōn poterimus. Neptūnum patrem advocā, ut tibi mentem sānam reddat!“ Et relīquērunt Polyphēmum īnfēlīcem.
Māne Polyphēmus saxum grave dē introitū dēvolvit[1], ut ovēs[2] ēvādere possent. Ūnā cum ovibus[2] Ulixēs sociīque ē manibus mōnstrī crūdēlis effūgērunt.

1 dēvolvit: „wälzte weg“ 2 ovis, is f.: Schaf

C –

D 1 *Bestimme:* fortī; forte; fortis; fortēs; fortibus; omnēs; omne; nōmine; nōmen; omnem; nōmina; omnia; celere; celer; celeria; cētera; difficile; difficilium; ingentēs; gentēs; ingentis; ingentī.

D 2 *Dekliniere:* vir fortis; labor ingēns; bellum crūdēle; rēs facilis; saxum grave.

E De ira Neptuni

Ulixes, postquam Siciliam reliquit, deos se suosque ex omnibus periculis servaturos putabat. Sed Neptunus, Polyphemi pater, ira gravi commotus navem Ulixis delevit sociosque eius infelices ad unum omnes[1] necavit. Ulixes ad insulam Ogygiam deiectus est. Qua in insula Calypso, dea pulchra, habitabat. Quae dea immortalis amore viri mortalis capta Ulixem invitavit, ut in Ogygia maneret: „Si mecum vivere paratus eris, Ulixes, curabo, ut dei te, virum mortalem, immortalem faciant.“
Sed spes mulierem infelicem fefellit: vir constans memoriam patriae uxorisque non amisit. Tandem dei ab Iove in Olympum vocati constituerunt, ut Ulixi domum venire liceret, Mercuriumque deum miserunt, ne Calypso eum diutius[2] retineret.
Calypso invita paruit consilio deorum. Ulixes arte sua parvam navem confecit, deam infelicem reliquit, trans mare ingens navigavit.
Tamen Neptunus contra consilium omnium deorum Ulixem punire constituit ingentesque fluctus excitavit. Postquam navis eius et impetu fluctuum et vi ventorum fracta est, Ulixes in mare deiectus diu fluctibus iactabatur[3]. Tandem ad insulam Scheriam appulsus est.

1 ad ūnum omnēs: „alle ohne Ausnahme“ 2 diutius (Adv.): länger
3 iactārī: getrieben werden

F* 1. Der ungeheure Kampf um Troja wurde nach zehn Jahren beendet. 2. Die unglücklichen Trojaner wurden in die Sklaverei geführt. 3. Die griechischen Sieger zerstörten alle Gebäude der Stadt. 4. Aber die unsterblichen Götter waren voller Zorn, nachdem die grausamen Sieger auch die Tempel zerstört hatten. 5. Nachdem Odysseus an die Küste Siziliens verschlagen worden war, besuchte er mit seinen Gefährten die Höhle *(specum)* des grausamen Polyphem. 6. Unter großer Gefahr entkam er den Händen des Polyphem.

S **Schifffahrt.** Schiffe waren im Altertum das leistungsfähigste und billigste Transportmittel. Die antiken Staaten hatten auch eine Kriegsflotte und es fanden große Seeschlachten statt.

Die Kriegsschiffe, *naves longae,* waren stabil, aber möglichst leicht gebaut. Sie wurden mit Rudermannschaften besetzt, um vom Wind unabhängig zu sein. In einer *Triere* saßen bis zu 180 Ruderer in drei Decks übereinander und ruderten in dem Rhythmus, den ein Offizier angab.

Ein Handelsschiff, *navis oneraria,* war breiter und schwerfälliger. Es war meistens ein Segelschiff, das nur vom Wind angetrieben wurde. Bei ruhiger See und günstigem Wind lief ein Handelsschiff 4–6 Knoten (ca. 7–11 km/h). Die Fahrt von Neapel nach Alexandria dauerte etwa neun Tage. Ein normales Handelsschiff war etwa 20 Meter lang, 6 Meter breit und hatte einen Tiefgang von 2 bis 3 Metern.

Es gab auch größere Lastschiffe, die bis zu 400 Tonnen Ladung fassen konnten. Sie wurden hauptsächlich für die Getreideversorgung der Hauptstadt eingesetzt. Am Tag orientierten sich die Steuerleute an den Landmarken und am Sonnenstand, nachts an den Sternbildern. Viele Häfen hatten weithin sichtbare Leuchttürme. Der Schein des Leuchtfeuers wurde mit Spiegeln auf das Meer gelenkt. Am bekanntesten war der große Leuchtturm auf der Insel *Pharos* vor Alexandria in Ägypten.

Von November bis März wurde die Seefahrt im Allgemeinen eingestellt *(mare clausum).* Für die Winterstürme waren die Schiffe nicht seetüchtig genug und der bewölkte Himmel erschwerte die Orientierung. Im Frühjahr wurden mit Opfern und Festen die Häfen wieder geöffnet.

In großen Hafenstädten wie *Ostia,* dem Hafen Roms an der Tibermündung, herrschte reges Leben. Schiffe kamen an und stachen in See, wurden beladen und entladen. Auf den Kais standen Ladekräne, in großen Speichern und Hallen wurden die vielen Waren gestapelt. Die Hafenpolizei überwachte Reisende und Waren und bekämpfte den Schmuggel. In Werften wurden Schiffe gebaut oder repariert und natürlich gab es im Hafenviertel viele Gasthäuser.

Odysseus und seine Gefährten blenden Polyphem. Darstellung auf einer Hydria, einem griechischen Wassergefäß. Um 500 v. Chr.

Lectio Tricesima Prima

A Ulixēs apud Phaeācēs

Ulixēs, postquam ab Alcinoō, rēge īnsulae Scheriae, benīgnē acceptus est, dē fātīs suīs īnfēlīcibus nārrāvit. Tum Alcinous: „Numquam“, inquit, „vir miserior fuit quam tū. Tibi fortūna īnfēlīcior fuit quam aliīs mortālibus. Sed numquam virum fortiōrem vīdimus quam tē, quī tanta perīcula maris superāvistī.“ Et „Agite“, inquit, „Phaeācēs nōbilēs! Certāmina pulchra parēmus, ut hospitem laetitiā et honōre afficiāmus!“
Nūllum certāmen umquam pulchrius fuit quam id, quod tum ā Phaeācibus factum est. Omnium certāminum, dē quibus poētae antīquī nārrāvērunt, id pulcherrimum fuit.
Rēgī trēs fīliī erant, quī hospitem verbīs blandissimīs invītāvērunt: „Tē invītāmus, hospes, ut lūdīs intersīs. Quis nostrum brevissimō tempore stadium[1] curret? Quis discum[2] lātissimum spatium iaciet? Fortissimus nostrum victor erit. Nōs Phaeācēs fortiōrī virō praemium libenter damus.“
Nausicaa autem, fīlia rēgis pulcherrima, amōre hospitis capta eum in eō certāmine victōrem fore (= futūrum esse) spērāvit.
Maximā virtūte omnēs dē victōriā certābant. Nēmō autem breviōre tempore stadium[1] cucurrit (semper Ulixēs paulō celerior fuit quam cēterī), nēmō discum[2] spatium lātius iēcit, nēmō hastam ācriōre impetū mīsit Ulixe (= quam Ulixēs).

1 stadium, ī n.: Stadion (Kurzstreckenlauf über etwa 180 Meter)
2 discus, ī m.: Diskus

B Ulixēs cognōscitur

Post certāmina virī nōbilissimī in aulam rēgis convēnērunt. Ibī carmina pulcherrima recitāta sunt, quibus rēs gestae clārissimōrum virōrum celebrābantur. Et audīvit Ulixēs carmen dē longissimō et ācerrimō omnium bellōrum, audīvit dē eō virō, quī multō callidior erat cēterīs, audīvit dē eius dolō, quō Graecī Trōiam expūgnāverant[1]. Ubī dē morte miserrimā multōrum Ulixis amīcōrum nārrātum est, is lacrimās ācerrimās profūdit[2].
Quā dē causā dē nōmine interrogātus „Ulixēs sum“, inquit, „quem fātum crūdēle itinere longiōre et perīculōsiōre ā patriā arcuit quam cēterōs Graecōs. Multō fēlīciōrēs iī, quōs mors ante mūrōs Trōiae abripuit[3]! Quis mē (Quis Ulixe) īnfēlīcior est? Nihil est mihi cārius patriā,

nēmō fidēlior uxōre, quam numquam vidēbō, nisī vōs mē adiūveritis[4]." Tum omnēs sē hospitem adiūtūrōs et nāve celerī in patriam reductūrōs prōmīsērunt.

1 expūgnāverant: „sie hatten erobert" 2 lacrimās profūdit: „er vergoss Tränen"
3 abripuit: „hinwegraffte" 4 adiūveritis: „ihr helft"

C 1 *Schreibe aus A und B alle Ablative heraus und ordne sie dabei nach ihren Funktionen!*

C 2 *Welche Superlativformen aus A und B müssen (oder können) als Elative übersetzt werden?*

D 1 novissimus – novior, novus
ācerrimī – ācriōris, ācris *und* – ācriōrēs, ācrēs
Bilde ebenso Komparative und Positive zu: brevissimum; brevissima; cōnstantissimum; altissimī; difficillimae; fortissima; fēlīcissimī; ācerrimīs; miserrimō; celerrimus.

D 2 *Schreibe alle Komparative heraus und bestimme:*
timidiōrem; timidus; timidius; lātus; alius; altius; altus; lātiōris; clārior; altiōrum; altiōrem; fēlīcem; fidēlium; fidēlem; fēlīcium; novius; pulchriōrī; pulchrī.

E Ulixes in patriam reducitur

Numquam autem Ulixes laetiore animo navem conscendit quam eo die, quo Phaeaces eum in patriam reduxerunt. Et quod Phaeacum naves navibus aliarum gentium celeriores erant, celeriter ad insulam Ithacam pervenerunt. Ibi Ulixem, dum somno gravi tenetur, in litore deposuerunt statimque navem rursus altum in mare rexerunt.
Vir infelix somno excitatus se aliena in terra expositum esse putavit. Iam magna voce sortem suam commiserabatur[1], cum Minerva dea, Ulixi amica, ei apparuit animumque eius confirmavit.
Ulixes, ubi se in patria esse cognovit, statim domum contendere constituit. In itinere Telemachus filius ei obviam venit. Qui postquam patrem cognovit, „Utinam", inquit, „cautus sis, pater! Domi multi viri nobiles sunt, qui te mortuum esse dicunt. Itaque Penelopam, matrem meam et mulierem omnium miserrimam, urgent[2], ut ex tanta multitudine nobilissimorum virorum maritum alterum eligat."
Tum Ulixes gravissima cura et ira commotus domum suam contendit. Minerva dea speciem eius mutavit, ne ab inimicis cognosceretur. Incognitus domum suam intravit.

Odysseus tötet die Freier der Penelope. Er spannt den Bogen …

Eo tempore Penelopa, quod superbiam virorum tolerare non iam poterat, postulavit, ut ii certamine difficillimo de victoria certarent. Arcum Ulixis mariti apportari iussit: „Is, qui arcum Ulixis tendere potuerit[3], me in matrimonium ducet.“
Quae res difficilior erat, quam videbatur. Frustra omnes arcum tendere temptabant, cum Ulixes clamavit: „Nihil ea re facilius est! Nemo eum arcum tendere potest nisi dominus iustus: Ecce, Ulixes sum! Vos omnes pro superbia vestra puniam.“
Arcum tetendit. Frustra viri effugere temptabant, Ulixes omnes sagittis necavit.
Nemo felicior fuit Penelopa, quae maritum tandem e gravissimis periculis servatum esse vidit.

1 commiserābātur: „er beklagte sich“ 2 urgēre: bedrängen
3 potuerit: „er kann“

F* 1. Niemand hat schönere Gedichte geschrieben als Homer *(Homerus)*, der vom unglücklichen Schicksal des Odysseus erzählt hat. 2. Keine Stadt war in ältesten Zeiten berühmter als Athen *(Athenae, arum)*.
3. Damals bauten die Athener viele sehr schöne Tempel. 4. Der schönste aller Tempel war der Athene *(Minerva)* geweiht *(dedicare)*.
5. Auch heute besuchen viele Menschen Athen und sehen, dass kein Tempel schöner gewesen ist als der Tempel der Athene.

… die Pfeile treffen die erschreckten Freier. Griechischer Becher, um 450 v. Chr.

S **Homer, Odyssee.** Die ältesten bekannten Dichtungen der Griechen, die *Ilias* und die *Odyssee,* sind etwa im 8. Jahrh. v. Chr. entstanden und nach langer mündlicher Überlieferung im 6. Jahrh. v. Chr. aufgezeichnet worden. Beide *Epen* (Sg.: *Epos*) wurden von den Griechen dem angeblich blinden Dichter *Homer* zugeschrieben. Während die Ilias von den Kämpfen der griechischen und trojanischen Helden um Troja berichtet, werden in der Odyssee die Abenteuer und Irrfahrten des *Odysseus* erzählt, des Königs von Ithaka, einer Insel im Westen Griechenlands. Auf der Heimfahrt von Troja muss er zehn Jahre herumirren, besteht viele gefährliche Abenteuer und verliert alle seine Gefährten. Zuletzt kehrt er zu seiner Frau *Penelope* und seinem inzwischen erwachsenen Sohn *Telemachos* zurück.

Seine Abenteuer erzählt Odysseus am Hofe des Phäakenkönigs, der den Schiffbrüchigen gastlich aufgenommen hat: vom *Kyklopen*, vom Volk der *Lotosblumenesser*, vom Windgott *Aeolus,* von den *Sirenen*, die mit ihrem Gesang die Seeleute ins Verderben locken, von der Zauberin *Kirke*, von der die Gefährten des Odysseus in Schweine verwandelt wurden, von *Skylla*, einem Ungeheuer mit Hundeköpfen, und von *Charybdis*, einem unentrinnbaren Strudel. Er erzählt auch von seinem Abstieg in die Unterwelt.

Als Odysseus endlich heim nach Ithaka kommt, findet er sein Haus voll von jungen Adligen, die seine Frau Penelope heiraten wollen und es sich auf Kosten des tot geglaubten Hausherrn gutgehen lassen. Er besiegt sie in einem schweren Kampf.

Anders als in der Ilias werden in der Odyssee nicht große Helden und Kämpfer vorgeführt. Odysseus ist eher der schlaue, immer einen Rat wissende Mensch, der alle Nöte und Gefahren mit Verstand und Klugheit besteht. Mit viel Liebe werden auch einfache Menschen geschildert, wie der treue Schweinehirt *Eumaios* oder *Eurykleia*, die alte Amme des Odysseus.

Lectio Tricesima Secunda

A 1 Alexander puer nōbilissimōs Macedonum vituperat

Aliquandō mercātor equum pulcherrimum ad Philippum, rēgem Macedonum, addūxit. Equus, quem mercātor addūxerat, rēgī placuit. Tum ūnus ē Philippī amīcīs, quī in campum convēnerant, iussū rēgis equum cōnscendēbat. Statim equus eum in arēnam dēiēcit. Iam multī aliī virī nōbilēs, quī equum cōnscendere temptāverant, dēiectī erant, cum Alexander, Philippī fīlius, quī ea omnia spectāverat, clāmāvit: „Stultī et inūtilēs iī sunt, quī equum tam pulchrum domāre nōn possunt!"

Tum pater: „Num tū puer", inquit, „tē virīs nōbilissimīs sapientiōrem esse putās?"

Alexander ā patre ita vituperātus equum suā manū domāre cōnstituit. Cautē[1] equō appropinquāvit eumque ad sōlem vertit, quod equum suā umbrā terrērī intellēxerat. Paulō post Alexander equum, cuius animus plācātus erat, cōnscendere et in equō sedēns[2] per campum equitāre potuit.

Philippus, quī anteā maximā cūrā complētus erat, nē fīlius caderet et vulnerārētur, tum magnō gaudiō affectus erat et amīcō, quī prope stābat, „Num tū", inquit, „puerum victōrem fore putāvistī?" Amīcus respondit: „Equidem timōre maximō affectus eram, nē Alexander in arēnam dēicerētur."

Pater pretium ingēns, quod mercātor postulāverat, solvit et equum puerō, quod sē et sapientem et fortem praebuerat, dōnō dedit[3].

1 cautē (Adv.): vorsichtig 2 sedēns: „sitzend" 3 dōnō dare: „schenken"

A 2 Quandō tē quiētī dabis[1], Alexander?

Paulō post Alexander, quod Philippus ab inimīcīs necātus erat, rēx factus est. Tum philosophus quīdam[2], quem rēx invītāverat, colloquium cum eō habuit, dē quō haec ferē[3] trādita sunt:

Philosophus: „Quae, rēx, cōnsilia tua sunt?"

Alexander: „Maxima cōnsilia mihi in animō sunt. Egō cōpiās Macedonum in Graeciam dūcam omnēsque Graeciae urbēs mihi pārēre cōgam."

Philosophus: „Bene. Sī Athēnās cēterāsque urbēs superāveris, quid deinde agēs?"

Alexander: „Cum prīmum Graeciam superāverō, urbēs Graecās in Asiā sitās dominātiōne rēgis Persārum līberābō."

Philosophus: „Quid, sī Macedonēs eās quoque urbēs līberāverint?"

Alexander: „Sī eae urbēs līberātae erunt, in Phoenīcam iter faciam, ut cīvitātēs in eō lītore sitae mihi nāvēs aedificent.“

Philosophus: „Sī eās quoque urbēs cēperis et nāvēs tibi cōnfectae erunt, quid deinde faciēs, ō rēx?“

Alexander: „Tum terrā marīque in Aegyptum impetum faciam.“

Philosophus: „Sī Aegyptum tibi pārēre coēgeris, quid deinde?“

Alexander: „Ubī prīmum Aegyptum superāverō, ūsque ad fīnēs Asiae prōcēdam, ut rēgem Persārum dē rēgnō suō expellam: Tandem nēmō potentior erit mē.“

Philosophus: „Sī rēx rēgum factus eris, quae tibi deinde in animō erunt?“

Alexander: „Tum dēmum mē quiētī dabō[1] et fēlīx erō.“

Philosophus: „Quā dē causā, ō rēx omnium sapientissime, nōn nunc tē quiētī dās[1], ut fēlīx sīs? Quid tē impedit?“

1 sē quiētī dare: sich zur Ruhe setzen 2 quīdam: „ein gewisser“ 3 haec ferē: „etwa Folgendes“

B –

C *Ermittle in den Abschnitten A 1 und A 2 die Gliedsätze, die*
a) auf der Stufe der Gleichzeitigkeit (GZ)
b) auf der Stufe der Vorzeitigkeit (VZ)
gegenüber dem jeweils übergeordneten Satz stehen.

D 1 *Ordne die folgenden Verbformen in die Spalten ein:*

Perfekt	Plusquamperfekt	Futur II

trādidistis; trādideritis; addūxerāmus; solverō; cōnfēcerint; solūtus erat; cōnfēcerant; cōnfectae erant; impedīverint; impedītus sum; tetenderō; crēdidistis; crēditum est; relīquerās; effēcī; ēvāserint; convēnērunt; convēnerint; oportuit; optāverat; abundāvit; cōnsumpserat; cultus erat; coniūnxit; dērīsit; impositum erit.

D 2 -am *und kein Ende!*
Bestimme: dederam; deam; dabam; expellam; respondēbam; respondeam; quam; tangēbam; responderam; prōderam; quamquam; prōfueram; moveam; movēbam; tam; poenam; pūniam; pūnīveram; pūniēbam; nostram; mōnstrābam; cognōveram; mēnsam; nam.

D 3 *Welche Formen sind Futur II?* prōderimus; praefuerimus; potuerō; fēcerint; aderis; fēcērunt; fēcerant; addideris; nūntiāverint; poterō; obfuerō; ēvāserō; aderō; addiderō; sēderō; sedēbō.

E Alexander oraculum solvit

Alexander Asiam invaserat copiasque Persarum primo impetu pepulerat. Dum iter per Asiam facit, Gordium, in oppidum et arcem antiquam, venit. Ibi in templo Iovis currus sacer antiquitus[1] collocatus erat, cuius iugum[2] multis nodis[3] adstrictum erat[4]. Quem Alexander spectare cupivit.

Sacerdotes regi de oraculo narraverunt, quod de eo curru olim datum erat: „Is, qui eos nodos[3] solverit, dominus universae Asiae erit." Multi iam eos nodos[3] solvere temptaverant, nemo id perfecerat.

Multitudo incolarum, qui Alexandrum multis cum comitibus venturum audiverant, in templum contendit, ut regem nodos[3] solventem[5] spectaret.

Multi dicebant: „Si Alexander in eo opere defecerit, virum clarissimum et potentissimum valde deridebimus."

Alexander, qui frustra nodos[3] manu solvere temptaverat, tandem iratus exclamavit: „Nihil interest inter gladium et manum!" et gladio eos discussit[6].

Statim sacerdotes eum dominum Asiae fore clamaverunt eumque honoribus divinis affecerunt.

1 antīquitus (Adv.): seit alter Zeit 2 Querholz an der Deichsel 3 nōdus, ī m.: Knoten 4 adstrictum erat: „war befestigt" 5 nōdōs solventem: „beim Lösen der Knoten" 6 discussit: er zerschlug

F*

1. Weil Alexander vom Orakel gehört hatte, beschloss er, die Knoten *(nodos)* zu lösen. 2. Die Priester sagten: „Wenn du das Orakel erfüllst *(solvere),* wirst du der mächtigste König sein." 3. Obwohl schon viele bei diesem Werk versagt hatten, betrat Alexander dennoch den Tempel Jupiters. 4. Die Einwohner sagten: „Wenn Alexander die Knoten *(nodos)* löst, werden die Makedonen Herren von Asien sein." 5. Die Priester erwiesen Alexander göttliche Ehren, nachdem er die Knoten *(nodos)* mit dem Schwert gelöst hatte.

S

Alexander der Große. Nach dem *Peloponnesischen Krieg* (431–404 v. Chr.), der großen Auseinandersetzung zwischen Griechenlands mächtigsten Städten Athen und Sparta, verloren die unabhängigen griechischen Stadtstaaten an Macht; es begann der Aufstieg des kriegerischen Bauernvolks *der Makedonen* im Norden Griechenlands. *König Philipp II.* gelang es durch Geschick und Gewalt, die griechischen Stadtstaaten zu unterwerfen.

336 v. Chr. wurde Philipp ermordet. Sein Sohn *Alexander,* ehrgeizig und mit großen politischen Plänen, wurde mit 20 Jahren König. Sein Ziel war es, das riesige Perserreich zu erobern und selbst die Herrschaft über den Vorderen Orient und den östlichen Teil des Erdkreises, „Asien", zu erringen. Im Ver-

Alexander der Große. Fragment aus einem Mosaik in Pompeji, das die Schlacht Alexanders des Großen gegen Dareios III., den letzten Herrscher der Perser, darstellt.

gleich mit dem Perserheer – angeblich 1 Million Mann – war Alexanders Streitmacht mit etwa 35 000 Soldaten nicht groß. In einem einzigartigen Siegeszug aber schlug er in mehreren Schlachten die Heere des Perserkönigs. Er eroberte Kleinasien, Syrien und Ägypten und drang dann weiter nach Osten vor. Das Zweistromland Mesopotamien und Persien (heute Irak und Iran) waren die nächsten Stationen auf seinem Weg in die persischen Ostprovinzen (heute Afghanistan und Pakistan). Erst an der Grenze Indiens machte er Halt: Alexander war der Herr des Perserreiches. Seine Soldaten, die von Makedonien aus 18 000 Kilometer marschiert waren, hatten fast unglaubliche Leistungen vollbracht.

Geographen und Wissenschaftler haben Alexander begleitet. Die Kenntnis ferner Länder nahm zu, der Handel zu Lande und zur See weitete sich aus. Alexander wollte, dass in seinem Reich Griechen und Asiaten *(Barbaren* nach dem Sprachgebrauch der Griechen) friedlich miteinander lebten. Er gründete zahlreiche neue Städte, in die viele Siedler aus dem übervölkerten griechischen Mutterland auswanderten. Nicht weniger als sechzig der neuen Städte hießen *Alexandreia.* Alexandria in Ägypten, an der Nilmündung, ist noch heute eine der größten Städte des Mittelmeers.

Alexander starb im Alter von nur 33 Jahren. Er hatte keinen ebenbürtigen Nachfolger; sein Reich zerfiel nach längeren Kämpfen in Einzelstaaten.

Lectio Tricesima Tertia

A Discipulī magistrum dē Sōcrate interrogant

Magister: „Ōlim Athēnīs Sōcratēs, philosophus praeclārus, vīvēbat. Saepe in forō cum cīvibus disputābat.“

Discipulī: „Tūne scīs, quid Sōcratēs dixerit? Nārrā nōbīs, quae ā Sōcrate in forō dicta sint! Audīre cupimus, Athēnīsne multī virī sapientēs vīxerint.“

Tum Mārcus magistrum interrogāvit, quōs librōs Sōcratēs scrīpsisset. „Recitā“, inquit, „nōbīs ē librīs Sōcratis!“

Magister: „Nōn possum, Mārce. Sōcratēs nūllōs librōs scrīpsit. Nisī discipulī colloquia eius librīs trādidissent, verba Sōcratis hodiē īgnōrārēmus. Nunc vōbīs nārrābō, quae Athēniēnsēs cum Sōcrate disputāverint.“

B Sōcratēs cum Theodōrō dē iūstitiā disputat

Aliquandō Sōcratēs Theodōrum, quī magistrātus et imperātor Athēniēnsium fuerat, in forō cōram multīs cīvibus interrogāvit, quam rem in magistrātū suō habuisset gravissimam.

THEODORUS: „Egō semper iūstitiam rem gravissimam habuī. Nisī egō magistrātus iūstus fuissem, ā cīvibus in magistrātū vituperātus essem et nunc quoque cīvēs mē prīvātum vituperārent. Sed nēmō in magistrātū mē iūstior fuit.“

SOCRATES: „Age, ō Theodōre, dīc mihi et iīs cīvibus, quī adsunt, cūr magistrātus iūstissimus fueris. Dīc nōbīs, quid sit iūstitia.“

THEODORUS: „Utinam cīvēs semper lēgibus pāruissent! Utinam nunc quidem iūstitiam colerent! Sī Athēniēnsēs semper iūstī fuissent, cīvitās nostra nunc potentissima omnium urbium Graecārum esset.“

SOCRATES: „Rēctē tū quidem. Sed tē interrogāvī, quae rēs esset iūstitia. Dīc: Suntne opera iūstitiae, quae oculīs spectārī possunt, ut opera fabrōrum vel pictōrum[1]?“

THEODORUS: „Nōn intellegō, quae dīxeris, ō Sōcratēs. Sed multa et gravissima opera iniūriae cottīdiē in Graeciā vidērī possunt: Hominēs fraudantur, bona eōrum rapiuntur, multī ā potentiōribus in servitūtem dūcuntur. Ea omnia opera iniūriae sunt.“

SOCRATES: Intellegō. Sīn tu imperātor factus in bellō hostēs fraudāvissēs, sī bona eōrum ā tē rapta essent, sī eōs in servitūtem dūxissēs, num ea fraudem et iniūriam esse exīstimārēs?“

THEODORUS: „Sī ea fēcissem, iūsta fecissem.“

SOCRATES: „Videāmus, num tē rēctē intellēxerim: Tū fraudem cēteraque, sī in hostēs facta sunt, iūsta habēs, sī in amīcōs facta sunt, iniūsta?“

THEODORUS: „Equidem ita dīcō.“

SOCRATES: „Bene. Sed nunc tē interrogō: Sī fīlius aegrōtus medicīnam repudiāvisset et māter medicīnam cibō mixtam[2] eī praebuisset, ut fīlius sānārētur, num id fraudem vocārēs?

THEODORUS: „Nesciō, quae tibi respondeam, ō Sōcratēs. Sed videō, quam difficilis sit iūstitia.“

1 pictor, ōris m.: Maler 2 cibō mixtam: „unter das Essen gemischt“

C *Trage aus A und B die Verben der Hauptsätze und der Gliedsätze, die eine indirekte Frage oder einen Irrealis enthalten, in eine Tabelle nach folgendem Muster ein!*

	Hauptsatz	Tempus	Gliedsatz	Tempus
a) indir. Frage	scīs	Präs.	quid dīxerit	Konj. Perf.
b) Irrealis	īgnōrārēmus	Konj. Ipf.	nisī trādidissent	Konj. Plpf.

D1 *Futur II und/oder Konjunktiv Perfekt?*
Bestimme: scrīpserim; expuleritis; frēgerint; suscēperimus; vīderō; dūxeris; petīverim; rapuerint; gesserimus; gestae sint; remōtī erunt; perfectum sit; remōverō; dūxeris; petīverim; subvēnerint.

D2 *Alles endet auf* -ēs*!*
Bestimme: fēcissēs; hostēs; vidēs; ēligēs; tolerēs; tolerārēs; metuissēs; ferōcēs; animadvertēs; hospitēs; breviōrēs; dūxissēs; spērēs; respondēs; dēfendēs; tenēs; tenuissēs; timōrēs; timuissēs; diēs; dēs; dedissēs; perniciēs; exercēs; discēs; inūtilēs; admittēs; classēs; audēs.

D3 *Alles endet auf* -em*!*
Bestimme: laudārem; laudem; laudāvissem; timōrem; expulissem; dēfendissem; fraudem; fraudārem; sedērem; sēdissem; rem; tacērem; plēbem; complērem; dīxissem.

E Athenienses consilium Themistoclis repudiant

Themistocles, qui in bello Persarum dux Atheniensium fuerat, post victoriam in contione Atheniensium dixit: „Est mihi, o Athenienses, consilium, quod civitati nostrae valde proderit, sed id coram omnibus in contione disputari non oportet. Itaque date mihi virum prudentem atque fidelem, ut cum eo deliberem.“ Datus est Aristides, vir iustissimus.
Cui Themistocles dixit: „Classis Lacedaemoniorum subducta[1] est. Quam si igne deleverimus, Athenienses domini Graeciae erunt. Nam Lacedaemonii, quamquam adhuc socii nostri sunt, aliquando causam habebunt, cur nobiscum de principatu Graeciae certent.“
Aristides, ubi in contionem revertit[2], a civibus interrogatus est, quid Themistocles dixisset: „Dic, quae consilia invenerit. Scire cupimus, utiliane sint civitati.“
Aristides nihil nisi „Ea“, inquit, „quae Themistocles dixit, utilissima, sed minime honesta esse censeo.“
Tum Athenienses totam rem, quam ne audiverant quidem, repudiaverunt. Si Athenienses consilio Themistoclis paruissent, fortasse domini Graeciae facti essent, sed in odium omnium Graecorum venissent, nam socios fideles fraudavissent.

1 subducta: „auf den Strand gezogen“ 2 revertit: „er kehrte zurück“

F*

1. Sage mir, warum du gestern nicht gekommen bist. 2. Ich weiß nicht, was *(Plural)* ich dir sagen soll. 3. Sokrates fragte Theodorus, was Gerechtigkeit sei. 4. Wenn die Athener die Flotte der Lakedämonier zerstört hätten, hätten sie großes Unrecht getan. 5. Wenn Aristides kein gerechter Mann gewesen wäre, wäre er den Worten des Themistokles gefolgt *(parere).*

S

Sokrates und die Philosophie. Den Griechen verdanken wir die Anstöße zu wissenschaftlichem Denken und den Drang zur Erforschung der Wahrheit. Die Frage, woher unsere Welt stammt und welche Rolle wir Menschen in ihr spielen, beschäftigte die Menschen schon seit Urzeiten. Bis zum 7. Jahrh. v. Chr. beantwortete man diese Fragen durch *Mythen,* Erzählungen von der Erschaffung und Einrichtung der Welt durch Götter. Die Griechen stellten diesen Mythen eine völlig andere Denkweise gegenüber. Sie fragten: 1. Wie ist die Welt beschaffen? 2. Was kann mein Verstand von der Welt erkennen und nach welchen Regeln muss ich denken, um Irrtümer zu vermeiden? 3. Wie soll sich ein Mensch seinen Mitmenschen gegenüber verhalten? Die Griechen nannten ein an diesen Fragestellungen orientiertes Denken *philosophia,* Liebe zur Weisheit.

Auch *Sokrates*, der 470–399 v. Chr. in Athen lebte, dachte über diese Fragen nach. Er glaubte jedoch nicht, dass man auf sie eine einfache und eindeutige Antwort geben könne. Er versuchte vielmehr, durch Gespräche mit anderen Menschen entweder die Wahrheit zu finden oder zu der Einsicht zu kommen, dass man über diese Dinge noch nicht genug wisse. Das Eingeständnis, über eine Sache nichts Richtiges zu wissen, war ihm wertvoller als Halbwissen oder Scheinwissen. Er konnte scharfsinnig diskutieren und verwickelte die Athener in Gespräche über den Staat, über Gerechtigkeit, Freundschaft, Religion und vieles andere. Sein Ziel war, die Menschen zu vernünftigem Nachdenken und vielleicht zu besseren Einsichten zu bringen.
Als er siebzig Jahre alt war, wurde er von einigen, deren Scheinwissen er allzu rücksichtslos entlarvt hatte, vor Gericht gestellt. Man warf ihm vor, gottlos zu sein und die Jugend mit seinen Gesprächen zu verderben. Er wurde zum Tode verurteilt und trank, obwohl er hätte fliehen können, im Gefängnis den Giftbecher.
Sein Schüler *Plato* schrieb viele seiner Gespräche auf und veröffentlichte sie.

Philosophen im Gespräch. Fußbodenmosaik aus Pompeji.

Lectio Tricesima Quarta

A Delphīnus ingēns puerum per flūctūs portat

C. Plīnius Secundus Canīniō suō s.d.[1]

Rem mīrābilem tibi nārrābō. In sinū maris puerī natāre solēbant. Aliquandō puer: „Videāmus, amīcī", inquit, „quis nostrum in ulteriōra prōcēdere audeat. Quī fortiter natāns longissimum spatium prōcesserit, victor erit!"

Dīxit, flūctibus sē trādidit, fortiter natāvit. Iam longē prōcesserat, cum delphīnus ingēns appāruit. Quī puerum natantem quasi amīcum salūtāvit et modo ante modo post natāns eum ad lūdum invītābat. Subitō puerum, postquam eum dorsō sustulit[2], velut equitem portāns iter per flūctūs fēcit.

Puer prīmō animal ingēns velut mōnstrum crūdēle timuit; post delphīnō moderātā celeritāte natantī fidem habuit; timor paulātim minuēbātur. Et delphīnus paulō post iter ad lītus flexit.

Cēterī, quī in lītore mānserant, de salūte amīcī timentēs flēbant clāmābantque: „Ō miserum amīcum! Quid fēcit? Utinam in lītore mānsisset! Sī cautior fuisset, nunc in perīculō nōn esset!" Trepidantēs et perīculum timentēs tamen iterum in mare dēscenderant, ut amīcum exspectārent. Sed nātūram delphīnōrum nescientēs, quid facerent, nesciēbant. Tandem cūnctīs dē salūte amīcī iam dēspērantibus placuit domum currere, cūncta parentibus nārrāre. Sed subitō quīdam[3] clāmāvit: „Ecce, adest amīcus noster! Ā bēstiā servātus est."

Nōnne mīrābilis tibi vidētur ea rēs? Quid dīxissēs, mī Canīnī, sī adfuissēs? Equidem, nisī oculīs vīdissem, nōn crēderem. Valē!

1 Canīniō suō s.d. (salūtem dīcit): „grüßt seinen Freund Caninius"
2 sustulit: „er hob auf"
3 quīdam: jemand

Rückseite einer griechischen Silbermünze, um 480 v. Chr., aus Tarent. Der Meergott Phalanthos, auf einem Delphin reitend.

B –

C 1 *Welche Partizipien Präsens aus A lassen sich durch einen Adverbialsatz oder durch Ein- und Beiordnung, welche lassen sich besser attributiv (d.h. auch durch einen Relativsatz) wiedergeben? Suche jeweils die beste Übersetzung!*

C 2 *Welches Zeitverhältnis wird durch die Partizipien ausgedrückt?*
1. Ulixēs ab uxōre fīliōque diū exspectātus tandem in patriam vēnit. 2. Incolae Ulixem post multōs annōs Ithacam advenientem nōn cognōvērunt. 3. Themistoclēs superbiā commōtus classem Lacedaemoniōrum dēlēre cōnstituit. 4. Themistoclēs verba gravissima faciēns Aristīdī persuādēre nōn potuit, ut contrā iūs ageret. 5. Sōcratēs cum Athēniēnsibus ācribus verbīs disputāns in odium multōrum cīvium vēnit. 6. Verba Sōcratis ā discipulīs eius litterīs trādita hodiē ā multīs leguntur.

D 1 *Partizip Präsens oder Adjektiv?*
Bestimme: ingentī; gerentī; natantium; ācribus; advenientibus; terrēns; faciēns; sapiēns; servantis; cadentia; breviōrī; brevius; volantēs; removentēs; recipiēns; ūtilia; audentibus; discentēs.

D 2 *Bilde aus den Substantiven:* puerī; amīcō; nautae; poētae; amīcī; fīliam; mīlitum; amīcum
und den Partizipien: pārentem; fugientis; monentis; advenientī; fugientium; recitantī; advenientēs; possidentem
passende Wortpaare!

D 3 *1. Wiederhole die Bedeutung von* incautus; īnfēlīx; iniūstus; ingrātus; immortālis! *Welche Bedeutung hat bei diesen Wörtern die Vorsilbe* in- (im-)? *Nenne lateinisch das Gegenteil zu diesen Wörtern (die Vokabeln sind dir bekannt)!*
2. Suche lateinisch das Gegenteil zu inimīcus *und* inīquus*! Das ist schon etwas schwieriger, aber auch diese Vokabeln sind dir bekannt.*

E C. Plinius de eruptione Vesuvii narrat

Eram Miseni in villa avunculi ad mare sita otiosus, librum legens, cum nubem nigram et ingentem super Vesuvium montem apparuisse nuntiatum est. Nubes in caelum surgens speciem pini[1] praebebat. Avunculus, qui praefectus classis erat, statim navem solvi iussit, ut rem periculum nuntiantem cognosceret et hominibus auxilium ferret[2]. Nam terra saepe mota iam per multos dies nos terruerat.

Ego cum matre Miseni manens diem agebam legens, scribens. Media nocte post somnum brevem motus terrae gravior ceteris motibus me dormientem excitavit. Mater trepidans me oravit, ut statim fuga salutem peteremus. Prima hora diei oppidum relinquere constituimus. In aperta currentes muros tectaque corruentia evitabamus. Nubes atra et horribilis appropinquans terrore gravissimo nos affecit. Iam cinis, iam parvi lapides de caelo cadentes spem salutis minuebant. Capitibus nostris cervicalia[3] imposuimus, ne lapidibus de caelo cadentibus vulneraremur. Agmen fugientium nos e porta oppidi rapuit.

1 pīnus, ī f.: Pinie 2 ferre: bringen 3 cervīcālia, ium n.: Kissen

F* 1. Die im tiefen Meer schwimmenden Jungen fürchteten sich vor dem herannahenden Delfin nicht. 2. Der Junge ließ sich vom Delfin tragen, obwohl er Angst hatte. 3. Am dritten Tage zeigte sich ein anderer Delfin den Jungen, welche sich sehr freuten. 4. Die Athener hörten auf *(parere)* Aristides, der sie ermahnte, kein Unrecht zu tun.

S **Der Untergang Pompejis.** Von Naturkatastrophen in Italien, Überschwemmungen, Erdbeben oder Vulkanausbrüchen, wird auch heute immer wieder berichtet. Solche Naturkatastrophen gab es auch schon im Altertum; die schwerste ereignete sich im 1. Jahrh. n. Chr.

Kampanien, die Gegend um den Golf von Neapel am Fuß des Vesuvs, war schon damals eine fruchtbare Landschaft mit Äckern, Weinbergen und Olivenhainen. Der Vesuv, einst ein gefährlicher Vulkan, war seit vielen hundert Jahren nicht mehr ausgebrochen, und niemand glaubte, dass er noch tätig sei. An der Küste bauten reiche Römer ihre Villen und der Golf mit seinen Badeorten war ein beliebtes Urlaubsziel.

Pompeji war seit dem 8. Jahrh. v. Chr. besiedelt. Es lag günstig an wichtigen Verkehrswegen und entwickelte sich zu einer geschäftigen Handelsstadt. Bevor es um 300 v. Chr. römisch wurde, stand es lange unter dem Einfluss der Griechen, die in der Nähe die Stadt Neapel (*nea polis* – „Neustadt“) gegründet hatten. Viele Häuser in Pompeji verbinden die italische Form des Atriumhauses mit dem Anbau des griechischen *Peristyls*, einem Innengarten mit umlaufendem Säulengang und einem Springbrunnen in der Mitte.

Im Jahr 62 n. Chr. wurde Kampanien von einem Erdbeben erschüttert, von dem Pompeji besonders schwer betroffen war. Der Wiederaufbau der Stadt war noch nicht beendet, als am 24. August 79 n. Chr. die Katastrophe hereinbrach, die der Untergang Pompejis war: Ohne warnende Vorzeichen explodierte der riesige Pfropfen aus erstarrter Lava, der Jahrhunderte lang den Vulkanschlot des Vesuvs verschlossen hatte. Innerhalb von drei Stunden, zwischen 10 Uhr und 13 Uhr, wurde das 10 Kilometer entfernte Pompeji von einem heißen Aschenregen, vermischt mit Bimsstein, Sand und Phosphorgasen, verschüttet. Die Stadt wurde unter einer Schicht von 5 bis 7 Metern begraben.

Manche Einwohner glaubten sich anfangs im Innern ihrer Häuser sicher,

Gipsabdruck der Leiche einer Frau aus Pompeji.

andere versuchten zu fliehen. Für die meisten gab es kein Entkommen. Sie wurden von herabfallenden Steinen erschlagen oder erstickten an den Schwefel- und Phosphorgasen, bevor die Asche sie begrub. Als Pompeji viele Jahrhunderte später wiederentdeckt und ausgegraben wurde, waren ihre Körper zwar zerfallen, aber die erstarrte Asche hatte ihre Umrisse und Formen bewahrt. Diese Hohlräume goss man mit Gips aus und erhielt so die Abbilder von Menschen und Tieren im Augenblick ihres Sterbens. Man fand Bewohner eines Hauses, die beim Zusammenraffen ihres Schmucks und ihres Geldes von dem einstürzenden Haus erschlagen, Mütter, die mit ihrem Kind auf dem Arm vom Ascheregen begraben worden waren. Ein angeketteter Hund hatte versucht, immer höher auf den Berg aus niederfallender Asche zu klettern, bis ihn die Kette daran hinderte.

Lectio Tricesima Quinta

A Agricola et filius asellum ferunt

Aliquandō agricola et filius cum asellō ex agrīs domum migrāvērunt. Pater asellō ferēbātur, filius pedibus iter faciēbat. Viātor appropinquāns: „Virum magnī rōboris ferrī“, inquit, „parvum puerum autem migrāre videō. Id aequum nōn esse putō.“

Itaque nunc fīlius asellō ferēbātur, pater migrābāt. Viātor alter appropinquāvit: „Quid est? Quā dē causā tū, puer, asellō ferris, pater autem currere cōgitur, idque post diēī labōrem?“

Tum agricola: „Sī egō feror, vituperor; fīlium sī asellus fert, aequum nōn est. Sīn ambō[1] ferimur, vituperārī nōn possumus.“ Itaque asellum miserum cōnscendērunt et in eō sedentēs iter fēcērunt.

Dum et pater et fīlius feruntur, viātor tertius obviam veniēns: „Quae est ea dēmentia!“ inquit. „Asellus parvus duōs[2] hominēs ferre cōgitur. Nōn permittō, ut asellō ferāminī! Dēscendite!“ Nunc et pater et fīlius et asellus maximā concordiā iter faciēbant, cum viātor quārtus appropinquāns clāmāvit: „Vae, trēs sodālēs[3] stultī! Sī duo[2] migrārent, ūnus quidem ferrētur, nēmō vōs vituperāret.“

Tandem agricola puerō: „Quid faciāmus, mī fīlī, nē vituperēmur? Id cōnsiliī reliquum est: Fer asellum mēcum! Sī nōs asellum ferēmus, nēmō nōs vituperābit.“ Ita asellum ferentēs in vīcum vēnērunt. Vīcīnī agricolam fīliumque eius, quod asellus ab hominibus lātus est neque id animal hominem tulit, illūsērunt: „Cūr vōs asellī asellum fertis?“

Quī cūnctīs placēre cupit, nēminī placēbit.

1 ambō (Nom.): beide 2 duo (Akk.: duōs): zwei 3 sodālēs, ium m.: Gefährten

B Arīōn poēta ā deō maris servātur

Ōlim Arīōn, poēta praeclārus, iter per urbēs Siciliae faciēns hominēs carminibus pulcherrimīs dēlectāverat. Cui incolae, ut grātiam referrent, magnam pecūniam attulerant. Tum Arīōn sē in nāvem contulit, ut in Graeciam reverterētur[1]. Iam nāvis lītorī patriae appropinquābat, cum nautae poētam interficere dīvitiāsque eius rapere et sēcum auferre cōnstituērunt. Frūstrā Arīōn eīs magnam aurī cōpiam prō vītā offerēbat. Tandem poēta: „Sinite mē“, inquit, „ante certam mortem carmen ultimum canere.“ Postquam eō in carmine auxilium ā deō maris implōrāvit, sē in flūctūs dēiēcit. Statim delphīnus eum dorsō ē flūctibus sustulit et salvum ad lītus rettulit.

1 ut reverterētur: „um zurückzukehren“

QUOD FERT FORTŪNA, FER!
QUOD FERT FORTŪNA, FERRĪ DĒBET!

C 1 *Vergleiche in den folgenden Sätzen die Bedeutung der Genitive:*

1. Nōmen rēgis erat Rōmulus. 2. Amīcī Caesarī nōmen rēgis offerēbant. 3. Nōmen rēgis Caesarī nōn placuit.

C2 *Erläutere die Genitive in folgenden Sätzen:* 1. Magna cōpia frūmentī ex agrīs in vīcum collāta est. 2. Quid novī fertis, amīcī? 3. Prūdentissimum animālium delphīnum esse ferunt.

D *Ersetze die Formen von* portare *durch Formen von* ferre: portāvistī; portātī essent; portāverint; portā; portās; portātis; portāte; portābās; portābāris; portābātis; portābunt; portābō; portāberis; portārent; portābor; portent; portārēmur; portor; portāminī; portāvērunt; portāverim.

E Quomodo Plinius e periculo mortis effugerit

Multitudo fugientium me matremque abstulerat et ex oppido pepulerat. Paulo post ea nubes atra, quae nos iam antea terruerat, in terram descendit nobisque omnem spem salutis sustulit. Misenum oppidum ex oculis nostris ablatum est. Nox omnibus noctibus nigrior densiorque nos circumdedit.

Iam densior cadebat cinis, iam atrox odor sulpuris[1] spiritum obstrinxit[2]. Audivimus ululatus[3] feminarum liberorumque maritum vel matrem quaerentium. Alii ad deos manus sustulerunt, ut sibi auxilium ferrent. Alii deos nullos iam esse, sed novissimam mundi noctem adesse clamaverunt.

Equidem caliginem[4] paulum minui existimavi, sed me erravisse celeriter intellexi: Flammae fulguraque[5] lucem attulerant.

Matrem iam vires deficiebant; e via in campum nos contulimus, ne a multitudine fugientium et currentium opprimeremur. Tandem caligo[4] sublata est, dies verus venit.

Tum species horribilis se oculis obtulit: Campi, viae, cadavera mortuorum, omnia sub cinere albo iacentia tamquam sub nive occultabantur. Ego materque deis pro vita gratias agentes magnis cum laboribus Misenum pedem rettulimus.

1 odor sulpuris: „Schwefelgestank“ 2 spīritum obstrīnxit: „beengte den Atem“
3 ululātūs (Akk.Pl.): „Schreie und Rufe“ 4 cālīgō, ginis f.: Finsternis
5 fulgura (n.Pl.): Blitze

F* 1. Der Bauer fragte seinen Sohn, ob er den Esel tragen könne. 2. Der Sohn fürchtete, dass die Last zu schwer *(gravius)* sei. 3. Dann hoben sie mit großer Mühe den Esel hoch. 4. Die Zuschauer, denen diese Sache große Freude bereitete *(afferre)*, riefen: „Seht, da tragen zwei *(duo)* Esel einen dritten!“ 5. Dieser Esel wollte lieber *(maluit)* tragen als getragen werden, wie ich meine.

Via dell'Abbondanza, eine typische Straße in Pompeji. In der Mitte Trittsteine, damit man bequem und auch nach Regengüssen trockenen Fußes auf die andere Seite kam. Im Hintergrund der Vesuv.

S **Pompeji, eine antike Stadt.** Die Ausgrabungen in Pompeji haben uns viel über das Leben in einer antiken Stadt gelehrt. Religiöser, politischer und wirtschaftlicher Mittelpunkt war auch in Pompeji das *forum.* Dort standen Tempel des Jupiter und des Apollo, befanden sich die Amtsräume der Verwaltung, gab es Markthallen und Läden. Die Feiern an den Festtagen der Götter und des Staates fanden auf dem *forum* statt, auch Statuen von Mitgliedern des Kaiserhauses und verdienter Mitbürger waren dort aufgestellt, wie die Inschriften auf den noch erhaltenen Sockeln zeigen. Das *forum* war Fußgängerzone, die Fahrstraßen endeten davor.

Jedes Jahr waren Kommunalwahlen. An Häuserwänden kann man heute noch lesen, was die Pompejaner im Wahlkampf beschäftigte. Jemand hat z.B. gefordert, die Überschüsse in der Gemeindekasse an die Bürger zu verteilen. Aus anderen Inschriften und Kritzeleien, die für Geschäfte und Produkte werben, und durch die ausgegrabenen Geschäftsräume erfahren wir manches über das wirtschaftliche Leben der Stadt. Bedeutende Erwerbszweige waren der Anbau von Wein und Oliven und die Herstellung von Wollstoffen. Ein beliebter Exportartikel Pompejis war das *garum,* eine würzige Fischsoße, die in vielen Rezepten der römischen Küche eine Rolle spielte.

Pompeji, Haus des Fauns.

Innungen und Vereine hatten ihre eigenen Räume und Tagungslokale; vor allem aber traf man sich in den Sporthallen oder in einer der drei großen Thermenanlagen. Der Unterhaltung dienten auch das Theater, eine Musikhalle *(odeion)* und Gladiatorenkämpfe im Amphitheater. Im Jahr 59 n. Chr. kam es bei einem solchen Kampf zu blutigen Auseinandersetzungen zwischen Pompejanern und Besuchern aus der Nachbarstadt *Nuceria;* danach bestrafte der Senat in Rom Pompeji mit einer längeren „Platzsperre".
Die ausgegrabenen Wohnhäuser geben Einblick in das private Leben der Pompejaner, zeigen freilich auch die großen sozialen Unterschiede. Eine Wasserleitung bis in sein Haus hatte nur, wer sie bezahlen konnte. Abwässer flossen, wie in vielen römischen Städten, in unterirdischen Kanälen ab. Der Besucher der Ruinenstadt sieht heute wiederhergestellte Wohn-, Speise- und Badezimmer, verschiedene Einrichtungsgegenstände, Möbel und Kunstwerke. In den Häusern reicher Pompejaner waren die Zimmerwände prächtig bemalt, z. B. mit Bildern aus der Götter- und Heldensage oder aus dem täglichen Leben. In fensterlosen Räumen täuschten Wandbilder oft Ausblicke in phantastische Landschaften vor. Die Fußböden mancher Häuser waren mit bunten Mosaiken geschmückt.

Zusatztexte (Z*)

4 Servi laborant

Marcus et Lucius amici totum diem ludunt, per hortum et silvam currunt. Servi magnas arbores caedunt. Amici arbores, servos, equos spectant. Gaius imperat, servi parent. Equi arbores per silvam et campos ad aulam trahunt. Tum dominus, servi, liberi aulam intrant. Gaius servos laudat.

5 Hora vespertina totam familiam delectat

Hora vespertina dominum et familiam delectat, nam Gaius servos et ancillas labores finire et equos ad aulam agere iubet. Servi libenter parent et horam vespertinam adesse gaudent. Gaius servos, equos, carros[1] spectat. Tum dominus et familia villam intrant. Tota familia ad mensas considit. Cena bona dominum et familiam delectat.

1 carrus: Wagen

6 Venatores lupum agunt

Lucius in vicum currit et clamat: „Magnus lupus oves[1] necat!“ Statim Syrus hastas capit et cum aliis servis venatoribusque in silvam properat. Lucius Marcusque orant: „Cupimus[2] cum venatoribus in silvam currere.“ Sed Gaius liberos in silvam currere vetat, lupum malum esse dicit. Tum celeriter in silvam properat. Sed liberi non parent. In campum currunt. Ibi nihil[3] vident, sed venatores magno cum clamore lupum per silvam agere audiunt. Lupus fugit, sed tandem multi venatores lupum hastis necant. Magno cum labore lupum in aulam portant. Ibi Marcus Luciusque magnum lupum spectant.

1 ovēs (Akk.Pl.): Schafe 2 cupimus: wir wollen 3 nihil: nichts

7 Lucius cum Marco amicos visitat

Feriis pueri per campos in vicum proximum[1] ambulant, nam ibi amicos visitare cupiunt. De campis multos flores colligunt.
Tandem hora vespertina Lucius cum Marco villam amicorum[2] intrat. Dominus dominaque Marcum Luciumque adesse gaudent. Amici

dominam floribus delectant et gratias agunt. Post cenam dominus cum familia surgit; amici dormire[3] cupiunt. Mane[4] gallus novum diem salutat et amicos e lectis vocat.
Ita Marcus Luciusque multos dies in vico adsunt et libenter cum aliis liberis in horto et in campis ludunt.
Meridie sub arboribus altis considunt. Umbra pueros delectat. Tum Marcus clamat: „Quis ferias semper esse non cupit?“

1 proximus: der nächste 2 amīcōrum: „der Freunde“ 3 dormīre: schlafen
4 māne: frühmorgens

8 Orator de consulibus orat

Orator de rostris[1] orat: „Audite me, Romani! Nunc vos oro: Bonos consules create! Nam mali consules rem publicam male[2] administrant. Interrogo vos cunctos: Num malos viros rem publicam administrare cupitis? Viros Romanos concordiam[3] semper amare scio. Itaque fugite malam discordiam[4]!“
Multi viri Romani oratorem audiunt et dicunt: „Laudamus oratorem, bene dicit.“ Alii viri oratorem non laudant, sed magno cum clamore vituperant. Tum alius orator rostra[5] conscendit.

1 dē rōstrīs: „von der Rednerbühne“ 2 male: schlecht 3 concordia: Eintracht
4 discordia: Zwietracht 5 rostra (Akk.): die Rednerbühne

9 Lucius amicos fallit

Lucius a Marco aliisque amicis visitatur. Sed Lucius amicos dolo[1] fallit: Arborem densam[2] ascendit; ibi ab amicis non videtur. Amici in hortum veniunt, clamant: „Ubi es, Luci?“
Tandem Marcus Lucium in arbore sedere videt clamatque: „Non a te fallor, Luci! Videris a me. Veni, nam iam diu a nobis exspectaris, amice!“ Tum ceteri amici a Marco vocantur: „Currite, amici, Lucium in arbore sedere video!“
Cuncti celeriter veniunt; gaudent, nam Lucius ab amicis capitur. Lucius clamat: „Vae[3], capior a malis amicis!“ Sed amici contra clamant: „Caperis a nobis, Luci, dolus[1] punitur[4].“ Tandem liberi Lucium fugere sinunt, magna cum laetitia in horto ludunt.

1 dolus: List 2 dēnsus: dicht belaubt 3 vae: „Hilfe!“ 4 pūnīre: bestrafen

10 Canis[1] a lupo visitatur

Canis[1] in aula catenatus[2] est. A domino bono cibo nutritur[3], nam villam custodit[4] semperque bene paret. Tum lupus villae appropinquat, aulam intrat. Canis[1] lupum salutat et lupo dicit: „Salve, amice! Intra, cibus te exspectat."
Lupus per aulam currit, villam spectat, interrogat: „Dic, a quo tibi cibus datur, amice?" Canis[1] lupo dicit: „A domino mihi cibus datur, nam villam bene custodio[4]." Tum lupus catenam[5] videt et clamat: „Tu domino semper pares; dominus, servi, tota familia, villa, aula a te bene custodiuntur[4], et tamen a domino catena[5] puniris[6]! Res mihi non placet!" In silvam fugit.

1 canis (Nom.Sg.): Hund 2 catēnātus: angekettet 3 nūtrīre: ernähren 4 cūstōdīre: bewachen 5 catēna: Kette 6 pūnīre: bestrafen

11 Marcus asellum[1] agit

Gaius filio imperat: „Asellum[1] e campo in aulam age, Marce!" Marcus in campum properat. Ibi clamat et asellum[1] vocat, sed asellus[1] non paret. Cur non paret? In campo copia herbarum[2] est, asellus[1] herbas[2] devorat, nam aselli[1] herbis[2] delectantur. Tum Marcus asellum[1] fune[3] trahit. Tandem asellus[1] paret et cum Marco e campo venit.
Postea Marcus cum asello[1] praeter[4] hortum venit. In horto multa mala[5] sunt. Marcus mala[5] valde amat, sed frustra[6] asellum[1] in hortum trahit. Asellus[1] Marcum hortum intrare non sinit, sed in aulam properat. Ita Marcus ab asello[1] in aulam trahitur. Syrus ridet: „Asellum[1] Marcum in aulam trahere video."

1 asellus: Esel 2 herba: Gras, Kraut 3 fūne (Abl.Sg.): „mit einem Strick" 4 praeter (m.Akk.): an … vorbei 5 māla (Nom. u. Akk.Pl.): Äpfel 6 frūstrā: vergebens

12 Magister de provinciis Romanis narrat

Magister: „Spectate tabulam, liberi! Quis nominat provincias Romanas?"
Cornelia: „Hispania, Sicilia, Africa, Gallia, Macedonia, Asia provinciae populo Romano parent." Magister: „Recte, Cornelia. Provinciae a proconsulibus[1] administrantur." Sed Marcus interrogat: „Insula Britannia nonne provincia nostra est, magister?" Magister: „Britannia populo Romano non paret. Insula Romanis paene ignota est."

Marcus: „Cur insula contra Galliam sita nobis ignota est?" Magister: „Neque nautae Romani neque mercatores[2] nostri viam longam per oceanum navigant, Marce."
Tum Marcus: „Mercatores[2] nostri et stultitiae[3] et timoris pleni sunt. Ego in Britanniam natare[4] cupio!"
Cuncti rident. Cornelia: „In Britanniam non natatur[4], sed navigatur."

1 prōcōnsul: Statthalter 2 mercātor: Kaufmann 3 stultitia: Dummheit
4 natāre: schwimmen

13 Romani in taberna iurgant

Post triumphum milites magna cum laetitia in tabernas properant. Etiam Titus cum Gaio et pueris tabernam parvam, sed plenam virorum intrat. Caupo[1] vinum[2] apportat. Pater pueros die festo vinum[2] gustare[3] non vetat.
Titus in taberna plenus vini[2] et superbiae[4] clamat: „Gloria populi Romani magna est. Nam nos milites cum Pompeio Magno cunctos hostes et cunctos populos vincimus. Mars deus nobis adest, praedam et captivos multos Romam ducit."
Sed alii Romani contra clamant: „Vos milites cum imperatoribus vestris cunctas terras vincitis et captivos miseros Romam ducitis. Tamen nos proletarii miseri sumus et miseri erimus[5]. Dei vestri nobis non adsunt."
Ita diu iurgatur. Taberna plena clamoris est. Tandem Gaius Titum cum liberis domum migrare iubet.

1 caupō: Wirt 2 vīnum (Akk.Sg.); vīnī (Gen.Sg.): Wein 3 gustāre: probieren
4 superbia, ae f.: Übermut 5 erimus: „wir werden sein"

14 Liberi Titum militem interrogant

Lucius: „Dic, Tite, ubi tu et Pompeius hostes superavistis?"
Marcus: „Etiamne tu, avuncule, hostem superavisti? Narra nobis de tuis rebus gestis! Nam de tuis pugnis non satis[1] audivimus."
Cornelia: „Pst, Marce! Non semper pugnavit. Avunculus etiam in terra hostium saepe in taberna fuit."
Iulia: „O Tite! Tune re vera[2] semper in taberna fuisti, neque in pugnis adfuisti? Cur non pugnavisti cum hostibus?"
Titus: „O liberi! Quis vobis fabulas fictas[3] narravit? Etiam ego semper cum ceteris in pugna adfui. Ipse[4] vobis iam saepe narravi. Cur me semper in tabernis sedere dicitis?"
Cornelia: „Etiamne praedam tecum domum portavisti, Tite? Monstra nobis praedam!"

Titus: „Ego magnam copiam pecuniae[5] mecum ex Syria portavi."
Iulia: „Et nunc? Ubi est pecunia[5] pulchra tua?"
Cornelia: „Nonne vides, Iulia? Totam pecuniam[5] avunculus noster iam finivit."
Marcus: „Num in tabernis et cum puellis pulchris, avuncule?"
Titus: „Impudici[6] estis, liberi! Cur ego vobis saepe de meis rebus gestis narravi? Stulti estis, nihil[7] recte audivistis. Animum[8] militum ignoratis."

1 satis: genug 2 rē vērā: wirklich 3 fictus: unwahr 4 ipse: selbst
5 pecūnia: Geld 6 impudīcus: frech 7 nihil: nichts 8 animus: „das Denken"

15 De vulpecula et ciconia[1]

Vulpecula die festo ciconiam[1] ad cenam invitavit et convivae patellas[2] plenas sorbitionis[3] apportavit. Cena autem ciconiam[1] non delectavit, nam cibum rostro[4] longo capere non potuit[5]. Esuriens[6] conviva domum volavit.
Postea ciconia[1] vulpeculam ad cenam invitavit et lagonas[7] plenas ciborum ante convivam in mensa posuit. Nunc ciconia[1] cibum rostro[4] capere potuit[5], sed vulpecula frustra laboravit, esuriens[6] a cena domum cucurrit. Ita ciconia[1] vulpeculam astutia[8] superavit et dolum vulpeculae punivit.

1 cicōnia, ae f.: Storch 2 patella, ae f.: (flache) Schale 3 sorbitiō, iōnis f.: Suppe, Brühe 4 rōstrō (Abl.): „mit dem Schnabel" 5 potuit: „er konnte"
6 ēsuriēns: hungrig 7 lagōna, ae f.: Flasche (mit engem Hals) 8 astūtia, ae f.: Schlauheit

16 Vespa[1] parva magnam columbam servat

Aliquando vespa[1] in fluvium incidit. Columba in arbore proxima sedebat. Tum vespa[1] columbam oravit: „Incauta fui, in fluvium cecidi! Serva me, amica!" Columba folium[2] de arbore revellit[3]; folium[2] in fluvium cecidit. Tum vespa[1] celeriter folium[2] ascendit[4] et folio[2] portabatur. Ita columba vespam[1] servavit.
Postridie venator columbam in arbore sedere vidit[5] et columbam sagitta[6] necare cupivit. Tum vespa[1] amicae gratiam referre[7] non dubitavit: Ad venatorem volavit et manum[8] venatoris pupugit[9]. Sagitta[6] praeter columbam volavit. Ita vespa[1] columbam amicam servavit.

1 vespa, ae f.: Wespe 2 folium (Nom. u. Akk.): Blatt 3 revellit (Perf.): „sie riß ab" 4 ascendit (Perf.): „sie kletterte auf" 5 vīdit (Perf.): „er sah" 6 sagitta, ae f.: Pfeil 7 grātiam referre: Dank abstatten 8 manum (Akk.): „(in) die Hand"
9 pupugit: (Perf.): „sie stach"

19 De libris Sibyllinis[1]

Aliquando aetate Tarquinii Superbi mulier, Sibylla nomine, aulam regis intravit et novem[2] libros apportavit. Mulier libros in mensa ante regem collocavit et libros sanctos esse oraculaque[3] deorum continere[4] confirmavit. „Nonne, rex“, inquit, „libros emere[5] cupis?“
Postquam rex mulierem de pretio[6] librorum interrogavit, mulier magnum pretium[6] postulavit. Quod rex autem libros emere[5] negavit[7], mulier statim tres[8] libros ex novem[2] combussit[9] et regem rursus interrogavit: „Nonne, rex, nunc libros emere[5] cupis?“ Ubi rex rursus negavit[7], mulier alios tres[8] libros combussit[9]. Deinde rex non iam deliberavit, sed libros reliquos[10] magno pretio[6] emit[5].
Libri a Romanis „libri Sibyllini“[1] vocabantur. In libris oracula[3] a deis olim de re publica Romana data[11] continebantur[4]. Consules imperatoresque Romani libros Sibyllinos[1] consulebant, cum de salute rei publicae Romanae agebatur.

1 librī Sibyllīnī: die Sibyllinischen Bücher (heilige Bücher, die Prophezeiungen über den römischen Staat enthielten) 2 novem: neun 3 ōrāculum, ī n.: Orakel 4 continēre: enthalten 5 emere (Perf.: ēmī): kaufen 6 pretium, ī n.: Preis 7 negāvit: „er weigerte sich“ 8 trēs: drei 9 combussit: „sie verbrannte“ 10 reliquī: die übrigen 11 ā deīs data: „von den Göttern erteilt“

21 De Sisypho[1]

De Sisypho[1], rege callido, a Graecis multae fabulae narrabantur. Aliquando Thanatos[2], deus mortis[3], ab Iove ad Sisyphum[1] missus est. Sed Thanatos[2] a Sisypho[1] dolo superatus et vinctus[4] est. Sed postquam deus mortis[3] superatus est, dei valde terrebantur, quod homines a morte[3] non iam opprimebantur semperque vivebant. Thanatos[2] a Marte deo liberatus et rursus ad Sisyphum[1] missus est. Sed vir callidus deum iterum fefellit.
Tandem post vitam longam Sisyphus[1] a morte[3] superatus et in Tartarum[5] ductus est. Ibi ita punitur: Semper saxum[6] magno cum labore in montem subvolvit[7]. Sed cum laborem tandem finitum esse existimat, saxum[6] rursus devolvitur[8].

1 Sisyphus: König von Korinth 2 Thanatos (Nom. Sg. griechisch): Tod 3 mors (Gen.: mortis; Abl.: morte): Tod 4 vinctus: gefesselt 5 Tartarus: Unterwelt 6 saxum, ī n.: Felsbrocken 7 in montem subvolvere: „einen Berg hinaufwälzen“ 8 dēvolvitur: „er rollt hinab“

22 Hercules Hydram[1] superat

Olim magna anguis[2], quae Hydra[1] nominabatur, incolas Graeciae terrebat. Hydrae[1] multa capita erant, ex quibus bestia mala venenum[3] in homines mittebat. Postquam iam multi homines, qui bestiae saevae appropinquaverant[4], ab Hydra[1] necati sunt, Eurystheus rex Herculem advocavit et virum homines miseros adiuvare iussit.
Hercules anguem[2], quae in palude[5] immensa se occultabat, diu quaerebat. Postquam Hydram[1] invenit, bestiam gladio petivit. Sed ubi Hercules caput primum gladio secuit[6], statim duo[7] capita nova ex eodem loco[8] creverunt[9].
Tum Hercules Iolaum[10] amicum advocavit et: „Adiuva me“, inquit, „amice! Dum ego anguem[2] vulnero, exure vulnera[11], ne capita nova crescant[12]!“
Ita viri opus durum confecerunt. Tandem, postquam Hercules caput ultimum secuit[6], Hydra[1] superata est.

1 Hydra: Hydra (eine Wasserschlange) 2 anguis (Akk.: anguem) f.: Drache, Schlange 3 venēnum, ī n.: Gift 4 appropinquāverant: „die (zu) nahe gekommen waren“ 5 in palūde: „in einem Sumpf“ 6 secuit: „er schnitt ab“ 7 duō: zwei 8 ex eōdem locō: „aus (an) derselben Stelle“ 9 crēvērunt: „sie wuchsen“ 10 Iolāus: Iolaos (ein Helfer des Herkules) 11 exūre vulnera!: „brenne die Wunden aus!“ 12 nē … crēscant: „damit nicht … wachsen“

23 Theseus[1] cum Minotauro pugnat

Olim Minos, rex Cretae insulae, tributum crudele[2] ab Atheniensibus[3] postulavit, quod filium regis necaverant[4]: Septem iuvenes[5] septemque puellas in Cretam mittere debebant. Qui in labyrinthum ad Minotaurum, bestiam saevam, missi sunt.
Liberi pleni timoris erant: „Quid faciamus? Utinam ne Minotaurus saevus nos capiat et devoret! Utinam dei nos adiuvent et timore liberent!“
Sed Theseus[1], unus ex iuvenibus[5], ceteros e periculo liberavit: Ab Ariadna[6], filia regis, quae Theseum[1] amabat, filum[7] atque gladium accepit. Theseus[1], ubi labyrinthum intravit, filum[7] devolvit[8]. Postquam in labyrintho Minotaurum gladio necavit, filo[7] e labyrintho cum amicis salvis rursus evasit[9]. Tum celeriter cum Ariadna[6] ceterisque navem[10] conscendit et Cretam reliquit.

1 Thēseus (Akk.: Thēseum): Theseus (ein athenischer Held) 2 tribūtum crūdēle (Akk.): „einen grausamen Tribut“ 3 ab Athēniēnsibus (Abl.): „von den Athenern“ 4 necāverant: „sie hatten getötet“ 5 iuvenēs (Akk. Pl.; Abl. Pl.: iuvenibus): junge Männer 6 Ariadna: Ariadne (Tochter des Minos) 7 fīlum, ī n.: ein (aufgewickelter) Faden 8 dēvolvit: „er wickelte ab“ 9 ēvāsit: „er entkam“ 10 nāvis, is f.: Schiff

25 Vestigia terrent

Leo, rex bestiarum, quod aegrotus erat, se in specu[1] occultabat. Multae bestiae, quamquam timidae[2] erant, specum[1] intraverunt, ut regem aegrotum viderent atque visitarent.
Aliquando etiam vulpecula aditui[3] specus[1] appropinquavit et diu viam aditumque[3] spectabat. Leo, ubi vulpeculam ante specum[1] stare vidit, „Intra“, inquit, „amice! Cur regem tuum non visitas?“ Vulpecula: „Intrarem“, inquit, „nisi vestigia ceterarum bestiarum me terrerent.“ Leo: „Cur vestigia te terrent?“ Vulpecula: „Multa vestigia in specum[1] versa[4] esse video, sed nulla[5] vestigia e specu[1] versa[4] esse animadverto. Timeo, rex, ne etiam me devores, ut ceteras bestias devoravisti.“

1 specus, ūs m.: Höhle 2 timidus, a, um: ängstlich 3 aditus, ūs m.: Zugang
4 versus, a, um: gerichtet 5 nūllus, a, um: kein

26 De Damocle[1]

Dionysio[2] regi multi homines propter divitias potentiamque invidebant. Aliquando Damocles[1], unus e comitibus, „Utinam, rex“, inquit, „vita mea tam beata[3] esset quam vita tua!“ Tum Dionysius[2]: „Te vita mea delectari animadverto, amice. Itaque faciam, ut tibi eam degustare[4] liceat.“
Statim eum in lecto aureo collocari eique vasa aurea plena ciborum bonorum apportari iussit. Aderant multi servi, qui cuncta, quae imperabat, faciebant. Iam Damocles[1] se beatum esse putabat[5], cum forte oculos ad lacunar[6] movit. E lacunari[6] gladius supra[7] caput pendebat, qui saeta equina aptus[8] erat. Damocles[1] terrore captus est; statim regem oravit, ut is gladius removeretur. Sed Dionysius[2]: „Nemo“, inquit, „potentiae divitiisque regum invideat! Nam semper eis supra[7] caput periculum mortis[9] pendet.“

1 Dāmoclēs: ein Freund des Dionysius 2 Dionȳsius: Tyrann von Syrakus
3 beātus, a, um: glücklich 4 dēgustāre: (aus)probieren 5 putāre: glauben
6 lacūnar (Akk.); lacūnārī (Abl.): Zimmerdecke 7 suprā (m. Akk.): über
8 saetā equīnā aptus: „an einem Rosshaar aufgehängt“ 9 mortis (Gen.): „des Todes“

27 Vae victis!

Galli, dum Capitolium obsident[1], pestilentia fameque vexabantur. Tandem Brennus[2], dux eorum, legatum in arcem Romanorum misit, ut cum iis de pace ageret. Is apud Romanos orationem habuit magnamque copiam auri postulavit.

Cives Romani, quod Capitolium defendere non iam poterant, dixerunt: „Solvamus aurum, ut Galli tandem urbem relinquant!“
Postridie aurum e templo Iunonis apportabatur; Galli libram[3] cum ponderibus[4] collocaverunt. Iam aurum a Gallis pendebatur[5], cum Romani irati clamaverunt: „Galli aurum ponderibus[4] iniquis pendunt! Hostes nos fallunt!“ Sed Brennus[2] Romanos derisit, quin etiam[6] gladium suum ponderibus[4] addidit clamavitque: „Vae victis!“

1 obsidēre: belagern 2 Brennus: Brennus (Anführer der Gallier) 3 lībra, ae f.: Waage 4 pondus, ponderis n.: Gewicht 5 pendere: abwiegen 6 quīn etiam: ja sogar

28 C. Popilius[1] reges pacem facere iubet

Ptolemaeus[2], rex Aegypti[3], ab Antiocho[4], rege Syriae, in urbe sua magno exercitu obsessus[5] auxilium a Romanis petivit.
Senatus timuit, ne Ptolemaeus[2], amicus populi Romani, ab hoste superaretur. Itaque imperavit, ut rex Syriae bellum finiret et cum exercitu suo ex Aegypto[3] cederet. C. Popilius[1] legatus in Aegyptum[3] missus est, ut mandata senatus regi nuntiaret.
Qui, ubi in Aegyptum[3] venit, a rege Antiocho[4] salutatus et in castra invitatus nihil respondit, sed tabellas, quibus mandata senatus continebantur, regi dedit, ut eas legeret.
Rex, postquam tabellas legit, „Permitte“, inquit, „ut de ea re cum amicis deliberem!“ Sed Popilius[1] virga, quam manu gerebat, regem circumscripsit[6] et „Responde, rex“, inquit, „antequam[7] ex eo circulo[8] cedas!“
Tum Antiochus[4] rex mandatis senatus paruit exercitumque suum rursus in Syriam duxit.

1 C. Popilius: ein Senator 2 Ptolemaeus: König von Ägypten 3 Aegyptus, ī f.: Ägypten 4 Antiochus: König von Syrien 5 obsidēre (Perf.: obsēdī, obsessum): belagern 6 circumscrīpsit: „er zog (im Sand) einen Kreis um …“ 7 antequam (m. Konj.): bevor 8 circulus, ī m.: Kreis

30 Circe[1] socios Ulixis in porcos[2] mutat

Ulixes, postquam cum sociis e manibus Polyphemi crudelis effugit, fluctibus et ventis adversis ad parvam insulam appulsus est. Tum nonnullos socios misit, ut insulam cognoscerent.
Qui ad domum pulchram venerunt, ubi Circe[1] dea vivebat. Viri a dea benigne ad cenam invitati ad mensas consederunt. Sed post cenam dea eos virga magica[3] tetigit et in porcos[2] mutavit. Viri infelices in porcos[2] mutati stabulis inclusi sunt. Unus ex omnibus sociis insidias effugere

potuit. Qui Ulixi fortunam malam sociorum nuntiavit. Is statim gladium acrem cepit, ut amicos infelices liberaret. Dum ad domum Circes[1] contendit, Mercurius deus eum convenit eique herbam[4] magicam[3] dedit, ut ab insidiis Circes[1] tutus esset. Qua herba[4] instructus Ulixes deam sociis speciem[5] hominum reddere coegit.
Postea Circe[1] Ulixi multa et bona consilia dedit, quomodo[6] ex omnibus periculis servatus in patriam veniret.

1 Circē (Gen.: Circēs): Kirke, eine Göttin und Zauberin 2 porcus, ī m.: Schwein 3 magicus, a, um: Zauber- 4 herba, ae f.: Kraut 5 speciēs, iēī f.: Gestalt 6 quōmodo (m. Konj.): „wie er … könnte“

32 Alexander rex Diogenem[1] philosophum visitat

Diogenes[1] philosophus Corinthi[2] in urbe praeclara vivebat. Saepe dicebat: „Is, qui multas res possidere cupit, semper infelix erit. Feliciores ii, qui nihilo egent[3].“ Itaque summa egestate[4] vitam agebat; pro domo dolium[5] habitabat.
Quem Alexander, rex Macedonum, qui multis cum comitibus Corinthum[2] venerat, visitare cupivit. Rex, ut munificentiam[6] suam demonstraret, philosopho dixit: „Opta, o Diogenes[1], donum! Ea, quae optaveris, rex Macedonum tibi dabit.“
Tum Diogenes[1]: „Opto, rex, ut paulum[7] a sole cedas.“ Nam Diogenes[1] ante dolium[5] suum consederat, ut apricaretur[8].
Tum Alexander sapientiam viri constantis laudavit addiditque: „Nisi Alexander essem, Diogenes[1] esse cuperem!“

1 Diogenēs: griechischer Philosoph (4. Jahrh. v. Chr.) 2 Corinthus, ī f.: Korinth (Corinthī: „in Korinth“) 3 nihilō egēre: nichts nötig haben 4 egestās, tātis f.: Armut 5 dōlium, ī n.: Fass 6 mūnificentia, ae f.: Freigebigkeit 7 paulum: „ein wenig“ 8 ut aprīcārētur: „um sich zu sonnen“

33 De umbra aselli

Aliquando Demosthenes[1], orator clarissimus, Athenis causam[2] apud iudices[3] oravit. Quod autem iudices[3] attentos non esse animadverterat, „Audite“, inquit, „viri Athenienses! Fabulam vobis narrabo.“
Postquam omnes tandem attentos esse vidit, „Aliquando“, inquit, „vir asellum conduxerat[4], ut in urbem proximam iter faceret. Dominus aselli comes erat, ut asellum ageret. In itinere, quod calore solis vexabatur, is, qui asellum conduxerat[4], de asello descendit et sub eo consedit, ut breve tempus umbra eius delectaretur. Id autem dominus aselli

vetuit: „Tu asellum tantum neque umbram aselli conduxisti[4]!" Alter contra dicebat; postquam diu iurgaverunt, tandem in ius ierunt[5]." Deinde Demosthenes[1] tacuit.
Sed iudices[3] magno cum clamore postulaverunt, ut narraret, qui eventus[6] fabulae esset et quod iudicium iudices[3] fecissent. Tum orator: „Quid?" inquit, „De umbra aselli audire vobis placet. Hominem autem, quem fortasse damnabitis[7], audire non placebit?"

1 Dēmosthenēs: Redner und Rechtsanwalt in Athen 2 causam ōrāre: sich vor Gericht verteidigen 3 iūdex, iūdicis m.: Richter (in Athen eine größere Anzahl von Geschworenen) 4 condūcere: mieten 5 in iūs iērunt: „sie gingen vor Gericht" 6 ēventus, ūs m.: Ausgang, Ende 7 damnāre: verurteilen

Alphabetisches Verzeichnis der Eigennamen

Aegyptus, -i f.	Ägypten
Africa, -ae	Afrika: 1. Erdteil 2. Name einer römischen Provinz, heute etwa Tunesien
Alcinous, -i	Alkinous, König der → Phaeaces
Alesia, -ae	Alesia, Bergfestung der Gallier im heutigen Burgund
Alexander, -dri	Alexander, König der → Macedones, Sohn des → Philippus
Ambiorix, -rigis	Ambiorix, Anführer der → Eburones
Amulius, -i	Amulius, römische Sagengestalt, Onkel der Zwillinge → Romulus und → Remus
Apollo, Apollinis	Apollo, griechischer Gott der Weissagung und der schönen Künste (griechisch: Apollon)
Arion, Arionis	Arion, sagenhafter griechischer Sänger
Ariovistus, -i	Ariovist, König der → Suebi; von → Caesar 58 v.Chr. geschlagen und aus Gallien vertrieben
Aristides, -is	Aristides, athenischer Staatsmann (etwa 540 – etwa 468 v.Chr.)
Asia, -ae	Asien: 1. Erdteil 2. römische Provinz, Westteil der heutigen Türkei
Athenae, -arum	Athen
Athenienses, -ium	Die Athener
Augias, Augiae	Augias, sagenhafter König von Elis auf der Peloponnes
Bacchus, -i	Bacchus, Gott des Weins (griechisch: Dionysos)
Britannia, -ae	Britannien, Insel und römische Provinz
Brutus, -i	L. Iunius Brutus, legendärer Anführer des Aufstandes gegen → Tarquinius Superbus und Begründer der römischen Republik
Caesar, Caesaris	C. Iulius Caesar, römischer Staatsmann (100 – 44 v.Chr.)
Calypso	Kalypso, griechische Sagengestalt, Tochter des Gottes Atlas, lebte auf → Ogygia, beherbergte den schiffbrüchigen → Odysseus
Campus Martius	Marsfeld, freies Feld zwischen dem → Forum Romanum und dem → Tiber, Versammlungsplatz der Römer
Capitolium, -i	Kapitol, befestigter Hügel im Zentrum Roms mit Tempeln des → Iupiter und der → Iuno
Catilina, -ae m.	L. Sergius Catilina, römischer Senator, versuchte 63 v.Chr. die Alleinherrschaft in Rom zu erringen
Cicero, Ciceronis	M. Tullius Cicero, römischer Staatsmann, Redner und Schriftsteller (106–43 v.Chr.), Konsul 63 v.Chr.
Clusini, -orum	Die Clusiner, Einwohner von → Clusium
Clusium, -i	Clusium, Stadt in Mittelitalien
Concordia, -ae	Concordia, römische Göttin der Eintracht; ihr Tempel stand auf dem → Forum Romanum.
Cotta, -ae m.	L. Aurunculeius Cotta, Offizier im Heer des → Caesar
Creta, -ae	Kreta, Insel im Mittelmeer
Cyclops, Cyclopis	Zyklop, einäugiger Riese; Sagengestalt aus der → Odyssee
Daedalus, -i	Dädalus, sagenhafter griechischer Baumeister und Techniker, Vater des → Icarus, baute das → Labyrinth auf → Creta
Diana, -ae	Diana, Göttin der Jagd, Tochter des → Iupiter und der → Latona, Schwester des → Apollo; (griechisch: Artemis)

Eburones, -um	Die Eburonen, gallischer Stamm
Etruria, -ae	Etrurien, Landschaft in Mittelitalien, heute: Toskana
Europa, -ae	Europa, Erdteil
Eurystheus	Eurystheus, sagenhafter griechischer König von Argos, Vetter des → Hercules
Faustulus, -i	Faustulus, römische Sagengestalt, Retter und Erzieher der Zwillinge → Romulus und → Remus
Forum Romanum	Forum Romanum, Markt- und Versammlungsplatz im Zentrum Roms
Galli, -orum	Die Gallier, keltische Völkergruppe im heutigen Frankreich und Belgien
Gallia, -ae	Gallien, etwa das Gebiet von Frankreich und Belgien
Germani, -orum	Die Germanen
Gordium, -i	Gordium, Stadt in Phrygien (in der heutigen Türkei)
Graeci, -orum	Die Griechen
Graecia, -ae	Griechenland
Graecus,a,um	griechisch
Haedui, -orum	Die Häduer, gallischer Stamm
Helena, -ae	Helena, sagenhafte Königin von Sparta, wurde von → Paris nach → Troia entführt
Hercules, -is	Herkules, griechische Sagengestalt, Sohn des → Iupiter; (griechisch: Herakles)
Homerus, -i	Homer, griechischer Dichter der → Odyssee
Hybrida, -ae m.	C. Antonius Hybrida, als Konsul 63 v. Chr. Kollege des → Cicero
Ianus, -i	Janus, römischer Gott; sein Tempel, ein Torbogen, stand auf dem → Forum Romanum.
Icaria, -ae	Ikaria, Insel im Ägäischen Meer
Icarus, -i	Ikarus, Sohn des → Daedalus, griechische Sagengestalt; stürzte der Sage nach beim Flug über das Ägäische Meer ab und wurde auf → Icaria begraben
Ilia, -ae	Ilia, römische Sagengestalt, Mutter der Zwillinge → Romulus und → Remus
India, -ae	Indien
Italia, -ae	Italien
Ithaca, -ae	Ithaka, Insel an der Westküste Griechenlands, Heimat des → Odysseus
Iulius Proculus	Iulius Proculus, römischer Senator aus der Zeit des → Romulus
Iuno, Iunonis	Juno, römische Göttin, Gemahlin des → Iupiter; (griechisch: Hera)
Iupiter, Iovis	Jupiter, oberster römischer Gott (griechisch: Zeus)
Lacedaemonii, -orum	Die Lakedämonier, auch Spartaner genannt
Laconicus,a,um	spartanisch
Labyrinthus, -i	Labyrinth, der Sage nach ein von → Daedalus auf → Creta erbautes Gebäude mit vielen Irrgängen, in dem das Ungeheuer → Minotaurus hauste
Laocoon, Laocoontis	Laokoon, trojanischer Priester des Poseidon (→ Neptunus)

Larentia, -ae	Larentia, Frau des → Faustulus
Latinus,a,um	latinisch; lateinisch
Latium, -i	Latium, Landschaft südlich von Rom
Latona, -ae	Latona, römische Göttin, Mutter der → Diana und des → Apollo; (griechisch: Leto)
Libya, -ae	Libyen, Land an der Nordküste Afrikas
Macedones, -um	Die Makedonier, Volk im nördlichen Griechenland
Mars, Martis	Mars, römischer Kriegsgott (griechisch: Ares)
Mercurius, -i	Merkur, Götterbote, Gott der Wege, der Kaufleute und der Diebe (griechisch: Hermes)
Midas, Midae	Midas, sagenhafter König von → Phrygia
Minerva, -ae	Minerva, Göttin des Handwerks und der Künste, Tochter des → Iupiter; (griechisch: Athene)
Minos, Minois	Minos, sagenhafter König von → Creta
Minotaurus, -i	Minotaurus, sagenhaftes Ungeheuer mit Stierkopf und Menschenleib, lebte im → Labyrinth auf → Creta
Misenum, -i	Misenum, Stadt und Hafen an der Westküste Italiens
Nausicaa, -ae	Nausikaa, Sagengestalt aus der → Odyssee, Tochter des → Alcinous
Neptunus, -i	Neptun, römischer Gott des Meeres und der Flüsse (griechisch: Poseidon)
Nioba, -ae	Niobe, griechische Sagengestalt, Königin von → Thebae
Odyssee	Odyssee, ein von → Homerus verfasstes Gedicht, das die Irrfahrten und die Heimkehr des Sagenhelden → Odysseus erzählt
Odysseus	Odysseus, griechischer Sagenheld (lateinisch: Ulixes)
Ogygia, -ae	Ogygia, Insel im Mittelmeer, auf der → Calypso lebte
Olympus, -i	Olymp, Berg in Griechenland, sagenhafter Wohnsitz der Götter
Ostia, -ae	Ostia, Stadt und Hafen an der Mündung des → Tiber
Pactolus, -i	Paktolus, Fluss in → Phrygia
Paris, Paridis	Paris, Sohn des trojanischen Königs → Priamus; er entführte → Helena.
Penelopa, -ae	Penelope, Frau des → Odysseus
Persae, -arum m.	Die Perser, Volk in Asien
Phaeaces, -um	Phäaken, sagenhaftes Volk aus der → Odyssee; ihr Wohnsitz war die Insel → Scheria
Philippus, -i	Philipp II., König der → Macedones, Vater → Alexanders des Großen
Phoenica, -ae	Phönizien, Land im vorderen Orient, heute etwa Libanon
Phrygia, -ae	Phrygien, Landschaft in Kleinasien (in der heutigen Türkei)
Plinius Secundus	C. Plinius Caecilius Secundus der Jüngere, römischer Schriftsteller (etwa 61 – etwa 113 n. Chr.)
Polyphemus, -i	Polyphem, Sagengestalt aus der → Odyssee; einäugiger Riese und Menschenfresser
Pompeius, -i	Cn. Pompeius Magnus, römischer Staatsmann und Feldherr (106–48 v. Chr.)
Priamus, -i	Priamus, sagenhafter König von → Troia, Vater des → Paris

Remus, -i	Remus, Sohn des → Mars und der → Ilia, Zwillingsbruder des → Romulus
Rhenus, -i	Rhein
Roma, -ae	Rom
Romanus, a, um	römisch
Romulus, -i	Romulus, Sohn des → Mars und der → Ilia, Zwillingsbruder des → Remus, sagenhafter Gründer Roms
Sabini, -orum	Die Sabiner, Volk in Mittelitalien
Sabinus, -i	Q. Titurius Sabinus, Offizier im Heer des → Caesar
Scheria, -ae	Scheria, Insel an der Westküste Griechenlands, Wohnsitz der → Phaeaces
Sicilia, -ae	Sizilien
Silenus, -i	Silen, griechische Sagengestalt, Erzieher und Begleiter des → Bacchus
Sino, Sinonis	Sinon, griechische Sagengestalt aus der Sage von → Troia
Socrates, -is	Sokrates, athenischer Philosoph (etwa 470 – 399 v. Chr.)
Suebi, -orum	Die Sueben, germanischer Stamm östlich des Rheins
Syria, -ae	Syrien, von → Pompeius eroberte römische Provinz
Syrus, -i	1. Der Syrer 2. Name eines Sklaven
Tarquinius, -i	L. Tarquinius Superbus, Letzter der sieben sagenhaften Könige Roms
Telemachus, -i	Telemach, Sohn des → Odysseus
Thebae, -arum	Theben, Stadt in Mittelgriechenland
Themistocles, -is	Themistokles, athenischer Staatsmann und Feldherr (524 – 459 v. Chr.)
Thera, -ae	Thera, Insel im Ägäischen Meer, wurde durch einen Vulkanausbruch (etwa 1450 v. Chr.) zum größten Teil zerstört; die von Thera ausgehende Flutwelle vernichtete Häfen und Gebäude an der Nordküste der Insel → Creta.
Tiberis, -is	Tiber, Fluss, der durch Rom fließt
Troia, -ae	Troja, Stadt und Festung an der Nordwestküste der heutigen Türkei
Troiani, -orum	Die Trojaner, Einwohner von → Troia
Ulixes, -is	Lateinischer Name des Sagenhelden → Odysseus
Venus, Veneris	Venus, römische Göttin der Liebe (griechisch: Aphrodite)
Vercingetorix, -rigis	Vercingetorix, König des gallischen Stammes der Arverner, Anführer des Widerstandes gegen die Eroberung Galliens durch → Caesar
Vesuvius, -i	Vesuv, Vulkan bei Neapel; sein Ausbruch 79 n. Chr. zerstörte die Stadt Pompeji.
Via Appia	Via Appia, Straße von Rom über Capua bis zur Ostküste; endete bei Brundisium
Via Sacra	Via Sacra; die „Heilige Straße“ führte über das → Forum Romanum zum Tempel des → Iupiter auf dem → Capitolium.

Alphabetisches Verzeichnis der Stammformen

absum	āfuī	–	abesse	entfernt sein; abwesend sein; fehlen
accidō	accidī	–	accidere	sich ereignen
accipiō	accēpī	acceptum	accipere	1. annehmen 2. empfangen
accurrō	accurrī	–	accurrere	herbeilaufen
addō	addidī	additum	addere	hinzufügen
addūcō	addūxī	adductum	addūcere	heranführen
adiuvō	adiūvī	adiūtum	adiuvāre	unterstützen, helfen
admittō	admīsī	admissum	admittere	zulassen
adsum	adfuī	–	adesse	da sein; anwesend sein; helfen
adveniō	advēnī	–	advenīre	ankommen
afferō	attulī	allātum	afferre	1. (herbei)bringen 2. zufügen 3. melden
afficiō	affēcī	affectum	afficere	versehen mit
agō	ēgī	āctum	agere	treiben; betreiben; verhandeln
alō	aluī	altum	alere	ernähren
āmittō	āmīsī	āmissum	āmittere	verlieren
animadvertō	animadvertī	animadversum	animadvertere	bemerken
aperiō	aperuī	apertum	aperīre	öffnen
appellō	appulī	appulsum	appellere	herantreiben
ascendō	ascendī	ascēnsum	ascendere	besteigen; hinaufsteigen
auferō	abstulī	ablātum	auferre	wegtragen
augeō	auxī	auctum	augēre	vermehren; vergrößern

cadō	cecidī	–	cadere	fallen
caedō	cecīdī	caesum	caedere	fällen; töten
canō	cecinī	–	canere	singen
capiō	cēpī	captum	capere	fangen; nehmen; fassen
caveō	cāvī	cautum	cavēre	sich hüten; sich in Acht nehmen (vor)
cēdō	cessī	cessum	cēdere	1. gehen 2. weichen
cēnseō	cēnsuī	cēnsum	cēnsēre	1. meinen 2. beschließen
circumdō	circumdedī	circumdatum	circumdare	umgeben
circumveniō	circumvēnī	circumventum	circumvenīre	umzingeln
claudō	clausī	clausum	claudere	1. (ab)schließen 2. einschließen
cōgō	coēgī	coāctum	cōgere	1. zwingen 2. versammeln
cognōscō	cognōvī	cognitum	cognōscere	erkennen; erfahren
colō	coluī	cultum	colere	1. bebauen 2. verehren
colligō	collēgī	collēctum	colligere	sammeln

commoveō	commōvī	commōtum	commovēre	1. (innerlich) bewegen 2. veranlassen
compleō	complēvī	complētum	complēre	anfüllen; füllen
compōnō	composuī	compositum	compōnere	zusammenstellen; verfassen
concurrō	concurrī	concursum	concurrere	zusammenlaufen
condō	condidī	conditum	condere	1. gründen 2. verbergen
cōnferō	contulī	collātum	cōnferre	1. zusammentragen 2. vergleichen
cōnficiō	cōnfēcī	cōnfectum	cōnficere	1. verfertigen 2. beenden
coniungō	coniūnxī	coniūnctum	coniungere	verbinden
cōnscendō	cōnscendī	cōnscēnsum	cōnscendere	besteigen
cōnsīdō	cōnsēdī	–	cōnsīdere	sich setzen
cōnspiciō	cōnspexī	cōnspectum	cōnspicere	erblicken
cōnstituō	cōnstituī	cōnstitūtum	cōnstituere	1. festsetzen 2. beschließen
cōnsulō	cōnsuluī	cōnsultum	cōnsulere	1. um Rat fragen 2. beraten 3. beschließen 4. (m. Dat.): sorgen für
cōnsūmō	cōnsūmpsī	cōnsūmptum	cōnsūmere	verbrauchen
contendō	contendī	–	contendere	1. sich anstrengen 2. eilen 3. kämpfen
contineō	continuī	–	continēre	1. enthalten 2. umfassen
conveniō	convēnī	conventum	convenīre	zusammenkommen
corruō	corruī	–	corruere	zusammenstürzen
crēdō	crēdidī	crēditum	crēdere	1. glauben 2. anvertrauen
cupiō	cupīvī	cupitum	cupere	wünschen; wollen; verlangen
currō	cucurrī	cursum	currere	laufen

dēcipiō	dēcēpī	dēceptum	dēcipere	täuschen; betrügen
dēfendō	dēfendī	dēfēnsum	dēfendere	verteidigen
dēficiō	dēfēcī	dēfectum	dēficere	1. abnehmen 2. schwinden 3. versagen
dēiciō	dēiēcī	dēiectum	dēicere	1. hinabwerfen 2. verschlagen
dēleō	dēlēvī	dēlētum	dēlēre	zerstören
dēpōnō	dēposuī	dēpositum	dēpōnere	niederlegen
dērīdeō	dērīsī	dērīsum	dērīdēre	verlachen; auslachen
dēscendō	dēscendī	dēscēnsum	dēscendere	hinabsteigen
dēserō	dēseruī	dēsertum	dēserere	im Stich lassen; verlassen
dēsinō	dēsiī	dēsitum	dēsinere	aufhören
dīcō	dīxī	dictum	dīcere	sagen
discō	didicī	–	discere	lernen
dō	dedī	datum	dare	geben

domō	domuī	domitum	domāre	zähmen; unterwerfen
dūcō	dūxī	ductum	dūcere	1. führen 2. meinen
efficiō	effēcī	effectum	efficere	bewirken
effugiō	effūgī	–	effugere	entfliehen
ēligō	ēlēgī	ēlēctum	ēligere	auswählen
ēmittō	ēmīsī	ēmissum	ēmittere	loslassen; ausschicken
ēvādō	ēvāsī	ēvāsum	ēvādere	entkommen
expellō	expulī	expulsum	expellere	vertreiben
expōnō	exposuī	expositum	expōnere	aussetzen
faciō	fēcī	factum	facere	machen; tun
fallō	fefellī	–	fallere	1. täuschen 2. enttäuschen
ferō	tulī	lātum	ferre	tragen; bringen
flectō	flexī	flexum	flectere	(ab)biegen
fleō	flēvī	flētum	flēre	weinen; beweinen
frangō	frēgī	frāctum	frangere	(etw.) zerbrechen
fugiō	fūgī	fugitum	fugere	fliehen; vermeiden
gerō	gessī	gestum	gerere	1. tragen 2. (aus)führen
iaceo	iacui		iacēre	Liegen
iaciō	iēcī	iactum	iacere	werfen
illūdō	illūsī	illūsum	illūdere	verspotten
impōnō	imposuī	impositum	impōnere	darauf legen; auferlegen
incidō	incidī	–	incidere	1. hineinfallen; in etw. geraten 2. sich ereignen
inclūdō	inclūsī	inclūsum	inclūdere	einschließen
īnscrībō	īnscrīpsī	īnscrīptum	īnscrībere	(dar)aufschreiben; eintragen
īnstruō	īnstrūxī	īnstrūctum	īnstruere	1. aufstellen 2. ausrüsten
intellegō	intellēxī	intellēctum	intellegere	1. bemerken 2. einsehen 3. verstehen
interficiō	interfēcī	interfectum	interficere	töten
intersum	interfuī	–	interesse	teilnehmen an; dabei sein
invādō	invāsī	invāsum	invādere	eindringen
inveniō	invēnī	inventum	invenīre	finden; entdecken
invideō	invīdī	invīsum	invidēre	beneiden
iubeō	iussī	iussum	iubēre	befehlen; auffordern
lavō	lāvī	lautum	lavāre	waschen; baden
legō	lēgī	lēctum	legere	1. lesen 2. sammeln
lūdō	lūsī	lūsum	lūdere	spielen

maneō	mānsī	mānsum	manēre	1. bleiben 2. erwarten
metuō	metuī	–	metuere	fürchten
minuō	minuī	minūtum	minuere	verringern
mittō	mīsī	missum	mittere	1. schicken 2. (los)lassen
moveō	mōvī	mōtum	movēre	1. bewegen 2. veranlassen
neglegō	neglēxī	neglēctum	neglegere	1. nicht beachten 2. vernachlässigen
obsum	obfuī	–	obesse	schaden
offendō	offendī	offēnsum	offendere	1. beleidigen 2. anstoßen
offerō	obtulī	oblātum	offerre	anbieten
opprimō	oppressī	oppressum	opprimere	1. unterdrücken 2. überfallen
pellō	pepulī	pulsum	pellere	1. stoßen 2. schlagen 3. vertreiben
pendeō	pependī	–	pendēre	(herab)hängen
perficiō	perfēcī	perfectum	perficere	vollenden; vollbringen
permittō	permīsī	permissum	permittere	erlauben
permoveō	permōvī	permōtum	permovēre	1. (innerlich) bewegen 2. veranlassen
perrumpō	perrūpī	perruptum	perrumpere	durchbrechen
persuādeō	persuāsī	persuāsum	persuādēre	1. überreden 2. überzeugen
perveniō	pervēnī	perventum	pervenīre	hinkommen; gelangen
petō	petīvī	petītum	petere	1. streben nach 2. losgehen auf 3. erbitten
pōnō	posuī	positum	pōnere	1. setzen 2. stellen 3. legen
possideō	possēdī	possessum	possidēre	besitzen
possum	potuī	–	posse	können
praesum	praefuī	–	praeesse	vorstehen; anführen
prōcēdō	prōcessī	prōcessum	prōcēdere	vorrücken
prōmittō	prōmīsī	prōmissum	prōmittere	versprechen
prōsum	prōfuī	–	prōdesse	nützen
quaerō	quaesīvī	quaesītum	quaerere	1. suchen 2. fragen
rapiō	rapuī	raptum	rapere	rauben
recēnseō	recēnsuī	recēnsum	recēnsēre	mustern
recipiō	recēpī	receptum	recipere	zurücknehmen, aufnehmen
reddō	reddidī	redditum	reddere	1. zurückgeben 2. machen zu
redūcō	redūxī	reductum	redūcere	zurückführen

referō	rettulī	relātum	referre	1. zurückbringen 2. hinbringen 3. berichten
regō	rēxī	rēctum	regere	regieren; lenken
relinquō	relīquī	relictum	relinquere	zurücklassen; verlassen
removeō	remōvī	remōtum	removēre	entfernen
reperiō	repperī	repertum	reperīre	finden
respondeō	respondī	respōnsum	respondēre	antworten
retineō	retinuī	retentum	retinēre	zurückhalten
rīdeō	rīsī	rīsum	rīdēre	lachen
rumpō	rūpī	ruptum	rumpere	brechen
scrībō	scrīpsī	scrīptum	scrībere	schreiben
sedeō	sēdī	sessum	sedēre	sitzen
sinō	sīvī	situm	sinere	lassen, zulassen
solvō	solvī	solūtum	solvere	1. lösen 2. zahlen
stō	stetī	statum	stāre	stehen
submittō	submīsī	submissum	submittere	zu Hilfe schicken
subveniō	subvēnī	subventum	subvenīre	zu Hilfe kommen; unterstützen
sum	fuī	–	esse	sein
surgō	surrēxī	surrēctum	surgere	aufstehen; sich erheben
suscipiō	suscēpī	susceptum	suscipere	unternehmen
tangō	tetigī	tāctum	tangere	berühren
tendō	tetendī	tentum *oder* tēnsum	tendere	spannen
teneō	tenuī	tentum	tenēre	halten
tollō	sustulī	sublātum	tollere	1. aufheben; erheben 2. beseitigen
trādō	trādidī	trāditum	trādere	1. übergeben 2. überliefern
trahō	trāxī	tractum	trāhere	ziehen; schleppen
veniō	vēnī	ventum	venīre	kommen
vertō	vertī	versum	vertere	wenden
vetō	vetuī	vetitum	vetāre	verbieten
videō	vīdī	vīsum	vidēre	sehen
vincō	vīcī	victum	vincere	siegen; besiegen
vīvō	vīxī	–	vīvere	leben

Alphabetisches Verzeichnis der Vokabeln

a, ab 8	von
abesse 17	entfernt sein; abwesend sein; fehlen
abundare 27	Überfluss haben; überfließen
ac 21	und
accidere 15	sich ereignen
accipere 20	1. annehmen 2. empfangen
accurrere 14	herbeilaufen
acer 30	scharf; heftig
acies 10	1. Heer 2. Schlacht
ad 2	zu; nach; bei
addere 15	hinzufügen
adducere 20	heranführen
adesse (m.Dat.) 18	beistehen; helfen
adesse 5	dasein; anwesend sein
adhuc 33	bis jetzt
aditus 26	Zugang
adiuvare 9	unterstützen; helfen
administrare 8	1. verwalten 2. besorgen
admittere 28	zulassen
adorare 3	anbeten
advenire 23	ankommen
adventus 25	Ankunft
adversus 23	1. zugewandt 2. feindlich
advocare 16	herbeirufen
aedificare 14	bauen
aedificium 18	Gebäude
aegrotus 5	krank
aequus 27	1. gleich 2. gerecht 3. günstig
aetas 19	1. Zeitalter 2. Lebensalter
afferre 35	1. (herbei) bringen 2. zufügen 3. melden
afficere 25	versehen mit
age! 31	auf!
ager 21	Feld; (Acker)land
agere 4	treiben; betreiben; verhandeln
agite! 31	auf!
agmen 25	1. (Heeres)zug 2. Marsch
agricola 7	Bauer
albus 35	weiß
alere 27	ernähren
Alesiae 29	in Alesia
alienus 31	fremd
aliquando 15	einst; irgendwann
aliter 28	anders
alius 6	ein anderer
alter 20	1. der Eine; der Andere 2. der Zweite
altitudo 24	1. Höhe 2. Tiefe
altus 4	1. hoch 2. tief
amare 4	lieben
ambulare 3	spazieren gehen
amica 3	Freundin
amicitia 22	Freundschaft
amicus 3	Freund; befreundet
amittere 2	verlieren
amor 20	Liebe
an? 10	etwa?
ancilla 1	Sklavin
animadvertere 20	bemerken
animal 26	Lebewesen; Tier
animus 16	Geist; Herz; Mut
annus 11	Jahr
ante 5	vor; vorher
antea 14	vorher
antiquus 18	alt
aperire 4	öffnen
apertus 4	offen
apparere 16	erscheinen; offenkundig sein
appellare 28	ansprechen; nennen
appellere 24	herantreiben
apportare 2	herbeitragen; bringen
appropinquare 6	sich nähern
apud 16	bei
aqua 22	Wasser
ara 3	Altar
arbor 4	Baum
arcere 17	1. abwehren 2. fernhalten
arcus 31	Bogen
arena 7	1. Sand 2. Kampfbahn
arma 21	Waffen
armatus 16	bewaffnet
ars 24	1. Geschicklichkeit 2. Kunst
arx 27	Burg

ascendere 4	besteigen; hinaufsteigen
asellus 15	Esel
at 29	jedoch
ater 34	schwarz; grauenvoll
Athenis 33	in Athen
atque 21	und
atrox 35	grässlich
attentus 15	aufmerksam
audere 12	wagen
audire 1	hören
auferre 35	wegtragen
augere 16	vermehren; vergrößern
aula 2	Hof
aureus 13	golden
aurum 25	Gold
aut 16	oder
autem 12	aber; jedoch
auxilium 27	Hilfe
avunculus 10	Onkel
balneae 26	Hallenbad
barbarus 27	Barbar
bellum 18	Krieg
bene 8	gut
benigne 16	freundlich; wohlwollend
bestia 15	Tier
blandus 31	freundlich; schmeichelnd
bona 33	Güter; Besitz
bonus 3	gut
brevis 31	kurz
cadaver 35	Leichnam
cadere 7	fallen
caedere 4	fällen; töten
caelum 24	Himmel
callidus 20	schlau
calor 7	Wärme
campus 3	Feld; freier Platz
candidatus 9	Kandidat
canere 1;9	singen
canis 27	Hund
capere 2	fangen; nehmen; fassen
captivus 10	Gefangener
caput 21	1. Kopf 2. Hauptstadt
carmen 18	Spruch; Gedicht; Lied
carrus 7	Wagen
carus 31	lieb; teuer
casa 11	Hütte
castra 27	(Feld)lager
causa 22	Grund
cautus 31	vorsichtig
cavere 28	sich hüten; sich in Acht nehmen (vor)
cedere 25	1. gehen 2. weichen
celebrare 3	feiern; preisen
celer 30	schnell
celeritas 19	Schnelligkeit
celeriter 6	schnell
cena 2	Essen; Mahlzeit
censere 9	1. meinen 2. beschließen
centum 24	hundert
certamen 31	Wettkampf
certare 31	streiten; kämpfen
certe 29	gewiss; sicher
certus 35	gewiss; sicher
ceteri 9	die Übrigen; die Anderen
cibus 2	Speise; Essen; Futter
cicada 17	Grille
cinis 34	Asche
circumdare 12	umgeben
circumvenire 28	umzingeln
circus 7	Zirkus; Pferderennbahn
civis 24	Bürger
civitas 19	1. Staat; Gemeinde 2. Bürgerrecht
clades 27	Niederlage
clam 21	heimlich
clamare 2	rufen; schreien
clamor 6	Geschrei; Lärm
clarus 16	1. hell 2. berühmt
classis 24	Flotte
claudere 24	1. (ab)schließen 2. einschließen
cogere 13	1. zwingen 2. versammeln
cognoscere 10	erkennen; erfahren
colere 16	1. bebauen 2. verehren
collega 8	Kollege; Amtsgenosse
colligere 6	sammeln
collocare 19	aufstellen
colloquium 28	Unterredung
columba 3	Taube
comes 25	Begleiter
commovere 25	1. (innerlich) bewegen 2. veranlassen
comparare 23	1. beschaffen 2. vergleichen
complere 9	anfüllen; füllen
componere 30	zusammenstellen; verfassen

concordia 19	Eintracht
concurrere 15	zusammenlaufen
condere 11	1. gründen 2. verbergen
conferre 35	1. zusammentragen 2. vergleichen
conficere 22	1. verfertigen 2. beenden
confirmare 16	1. stärken 2. versichern
coniungere 22	verbinden
conscendere 5	besteigen
considerare 29	betrachten
considere 4	sich setzen
consilium 21	1. Rat 2. Ratsversammlung 3. Absicht
conspicere 5	erblicken
constans 30	1. standhaft 2. beständig
constare 8	feststehen; bestehen aus
constituere 30	1. festsetzen 2. beschließen
consul 8	Konsul
consulere 8	1. um Rat fragen 2. beraten 3. beschließen
consulere (m. Dat.) 10	sorgen für
consumere 25	verbrauchen
contendere 25	1. sich anstrengen 2. eilen 3. kämpfen
continere 26	1. enthalten 2. umfassen
contio 33	(Volks)versammlung
contra 9	dagegen; gegen
controversia 13	Streit
convenire 18	zusammenkommen
conviva 5	Gast
convocare 14	zusammenrufen
copia 10	Menge;Vorrat
copiae 10	1. Truppen 2. Vorräte
coram 33	vor; im Angesicht von
corona 6	Kranz
corpus 22	Körper
corruere 34	zusammenstürzen
corvus 15	Rabe
cottidie 22	täglich
creare 8	1. wählen 2. erschaffen
credere 15	1. glauben 2. anvertrauen
crudelis 30	grausam
cui? 10	wem?
cuius? 11	wessen?
cum (inv.) 16	als (plötzlich)
cum (it.) 18	(jedesmal) wenn
cum (m.Abl.) 6	mit
cum primum 32	sobald
cuncti 6	alle

cupere 5	wünschen; wollen; verlangen
cur? 8	warum?
cura 11	Sorge; Pflege
curare 27	sorgen; besorgen
curia 8	1. Rathaus 2. Senatsversammlung
currere 1	laufen
currus 32	Wagen
custodire 23	bewachen
custos 24	Wächter
dare 10	geben
de 7	1. von … herab 2. über
dea 18	Göttin
debere 8	1. müssen 2. schulden; verdanken
decem 20	zehn
decimus 7	der Zehnte
decipere 9	täuschen; betrügen
deesse 14	fehlen
defendere 19	verteidigen
deficere 32	1. abnehmen 2. schwinden 3. versagen
deicere 30	1. hinabwerfen 2. verschlagen
deinde 19	darauf; dann
delectare 3	erfreuen
delere 21	zerstören; vernichten
deliberare 14	überlegen
delphinus 34	Delphin
dementia 35	Wahnsinn
demonstrare 22	zeigen
demum 28	endlich
densus 16	dicht
deponere 11	niederlegen
deridere 23	verlachen; auslachen
descendere 18	hinabsteigen
deserere 28	im Stich lassen; verlassen
desiderare 25	verlangen, vermissen
desinere 16	aufhören
desperare 29	verzweifeln; die Hoffnung aufgeben
despoliare 9	berauben
detrimentum 26	Schaden
deus 3	Gott
devorare 2	fressen
dic! 10	sag!
dicere 1	sagen

dies 2	Tag
difficilis 30	schwierig
discere 22	lernen
discipulus 33	Schüler
disputare 33	sich unterhalten; diskutieren
diu 5	lange
divinus 32	göttlich
divitiae 22	Reichtum
docere 12	lehren
dolere 1	1. betrübt sein 2. bedauern
dolor 16	Schmerz
dolus 11	List
domare 32	zähmen; unterwerfen
domi 8	zu Hause
domina 1	Herrin
dominatio 32	Herrschaft
dominus 1	Herr
domum 13	nach Hause
domus 24	Haus
donum 21	Geschenk
dormire 21	schlafen
dorsum 34	Rücken
dubitare 16	1. zögern 2. zweifeln
duc! 18	führe!
ducere 9	1. führen 2. meinen
dum 18	während
duodecim 19	zwölf
durus 21	hart
dux 19	Anführer
e, ex 7	aus
ecce! 8	da!; sieh!; bitte!
efficere 25	bewirken
effugere 23	entfliehen; entkommen
elephantus 26	Elefant
eligere 31	auswählen
emittere 26	loslassen; ausschicken
eques 34	Reiter
equidem 32	ich jedenfalls
equitare 5	reiten
equus 2	Pferd
errare 15	1. irren 2. umherirren
eruptio 34	Ausbruch
esse 5	sein
est 1	ist
et … et 5	sowohl … als auch
et 1;14	1. und 2. auch
etiam 1	1. auch 2. sogar
evadere 30	entkommen
evitare 24	vermeiden
excitare 15	1. aufscheuchen 2. wecken
exclamare 32	ausrufen
exercere 26	üben; trainieren
exercitus 24	Heer
exilium 23	Exil; Verbannung
existimare 14	glauben; meinen
expellere 29	vertreiben
exponere 31	aussetzen
expugnare 21	erobern
exspectare 5	erwarten
extremus 12	der Äußerste
faber 33	Handwerker
fabula 3	Geschichte
fac! 25	mach!
facere 6	machen; tun
facile 30	leicht
facilis 30	leicht
facinus 23	1. Tat 2. Verbrechen
fallere 1	1. täuschen 2. enttäuschen
fames 25	Hunger
familia 5	Familie; Hausgemeinschaft
fatigare 7	müde machen
fatum 31	Schicksal
felix 30	glücklich
femina 8	Frau
fenestra 3	Fenster
fer! 35	trag!
feriae 4	Ferien
ferre 35	tragen; bringen
festus 3	festlich; Fest-
fidelis 31	treu
fides 21	1. Treue 2. Glauben 3. Vertrauen
fidus 16	treu; zuverlässig
filia 1	Tochter
filius 1	Sohn
fines 24	1. Grenzen 2. Gebiet
finire 5	beenden
finis 24	Ende; Grenze
finitimus 19	benachbart; Nachbar
firmare 19	1. stärken 2. sichern 3. ermutigen
flamma 35	Flamme
flectere 34	(ab)biegen
flere 34	weinen; beweinen
flos 6	Blume
fluctus 24	Flut; Welle
flumen 22	Fluss

fluvius 11	Fluss
fore 31	= futurum esse
formica 17	Ameise
fortasse 33	vielleicht
forte 16	zufällig
fortis 30	tapfer
fortiter 34	tüchtig; kräftig
fortuna 29	1. Schicksal 2. Glück
forum 18	Marktplatz; Markt
frangere 21	(etwas) zerbrechen
frangi 21	zerbrechen
frater 11	Bruder
fraudare 33	betrügen
fraus 33	Betrug
frigidus 26	kalt
frons 30	Stirn
frumentum 26	Getreide
frustra 14	vergeblich
fuga 15	Flucht
fugere 2	fliehen; vermeiden
fugitivus 15	entflohen
fur 26	Dieb
futurus 28	zukünftig
gallus 2	Hahn
gaudere 1	sich freuen
gaudium 22	Freude
gemini 11	Zwillinge
gens 24	1. Volksstamm 2. Geschlecht
gerere 18	1. tragen 2. (aus)führen
gladiator 26	Gladiator
gladius 21	Schwert
gloria 10	Ruhm
gratia 6	1. Dank 2. Ansehen 3. Beliebtheit
gratias agere 6	danken
gratus 23	1. angenehm 2. dankbar
gravis 30	1. schwer 2. ernst 3. wichtig
habere 16	haben; halten
habere in numero 22	zählen zu
habitare 26	(be)wohnen
hasta 6	Lanze; Speer
heri 14	gestern
hiems 17	Winter
hodie 3	heute
homo 17	Mensch
honestus 33	1. ehrenvoll 2. anständig 3. angesehen

honor 16	1. Ehre 2. Ehrenamt
hora 3	Stunde
horribilis 34	entsetzlich
hortus 2	Garten
hospes 25	1. Gast 2. Gastgeber
hostis 10	Feind
iacere 30	werfen
iacēre 7	liegen
iam 7	schon; jetzt gleich
ianua 2	Tür
ibi 4	dort
ignis 33	Feuer
ignorare 13	nicht kennen; nicht wissen
ignotus 10	unbekannt
illudere 35	verspotten
immensus 22	unermesslich
imminere 29	drohen
immortalis 30	unsterblich
impedire 32	hindern; verhindern
imperare 1	befehlen
imperator 10	1. Feldherr 2. Kaiser
imperium 19	1. Befehl 2. Reich
impetus 24	Ansturm; Angriff
impius 23	gottlos; frevelhaft
implorare 28	dringend bitten; anflehen
imponere 22	darauflegen; auferlegen
importare 26	einführen
in (m.Abl.) 7	in (wo?)
in (m.Akk.) 2	in … (hinein)
incautus 15	unvorsichtig
incidere 15	1. hineinfallen; in etw. geraten 2. sich ereignen
incitare 4	antreiben
includere 29	einschließen
incognitus 31	unerkannt; unbekannt
incola 14	Einwohner
infelix 30	unglücklich
ingens 30	riesig
ingratus 25	undankbar
inimicus 16	Feind; feindlich
iniquus 27	1. ungleich 2. ungerecht 3. ungünstig
iniuria 28	Unrecht
iniustus 29	ungerecht
inopia 17	Mangel
inquit 15	sagt(e) er; sagt(e) sie
inscribere 9	(dar)aufschreiben; eintragen

insidiae 10	Falle; Hinterhalt
instruere 10	1. aufstellen 2. ausrüsten
instrumentum 25	Werkzeug; Gerät
insula 12	Insel
intellegere 27	1. bemerken 2. einsehen 3. verstehen
inter 14	zwischen; unter
interdum 18	manchmal
interea 13	inzwischen
interesse 20	teilnehmen an; dabei sein
interest 32	es ist ein Unterschied
interficere 35	töten
interitus 28	Untergang
interrogare 8	fragen
intrare 2	eintreten; betreten
introitus 30	Eingang
inutilis 32	unnütz; unbrauchbar
invadere 27	eindringen
invenire 11	finden; entdecken
invictus 28	unbesiegt; unbesiegbar
invidere 16	beneiden
invitare 5	einladen
invitus 30	widerwillig
ira 11	Zorn
iratus 27	zornig
is, ea, id 26	1. dieser, diese, dies(es) 2. er, sie, es
ita 3	so
itaque 4	daher; deshalb
iter 25	1. Weg 2. Marsch 3. Reise
iterum 15	wieder; noch einmal
iubere 5	befehlen; auffordern
iucundus 4	angenehm
iudicare 20	urteilen; richten
iudicium 20	1. Gericht 2. Urteil
iurgare 9	streiten
ius 27	Recht
iussu 32	auf Befehl
iustitia 33	Gerechtigkeit
iustus 31	gerecht; rechtmäßig
labor 1	Arbeit
laborare 1	arbeiten
labyrinthus 23	Labyrinth; Irrgarten
laetitia 6	Freude
laetus 4	fröhlich; vergnügt
lapis 25	Stein
latitudo 24	1. Breite 2. Weite
latus 26	1. breit 2. weit
laudare 2	loben
laus 19	Lob
lavare 24	waschen; baden
lectus 5	Bett; Liege
legatio 27	Gesandtschaft
legatus 27	1. Gesandter 2. Legat (röm. Offizier)
legere 9	1. lesen 2. sammeln
legio 28	Legion
legionarius 10	Legionssoldat; Legions-
leo 15	Löwe
lex 19	Gesetz
libenter 3	gern
liber 13	Buch
liber 17	frei
liberare 14	befreien
liberi 4	Kinder
libertas 19	Freiheit
licet 17	es ist erlaubt; man kann
ligneus 20	hölzern
littera 9	Buchstabe
litterae 9	1. Buchstaben 2. Brief 3. Wissenschaften
litus 20	Strand; Küste
locus 4	Ort; Platz; Stelle
longe 17	weit
longe lateque 24	weit und breit
longitudo 21	Länge
longus 4	lang
ludere 4	spielen
ludus 7	Spiel
lupa 11	Wölfin
lupus 6	Wolf
lux 35	Licht
magister 12	Lehrer
magistratus 26	Beamter
magnus 3	groß; bedeutend
malum 20	Apfel
malus 3	schlecht; böse
mandatum 28	Auftrag; Befehl
mane 8	früh; morgens
manere 23	1. bleiben 2. erwarten
manus 24	1. Hand 2. Schar
mare 24	Meer
maritus 14	Ehemann
mater 5	Mutter
matrimonium 31	Ehe
maximus 18	der Größte
mecum 7	mit mir
medicina 33	Heilmittel
medicus 5	Arzt
medius 24	der Mittlere

memoria 11	Erinnerung; Gedächtnis
mens 30	1. Verstand 2. Gesinnung 3. Geist
mensa 5	Tisch
mercator 17	Kaufmann
meridies 7	Mittag
merito 17	mit Recht
metuere 20	fürchten
meus 12	mein
migrare 8	wandern
miles 10	Soldat
minime 13	keineswegs; am wenigsten
minuere 34	verringern
mirabilis 34	wunderbar; erstaunlich
Miseni 34	in Misenum
miser 13	arm; unglücklich
miseria 29	Elend
misericordia 11	Mitleid
mittere 17	1. schicken 2. (los)lassen
moderatus 28	gemäßigt; maßvoll
modo ... modo 34	bald ... bald
modus 22	Art und Weise
moenia 24	Mauern; Befestigungen
mollire 17	erweichen
monere 14	ermahnen; warnen
mons 24	Berg
monstrare 12	zeigen
monstrum 30	Ungeheuer
morbus 17	Krankheit
mors 29	Tod
mortalis 30	sterblich
mortuus 31	tot
mos 28	1. Sitte; Brauch 2. Art und Weise
motus 34	Bewegung
movere 22	1. bewegen 2. veranlassen
mox 29	bald
mulier 14	Frau
multi 4	viele
multitudo 27	Menge
multo 31	viel
mundus 12	Welt
munitio 29	Befestigung
murus 9	Mauer
mutare 25	verwandeln
nam 1	denn
narrare 3	erzählen
natare 26	schwimmen
natura 34	Natur
natus 27	geboren
nauta 12	Seemann; Matrose
navigare 12	segeln; (be)fahren
navis 24	Schiff
-ne (angeh.) 8	(Fragepartikel)
ne ... quidem 33	nicht einmal
ne (m. Konj.) 23	dass nicht; damit nicht
necare 6	töten
negare 28	1. verneinen 2. sich weigern
neglegere 23	1. nicht beachten 2. vernachlässigen
nemo 22	niemand
neque ... neque 9	weder ... noch
neque 9	und nicht; aber nicht; auch nicht
nescire 12	nicht wissen
neve 28	und nicht
niger 34	schwarz
nihil 15	nichts
nimbus 16	Wolke
nisi 17	wenn nicht; außer
nix 35	Schnee
nobilis 30	1. edel 2. berühmt
noctu 27	bei Nacht
nomen 18	Name
nominare 9	nennen
non 1	nicht
non iam 7	nicht mehr
non ignorare 13	genau kennen
non modo ... sed etiam 16	nicht nur ... sondern auch
nondum 17	noch nicht
nonne? 10	etwa nicht?
nonnulli 28	einige
nonus 7	der Neunte
noster 9	unser
nostrum (Gen.) 31	von uns
novus 3	neu
nox 20	Nacht
nubes 34	Wolke
nullus 29	keiner; kein
num? 8	etwa?
numen 25	1. (göttliche) Macht 2. Gottheit
numerare 9	zählen; aufzählen
numerus 11	Zahl
numquam 13	niemals
nunc 3	jetzt; nun

nuntiare 9	melden
nuntius 28	1. Bote 2. Botschaft
obesse 27	schaden
obviam 31	entgegen
occultare 15	verbergen
occupare 28	1. besetzen 2. beschäftigen
oceanus 12	Ozean
oculus 15	Auge
odium 33	Hass
odor 35	Geruch; Gestank
offendere 28	1. beleidigen 2. anstoßen
offerre 35	anbieten
oleum 26	Öl
olim 11	einst
omen 21	Vorzeichen
omnes 30	alle
omnis 30	jeder; ganz
onerare 13	beladen; belasten
oportet 19	es ist nötig; man muss
oppidum 20	Stadt
opprimere 19	1. unterdrücken 2. überfallen
oppugnare 20	bestürmen
optare 25	wünschen
optimus 18	der Beste
opulentus 25	reichlich; üppig
opus 18	Arbeit; Werk
oraculum 20	Orakel
orare 4	reden; bitten; beten
oratio 27	Rede
orator 2	Redner
ornare 6	schmücken
ostium 26	Mündung
otiosus 34	1. müßig 2. wissenschaftlich tätig
paene 12	fast; beinahe
parare 6	1. (vor)bereiten 2. verschaffen
paratus 28	bereit
parentes 34	Eltern
parere 1	gehorchen
pars 27	1. Teil 2. Seite
parvus 3	klein
pastor 11	Hirte
pater 5	Vater
patria 10	Vaterland
pauci 25	wenige; einige
paulatim 34	allmählich
paulo 14	ein wenig; etwas
paulum 35	ein wenig
pax 19	Friede
pecunia 35	Geld
pellere 15	1. stoßen 2. schlagen 3. vertreiben
pendere 15	(herab)hängen
penna 15	Feder
per 2	durch
perficere 32	vollenden; vollbringen
periculosus 31	gefährlich
periculum 21	Gefahr
permittere 25	erlauben
permovere 27	1. (innerlich) bewegen 2. veranlassen
pernicies 28	Verderben
perrumpere 29	durchbrechen
persuadere 26	1. überreden 2. überzeugen
pervenire 28	hinkommen; gelangen
pes 19	Fuß
pestilentia 27	Seuche; Krankheit
petere 13	1. streben nach 2. losgehen auf 3. erbitten
philosophus 32	Philosoph
piger 23	träge
pila 26	Ball
placare 32	beruhigen; besänftigen
placere 1	gefallen
planities 10	Ebene
plebs 19	Volk; Volksmenge
plenus 11	voll
poena 12	Strafe
poeta 18	Dichter
ponere 15	1. setzen 2. stellen 3. legen
populus 8	Volk
porta 2	Tor
portare 3	tragen
portus 24	Hafen
posse 27	können
possidere 22	besitzen
possunt 17	sie können
post 6	nach, hinter; danach
postea 4	danach; später
postquam 17	nachdem
postridie 16	am folgenden Tag
postulare 14	fordern
potens 32	mächtig
potentia 24	Macht
potest 5	(er) kann
praebere 17	1. gewähren 2. zeigen
praeclarus 23	hoch berühmt

praeda 13	Beute
praeesse 27	vorstehen; anführen
praefectus 34	Präfekt
praemium 25	Belohnung
praeter 15	1. außer 2. an … vorbei
pretium 32	Preis
primo 21	anfangs; zuerst
primus 11	der Erste
principatus 33	1. Vormacht 2. führende Stellung
privatus 33	privat
pro 13	vor; für; anstatt
procedere 25	vorrücken
procul 11	fern; von fern
prodesse 27	nützen
prohibere 8	fern halten; hindern
proletarius 9	Proletarier
promittere 20	versprechen
prope 18	nahe; in der Nähe; beinahe
properare 6	eilen
propitius 23	gnädig
propter 19	wegen
provincia 12	Provinz
proximus 15	der Nächste
prudens 33	klug
publicus 8	staatlich; öffentlich
puella 4	Mädchen
puer 6	Junge
pugna 10	Kampf; Schlacht
pugnare 10	kämpfen
pulcher 13	schön
punire 11	bestrafen
purgare 5	säubern; reinigen
putare 29	glauben
qua re? 6	wodurch?; womit?
quaerere 13	1. suchen 2. fragen
quam (m.Komp.) 31	als
quam 15	wie; wie sehr
quamdiu? 3	wie lange?
quamquam 17	obwohl; obgleich
quando? 7	wann?
quartus 27	der Vierte
quasi 34	gleichsam
quattuor 13	vier
-que (angeh.) 6	und
quem? 2	wen?
qui 22	der; welcher; wer
quid? 1	was?
quidem 27	jedenfalls; wenigstens
quis? 1	wer?
quo? 2	wohin?
quocum? 6	mit wem?
quod 17	da; weil
quomodo? 35	wie?; auf welche Weise?
quoque 32	auch
quotannis 8	jedes Jahr
rapere 14	rauben
raro 18	selten
re vera 26	wirklich; wahrlich
recensere 16	mustern
recipere 29	zurücknehmen; aufnehmen
recitare 18	vorlesen; vortragen
recte 12	richtig
reddere 28	1. zurückgeben 2. machen zu
reditus 30	Rückkehr
reducere 31	zurückführen
referre 35	1. zurückbringen 2. hinbringen 3. berichten
regere 20	regieren; lenken
regina 23	Königin
regio 22	1. Richtung 2. Gegend
regnare 16	regieren
regnum 24	Reich; Herrschaft
relinquere 18	zurücklassen; verlassen
reliquiae 29	Überreste
reliquus 29	übrig
removere 22	entfernen
reperire 15	finden
repudiare 33	zurückweisen
res 4	1. Sache; Ding 2. Besitz
res gestae 11	1. Taten 2. Geschichte
res publica 8	Staat; Republik
respondere 12	antworten
retinere 23	zurückhalten
rex 19	König
ridere 4	lachen
ripa 11	Ufer
robur 21	Kraft
Roma (Abl.) 7	aus Rom
Romae 22	in Rom
Romam 7	nach Rom
rostra 18	Rednerbühne
rostrum 18	Schnabel
rumpere 29	brechen
rursus 14	1. wieder 2. rückwärts
sacer 13	1. heilig 2. verflucht
sacerdos 21	Priester

saeculum 27	Jahrhundert; Zeitalter
saepe 1	oft
saevus 15	wild
sagitta 21	Pfeil
saltare 17	tanzen
salus 19	1. Wohlergehen 2. Rettung
salutare 2	grüßen; begrüßen
salve! 10	sei gegrüßt!; gutenTag!
salvus 14	gesund; wohlbehalten
sanare 33	heilen
sanctus 12	heilig
sanus 30	gesund
sapiens 32	klug; weise
sapientia 22	Klugheit; Weisheit
satis 23	genug
saxum 30	Felsen; Stein
schola 12	Schule
scire 5	wissen
scribere 9	schreiben
se 15	sich
secum 20	mit sich
sed 2	aber
sedere 7	sitzen
semper 3	immer
senator 8	Senator
senatus 24	Senat
senex 25	1. Greis 2. alt
sententia 21	Meinung
septem 23	sieben
septimus 19	der Siebte
servare 11	retten
servire 23	dienen; Sklave sein
servitus 19	Knechtschaft; Sklaverei
servus 1	Sklave
severus 4	streng
si 17	wenn
sibi 19	sich
silva 3	Wald
sin 33	wenn aber
sine 14	ohne
sinere 5	lassen; zulassen
sinus 34	Bucht
situs 12	gelegen; liegend
socius 14	Bundesgenosse
sol 24	Sonne
solere 28	gewohnt sein; pflegen
solvere 12	1. lösen 2. zahlen
somnus 30	Schlaf
soror 10	Schwester
sors 31	Los; Schicksal
spatium 31	Strecke; Raum
species 31	1. Aussehen 2. Gestalt
spectare 3	betrachten; schauen
spectator 7	Zuschauer
sperare 29	hoffen
spes 1	Hoffnung
stabulum 22	Stall
stare 13	stehen
statim 3	sofort
statua 23	Statue; Standbild
studium 23	Eifer; Beschäftigung
stultus 13	dumm
sub (m.Abl.) 7	unter (wo?)
sub (m.Akk.) 6	unter (wohin?)
subito 4	plötzlich
submittere 10	zu Hilfe schicken
subvenire 28	zu Hilfe kommen; unterstützen
sui 29	die Seinigen; seine Leute
summus 19	der Oberste; der Höchste
sunt 4	(sie) sind
super 34	über
superare 13	überwinden; besiegen
superbia 19	Hochmut; Stolz
surgere 6	aufstehen; sich erheben
suscipere 29	unternehmen
suus 10	sein; ihr
tabella 9	1. Tafel 2. Liste
taberna 13	Gasthaus; Schenke
tabula 12	Tafel; Karte; Gemälde
tacere 16	schweigen; verschweigen
tam 8	so
tamen 7	dennoch
tamquam 35	wie; als ob
tandem 4	endlich
tangere 25	berühren
tantum 9	nur
tantus 22	so groß
taurus 23	Stier
tectum 34	Dach
templum 18	Tempel
temptare 30	versuchen
tempus 18	Zeit
tendere 31	spannen
tenere 22	halten
terra 12	Land; Erde
terrere 2	erschrecken
terror 10	Schrecken
tertius 20	der Dritte
theatrum 18	Theater

timere 2	fürchten; sich fürchten
timidus 30	ängstlich
timor 7	Furcht
toga 13	Toga
tolerare 31	ertragen
tollere 35	1. aufheben; erheben 2. beseitigen
totus 3	ganz
tradere 29	1. übergeben 2. überliefern
trahere 4	ziehen; schleppen
trans 28	1. über; über ... hinaus 2. jenseits
transportare 26	befördern
trepidare 34	sich ängstigen
tres 31	drei
tributum 24	Tribut
triumphus 13	Triumph(zug)
trucidare 29	töten; umbringen
tuba 9	Trompete
tum 2	dann; darauf
tumulus 4	Hügel
tutus 28	sicher
tuus 12	dein
ubi 17	sobald
ubi primum 32	sobald
ubi? 7	wo?
ulterior 34	jenseits (*oder* weiter hinaus) gelegen
ultimus 19	der Letzte
umbra 7	Schatten
umquam 31	jemals
una 27	zusammen
unde? 7	woher?
universus 32	gesamt; allgemein
unus 3	ein; ein Einziger
urbs 24	Stadt
usque 32	bis zu
usus 26	1. Gebrauch 2. Nutzen 3. Erfahrung
ut 17	wie
ut (m.Konj.) 25	dass; damit
utilis 32	nützlich; brauchbar
utinam 23	wenn doch; hoffentlich
uxor 11	Ehefrau

vacuus 16	leer
vae! 14	wehe!
valde 3	sehr
vale! 34	lebe wohl!
vas 26	Gefäß
vastare 21	verwüsten
vel 9	oder; oder auch
velut 34	als ob
venator 6	Jäger
venire 1	kommen
ventus 30	Wind
verbum 21	Wort
vere 26	wahrhaft; echt
vertere 32	wenden
verus 35	wahr
vesper 6	Abend
vespertinus 5	abendlich; Abend-
vester 10	euer
vestigium 21	Spur
vestis 26	Kleid; Bekleidung
vetare 5	verbieten
vexare 9	quälen; bedrängen
via 8	Weg; Straße
viator 35	Wanderer
vicinus 8	benachbart; Nachbar
victor 1	Sieger
victoria 10	Sieg
vicus 4	Dorf
videre 2	sehen
videri 25	(er)scheinen
villa 2	Landhaus
vincere 1	siegen; besiegen
vinum 25	Wein
vir 8	Mann
virga 22	Stab
virtus 20	1. Tapferkeit 2. Tüchtigkeit
vis 24	Kraft; Gewalt
visitare 3	besuchen
vita 11	Leben
vituperare 2	tadeln
vivere 11	leben
vocare 1	rufen
volare 2	fliegen
vox 19	Stimme
vulnerare 14	verwunden
vulpecula 15	Fuchs

Gallia Cisalpina
Comum
Mediolanum
Verona
Aquileia
Dravus
Savus
Patavium
Cremona
Padus
Placentia
Liguria
Genua
Bononia
Ravenna
Via Aemilia
Ariminum
Via Aurelia
Italia
Lacus Trasumenus
Umbria
Picenum
Illy
Pisae
Clusium
Tiberis
Via Flaminia
Etruria
Corsica
Sabini
Mare Adriaticum
ROMA
Tusculum
Ostia
Alba Longa
Samnium
Arpinum
Lavinium
Via Appia
Via Latina
Latium
Campania
Cannae
Apulia
Capua
Casinus Mons
Cumae
Vesuvius
Via Appia
Neapolis
Pompei
Herculaneum
Nuceria
Tarentum
Capreae
Paestum
Sardinia
Lucania
Muranum
Mare Tyrrhenum
Consentia
Bruttium
Messana
Rhegium
Segesta
Lilybaeum
Aetna
Sicilia
Agrigentum
Syracusae
Utica
Carthago
Zama
Africa
Hadrumetum
M a r e I n t

Italia

WENN IHR LACH

GEORG KREISLER

WENN IHR LACHEN WOLLT...

EIN LESEBUCH

Herausgegeben von Thomas B. Schumann

EDITION MEMORIA

Staubach, 2001

Gefördert von: STIFTUNG KUNST UND KULTUR DES LANDES NRW

Thomas B. Schumann,
Kiefernweg 11, D-50354 Hürth, Tel/Fax 0 22 33-6 72 82

Gesamtkonzeption: Thomas B. Schumann
Gesamtgestaltung: Silvia Cardinal

Umschlagillustration: »Schnitzler in Hollywood«
von Christoph Gloor, Tusche und Aquarell
Frontispiz: Foto von Onorio Mansutti

Die deutsche Bibliothek – CIP-Einheitsaufnahme
Kreisler, Georg: Wenn ihr lachen wollt …:
ein Lesebuch; (Lyrik und Prosa) / Georg Kreisler.
Hrsg. von Thomas B. Schumann. – Hürth bei Köln;
Wien: Ed. Memoria, 2001

ISBN 3-930353-14-8 (Normalausgabe)
ISBN 3-930353-13-X (Vorzugsausgabe)

Gesamtherstellung: B.o.s.s Druck und Medien, Kleve
Printed in Germany

INHALTSVERZEICHNIS

AUTOBIOGRAPHISCHES VORWORT

Marktwirtschaft bedeutet unter anderem, dass die Nachfrage das Angebot bestimmt, aber in Wirklichkeit ist es umgekehrt. So bestimmen, zum Beispiel, die Manager der Grossverlage, die das Angebot vertreten, welches Buch einem potentiellen Käufer so lange vor die Nase gehalten wird, bis er meint, eine Nachfrage dafür entwickeln zu müssen. Sie bestimmen auch, welches Buch in den unzugänglichsten Regalen der Buchläden zu verkümmern hat, so dass es nur ein paar besonders Hartnäckige zu sehen bekommen. Das Angebot bestimmt also die Bestsellerlisten, nicht die Nachfrage. Es tut mir ja leid um die guten Bücher, die keiner liest, so leid wie um die guten Kastanienbäume, die keinen Unterhaltungswert mehr haben. Aber es nützt nichts, meine Tränen knirschen unter den Füssen der reichen Ranitzkys wie frischgefallenes Eis. Wo sind die Genies der Zwanziger Jahre, wo die Verleger, die sie verkannten? Da gibt es doch tatsächlich noch Scheinheilige, die nach »Satiren mit Biss« rufen! Wozu? Damit die Gebissenen gequält lächeln, den Floh zerquetschen und weitermachen? Jeden Tag blickt man hinaus in eine steifköpfige Welt, die unbeirrbar Folge leistet, und man kann nicht einmal sagen: Gutgläubig. Nein, verbohrt, verhärtet, verrannt, versessen, verstockt! Die Tagesordnung, eines der schlimmsten Wörter unserer Zeit, verschafft sich breitbeinig ihren Weg, und alle huldigen ihr.

Gut, nicht alle! Ich nicht! Ich habe das grosse Glück, auf einem Schaukelstuhl am Rande eines immer kleiner werdenden Gartens zu sitzen und auf die Nacht warten zu dürfen. Ich bleibe Optimist, der Mensch wird sich schon rappeln. Lacht da ein Dinosaurier irgendwo? »Kreisler bissig wie gewohnt« lautet bezeichnenderweise die Überschrift einer Zeitungskritik dieser Tage über mich. Und einer meiner Kollegen lässt sich dafür als »Meister des schmerzlosen Kabaretts« ankündigen. Gibt es da einen Unterschied? Man ist den Biss gewohnt, aber er stört nicht. Und man freut sich genau so über seine Abwesenheit.

Früher war Kreisler wenigstens ein Pessimist, sagen die einen, und früher war er wenigstens ein Optimist, die anderen, denn Ordnung muss sein. Nein, er hat resigniert, sagen diejenigen, die mich am wenigsten kennen, denn natürlich habe ich nicht resigniert. Ich glaube nicht an Sisyphos, ich glaube an Augias, und apropos Sisyphos, ich glaube auch an Sissy, seinerzeit Kaiserin von Österreich, gespielt von ihr selbst und Romy Schneider. Sie hat ihren dummen Kaiser Franz Joseph von Anfang an durchschaut, und da sie nicht in seinem Sinn leben konnte, hat sie für die Schublade gelebt, wie heute die wirklichen Dichter. Es kann nicht leicht für sie gewesen sein, aber im Grunde genommen, könnte jeder heute wegschauen und für die Schublade leben. Eremiten kann man immer brauchen. Es wäre schwierig, aber es wäre ein Hoffnungsstrahl. Solche Hoffnungsstrahlen gibt es ja immer wieder, hie und da sickert eine richtige Einsicht durch, die Hungernden stehlen, die Kinder hängen sich auf, ein hoher Politiker tritt zum Judentum über – es gibt Grund zur Hoffnung. Vielleicht bin ich doch ein Optimist, ich weiss es nicht, irgendein Journalist wird es wissen.

Jedenfalls lasse ich mir die schlechten Zukunftsaussichten nicht rauben. Im Winter kommen noch Rehe auf die Lichtung, die Finanzbeamten sind schlampiger als früher, und es gibt auch noch Menschen, die weinen. Man soll den Optimismus nicht ausschliessen, auch wenn es schwer fällt. Mir fällt es immer schwerer, obwohl man ja gerade im Alter mehr Grund zu lächeln hat. Man hat so viel Gutes erlebt, da kann es eigentlich nur schlechter werden. Es ist ein heiterer Pessimismus, der einen da befällt: Man erinnert sich an das Gute und glaubt an das Böse. Allerdings, so ein Pessimist, dass ich glauben könnte, es gäbe ein Weiterleben nach dem Tode, so ein Pessimist bin ich wieder nicht.

WENN IHR LACHEN WOLLT

Wenn ihr lachen wollt, seht euch das Gras an,
wie es grünt, wie es welkt, wie es wächst,
oder seht euch ein farbiges Glas an
oder sprecht einen traurigen Text!

Wenn ihr lachen wollt, blickt auf die Sterne,
auf die Hand, auf den Hund, auf den Hut!
Blickt auf jeden Fall weit in die Ferne,
denn sonst ist euch nach Weinen zumut.

Schliesst die Augen! Denkt an nichts! Nehmt Knebel!
Dann lacht ganz leise und schnell!
Tut es heimlich in der Nacht, im Nebel,
vorsichtig und rationell.

Sollte euch trotzdem jemand sehen,
dann täuscht Bauchschmerzen vor, rennt aufs Klo!
Lasst es keinesfalls öfter geschehen!
Das wär peinlich, geschmacklos und roh.

Wenn ihr lachen wollt, nehmt euch zusammen!
Tut es nicht! Bleibet ernst! Seid nicht feig!
Weil wir lachen, steht alles in Flammen,
und die Welt ist ein trauriger Teig.

Wenn ihr lachen wollt, beisst in Zitronen
oder lacht über Wind, über Schnee!
Lacht auf keinen Fall über Personen!
Die tun anderen Personen zu weh.

Habt Courage! Habt Verdruss! Habt Pläne!
Schiesst euch ins eigene Tor!
Habt Erfolge! Habt Geduld, Migräne!
Aber habt keinen Humor!

Wenn euch trotzdem der Humor kommt,
ist's vielleicht eine Art Allergie.
Doch wenn's öfter als hie und da vorkommt,
wird's ein Fall für die Psychiatrie.

Wenn ihr lachen wollt, gibt es Hospize,
dort sind Narren, die lachen sich krumm,
und sie machen die blendendsten Witze,
doch kein Mensch kann sich denken warum.

Diese Narren, die lachen und lachen
jeden Tag irgendwo, irgendwann,
und man muss sie sehr strenge bewachen,
denn sonst stecken sie andere an.

Ja, sie lachen wie im hohen Fieber,
halten sich kreischend den Bauch,
und sie lachen in den Tod hinüber.
Ich glaub, im Grab tun sie's auch.

Ja, sie lachen über jeden Schmarren,
den man nur ernst nehmen kann.
Diese Narren, diese armen Narren!
Herr, nimm dich ihrer an!

HUMOR

Was man mit dem Leben alles machen könnte,
wenn man über alle Leute lachen könnte!
Wenn's noch Götter gibt, die uns bewachen müssen,
können es nur solche sein, die lachen müssen.

So wie wir von Ziegen oder Gänsen reden,
müssen die von Greten und von Hänsen reden.
So wie wir in Kinos und Konzerten lächeln,
müssen die bei Gräbern und Gelehrten lächeln.

Ich kann mir gut vorstellen, wie sie röhren müssen,
wenn Soldaten Fahneneide schwören müssen,
wenn die Völker ihren eigenen Tod verkaufen
und mit letzter Kraft ihr letztes Brot verkaufen.

Wie sie sich vor Lachen einfach biegen müssen,
wenn die Menschen glauben, dass sie siegen müssen!
Oder wenn sie glauben, dass sie siegen können
und durch Leiden das und jenes kriegen können.

Ach, es käme nie zu dieser Weltmisere,
wenn das Leben trauriger und ernster wäre,
wenn man nicht die Starken und die Schwachen hätte
und der liebe Gott nichts mehr zu lachen hätte.

WENN MIR DAS WORT FEHLT

Wenn mir das Wort fehlt, wenn mir der Sinn fehlt,
nehm ich ein anderes Wort in Kauf.
Wenn mir die Hand fehlt, wenn mir ein Bein fehlt,
geh ich hinunter statt hinauf.
Wenn mir der Kopf fehlt, wenn mir die Haut fehlt,
muss es ja trotzdem weitergehen.
Man arrangiert sich halt und korrigiert sich,
man variiert sich und improvisiert sich.

Wenn mir das Licht fehlt, wenn mir der Halt fehlt,
tapp ich im Dunklen querfeldein.
Wenn mir ein Jahr fehlt, wenn mir ein Mensch fehlt,
sag ich: Es hat nicht sollen sein.
Wenn mir die Welt fehlt, wenn mir ein Traum fehlt,
fehlt das nicht jedem anderen auch?
Man hintergeht sich halt und missversteht sich,
man schlägt sich Schnippchen und bricht sich Rippchen.

Wo sind die Worte? Wer gibt mir Wahrheit?
Was ist der Sinn des Hinterhers?
Wenn mir der Mut fehlt, wenn mir der Trost fehlt,
liegt er am tiefsten Grund des Meers?
Wer stellt die Fragen? Wer schreibt die Bücher?
Wer komponiert mein kleines Kind?
Man parzelliert sich halt und dividiert sich,
man sagt Verlogenes, man heisst Diogenes,
man überlegt sich, pflegt sich, bewegt sich,
wird nie gescheiter, na und so weiter …

DER EINTOPF IST NOCH LANGE NICHT VOLL

Ich träume manchmal von einem winzig kleinen Deutschland. »Das würde dir so passen«, sagen meine deutschen Freunde, »im übrigen ist Amerika viel grösser.« Aber da irren sie sich. Kein Land ist so gross wie Deutschland.

Dafür sind auch keine Freunde so treu wie meine deutschen Freunde. Wir sind Freunde geworden, weil wir einander bemitleiden: Sie bemitleiden mich, weil meine österreichische Wiedervereinigung mit ihnen noch nicht zustande gekommen ist, und sie tun mir leid, weil sie sich seit der deutschen Wiedervereinigung nie mehr so richtig gefreut haben. Als Deutschland noch kleinlaut war, konnten sie sich über alles mögliche lustig machen, ausser über Berlin. Heute lachen sie höchstens über den Bundeskanzler, weil man ja eigentlich über ihn weinen müsste. Aber meine deutschen Freunde weinen sehr selten. Dabei fehlen sie mir.

In Deutschland ist man mutig. Ich erinnere mich an das Ende des Krieges, als alle Deutschen behaupteten, nie Nazis gewesen zu sein. Das war mutig, denn jeder wusste, dass sie logen. Jetzt sagen sie im Osten, sie seien nie Kommunisten gewesen, und im Westen sagen sie, sie seien vierzig Jahre lang Demokraten gewesen. Dass sie alle Nazis gewesen sind, ist mittlerweile verjährt, und so wird das auch mit den Demokraten sein.

Diktaturen sind austauschbar, Hauptsache, die Würde bleibt auf der Strecke. Ein alter deutscher Sozialdemokrat, von dem man eigentlich Widerspenstigeres erwartet hätte, sagte, dass zusammenwächst, was zusammengehört, und in einem traurigen Sinn hatte er damit recht. Noch trauriger ist, dass der Eintopf noch lange nicht voll ist.

Wir haben einander aus den Augen verloren, das gehört zum Leben. Die einen bleiben, die anderen packen. Wer in die Welt geht, kehrt bekanntlich nie wieder, auch wenn er wiederkehrt, und wer zu Hause bleibt, wird ein Staatsbürger. Zwischen Weltbürgern und Staatsbürgern gibt es keine Wiedervereinigung.

Dass man einander aus den Augen verliert, passiert ja immer wieder. Man steht nebeneinander, der andere sagt etwas, und schon hat man ihn aus den Augen verloren. Oder man sitzt in einem Autobus und verliert die anderen Fahrgäste aus den Augen, bis der Autobus die Böschung hinunterstürzt und alle durcheinanderschreien. Dann erst hat jeder den anderen im Blick, aber dann ist es zu spät geworden.

Es gibt Länder, die aneinander grenzen, in denen man die gleiche Sprache spricht und deren Bevölkerungen einander viel ähnlicher sind als die Sachsen und die Hessen, Nicaragua und Honduras zum Beispiel, oder Marocco und Algerien, oder die USA und Kanada. Aber das sind keine Alternativen, denn das sind keine Deutschen. Patriot müsste man sein.

»Wenn du Familie in Neuseeland hättest«, sage ich zu einem meiner deutschen Freunde, »würdest du dann die Vereinigung mit Neuseeland wollen?«

Mein Freund lacht und antwortet: »Vielleicht.« Dann wird er unvermittelt ernst und fügt hinzu: »Das wirst du nie verstehen.«

DER FLIEGERGENERAL

Ich war verliebt in eine Maid vor vielen Jahren
mit blauen Augen und blonden Haaren.
Sie war vielleicht die grösste Liebe meines Lebens,
jedoch ihr Vater war ein Fliegergeneral.

Sie hatte Grübchen, und ihr Name war Sieglinde.
Sie sprach von Ehe und einem Kinde.
Sie war auch treu wie eine Blume auf dem Felde,
jedoch ihr Vater war ein Fliegergeneral.

Und wenn sich über mir ihr Busen hob und senkte,
dann schien es mir ganz messerscharf,
dass sie zwei Bomben auf mich warf.
Wenn wir im Kino waren, fühlte ich mich im Bunker,
und wenn sie flüsterte, so klang's mir wie ein Funker.

Ich machte Schluss. Es kam zu fürchterlichen Sachen.
Sie musste weinen, ich musste lachen.
Ihr Vater sagte nur: »Sieglinde, weitermachen!«
Denn ach, ihr Vater war ein Fliegergeneral.

MAN SOLL UNS NIE MEHR WIEDER

Man nimmt sich so viel vor.
Man glaubt, man wird Tenor,
und schreit sich schon im Kindergarten heiser.
Mit Tausenden im Chor
verliert man den Humor,
wird lauter und gereizter, doch nicht weiser.
Man hält sich für perfekt.
Das Blut hat man geleckt.
Die Macht, die man besitzt, scheint ganz legal.
So singt man wieder ganz versonnen,
wie versprochen, so zerronnen,
zum zehntausendsten und rückfälligsten Mal:

Man soll uns nie mehr wieder –!
Kind, das verstehst du nicht, man hat ja schon.
Die Fahne hoch und nieder –!
Das ist verboten, doch man weiss davon.
Wir machen keinesfalls mehr –!
Man wartet nur auf unsere Zeit,
doch es ist alles arrangiert,
die Truppen stationiert,
die Presse informiert,
die Wissenschaft bereit.

Die Zeit ist angebrochen –!
Auf Teneriffa hat man's abgeschafft.
Das letzt Wort gesprochen –!
Das neue Drehbuch find ich fabelhaft.
Schickt ein paar Alltagsphrasen
und etwas Opfersinn,
dann wird die Selbstbestimmung abgeblasen,
bis auf den Reingewinn.

Die Liebe räumt das Feld.
Sie kostet zu viel Geld
und wird aus lauter Freundlichkeit gefressen.
Die Leichen sind gestellt.
Das Blut fliesst in die Welt.
Die Menschheit atmet aus und ist vergessen.
Die Fische bleiben stumm.
Herr Jesus lacht sich krumm.
In Texas steht ein einsamer Schakal
und heult in Richtung seines Mondes
noch sein Lied, sein altgewohntes,
zum zehntausendsten und rückfälligsten Mal:

Man soll uns nie mehr wieder –!
Kind, das verstehst du nicht, man hat ja schon.
Die Fahne hoch und nieder –!
Ein altes Bilderbuch erzählt davon.
Wir machen keinesfalls mehr –!
Es kam auch alles viel zu schnell.
Man ging der Sache auf den Grund,
doch jetzt hält man den Mund.
Die Erde ist noch rund,
nur nicht mehr aktuell.

Die Zeit ist angebrochen –!
Auch Teneriffa war ein Bumerang.
Das letzte Wort gesprochen –!
Das neue Drehbuch liegt im Panzerschrank.
Schenkt einen Held den Massen
und zahlt nur fünf Prozent,
dann wird noch heute der Befehl erlassen
für dieses Happy End.
Wer unseren Alltag kennt,
kennt auch das Happy End.

WENN ICH EIN DEUTSCHER WÄR

Wenn ich ein Jude wär,
möcht ich ein deutscher Jude sein
und wäre stolz auf unser Viertes Deutsches Reich.
Wenn ich Franzose wär,
dann möcht ich Deutsch-Franzose sein,
ich wär aus Elsass und aus Lothringen zugleich.
Auch wenn ich Neger wär,
möcht ich ein deutscher Neger sein,
weil mir der Schwarzwald doch so wunderbar gefällt.
Auch Jesus Christus wär ein Deutscher.
Er kam nur zufällig in Israel zur Welt.

Wenn ich ein Deutscher wär,
möcht ich ein deutscher Deutscher sein,
denn nur ein Deutscher weiss, wie deutsch ein Deutscher ist.
Wenn Kommunist ich wär,
ja dann doch wenigstens ein deutscher,
aber Gott sei Dank bin ich kein Kommunist.
Wenn ich der Clinton wär,
dann wär ich lieber Helmut Kohl,
denn nur in diesem unseren Land kann was gedeihen.
Wer heutzutage Politik macht,
der kann charakterlich ja nur ein Deutscher sein.

Jeder Mensch hat eine Heimat.
Durch die Heimat fliesst der Rhein.
Denn ob Teutoburger, Lüneburger, Brandenburger, Rothenburger,
Rhein muss immer sein.
Jeder Mensch hat eine Mutter.
Durch die Mutter fliesst die Spree.
An der Spree da sitzt die Josefin
und hat Heimweh nach Berlin.

Wenn ich ein Mörder wär,
möcht ich ein deutscher Mörder sein,
denn nur ein deutscher Mörder weiss, wofür er killt.
Wenn ich ein Dichter wär,
möcht ich ein deutscher Dichter sein,
denn nur ein deutscher Dichter weiss, warum er brüllt.
Wenn ich ein Wissenschaftler wär
und hätt's Atom in meiner Macht
und wär ein Deutscher, dann gehörte mir die Welt.
Dann könnt ich endlich ruhig schlafen,
und meine Welthauptstadt wär Mannheim-Ludwigshafen.
Ich würde alle Menschen ziemlich hart bestrafen
von der Etsch bis an die Maas bis an den Belt.

WAS DARF DIE SATIRE? ALLES, SAGT TUCHOLSKY

Vor Ihnen liegt eine Satire, die so wahr ist wie jede. Einen Tatsachenroman schreibt man anders, nämlich so: Man nehme drei Esslöffel einer Begebenheit, von der man annimmt, sie sei so passiert, wie man annimmt, dass sie passiert ist, vermenge diese mit zwei Esslöffeln des eigenen Standpunkts, schütte das Ganze in einen Topf und lasse es dreissig Minuten lang schmoren, wobei man alle fünf Minuten zwei Messerspitzen irgendeines Gifts hinzustreut. Dann lasse man die Mischung abkühlen, nehme drei bis fünf Personen aus seinem Bekanntenkreis, verkürze sie, verfremde sie und stelle das Gemisch in einen Backofen, den man mit klingenden Phrasen ausgelegt hat. Das serviere man auf etwa dreihundert Seiten einigen Presseagenturen, und der Erfolg wird nicht ausbleiben.

Wer Erfolg haben will, darf also keine Satire schreiben. Ich hingegen schreibe meine Satire ins Unreine auf die Rückseite eines Briefbogens, auf dem steht:

> STADT NÜRNBERG
> AMT FÜR KULTUR UND FREIZEIT
> ABTEILUNG VERANSTALTUNGEN

Das ist wieder etwas anderes: Man nehme drei Esslöffel »Amt« sowie zwei Esslöffel »Kultur« und schütte das Gemisch in einen Topf. Der Topf wird explodieren, und das »Amt« wird übrigbleiben.

»Amt für Freizeit«: Man gehe nicht auf eine Wiese, man atme nicht tief, man spiele nicht mit Eichhörnchen, wer »Freizeit« will, gehe in dieses »Amt« und hole sich welche.

Die »Abteilung Veranstaltungen« ändert einfach einen Buchstaben und heisst ab sofort: »Abteilung Verunstaltungen«.

Mozart, Goethe und Kant hingegen sassen im Paradies und spielten Karten, um ihren Geist zu töten. Jesus besuchte sie, brachte Kaffee und störte. Trotzdem versuchten die drei, höflich zu bleiben, denn er war schliesslich der Sohn und würde eines Tages alles erben. Widerwärtig, wie er aber war, brachte er das Gespräch sofort auf ein Oratorium, das Mozart komponieren und bei dem er, Jesus, wieder einmal im Mittelpunkt stehen sollte. Mozart weigerte sich, denn er hatte aufgehört zu komponieren und war froh darüber.

So muss man schreiben, wenn man keine Tatsachen hat, denn da muss man sich an die Wahrheit halten, da muss man sich ins Paradies begeben, da muss man sich mit sich selbst zusammenraufen, statt mit anderen, da muss man wissen: Jesus lebt, und bei Kant weiss man nie. Kann man überhaupt etwas Besseres tun, als eine wahre Satire über unverständliche Menschen zu schreiben? »Amt für Kultur«! Dass es noch immer so viele Leute gibt, die sich nicht schämen!

Jede Satire ist eigentlich ein Vorwort. Sie fängt erst an, nachdem sie aufgehört und der Leser begonnen hat nachzudenken. Wenn ich schon jetzt nachdenke, komme ich zu dem Schluss, dass es irgendwo ein riesiges Allgemeinhirn geben muss, das Mozart, Goethe und Kant angezapft und aus dem sie mehr herausgesogen haben müssen, als anderen Sterblichen zusteht. Das wäre mein Vorwort, und das wird sich bis zum Nachwort nicht ändern. Denn dass sie jetzt im Paradies sassen und Karten spielten, ist zwar nicht nachweisbar, aber auch nicht unwahrscheinlich. Nur Realisten, denen der Glaube an ihre Zweifel abhanden gekommen ist, werden darin etwas Kindisches erblicken. Mehr kann ich nicht bieten, und Leute in meinem Alter irren sich nur selten. Ich bin ja schon fast so tot wie Mozart, Goethe und Kant und kann ihnen einiges nachfühlen.

Mozart war also fest entschlossen, nichts mehr zu komponieren. Die Musik in seinem Kopf hatte aufgehört, wie das jedem Toten zusteht, und er hatte seine Ruhe. Und doch war er neugierig geblieben, wie er es immer gewesen war, neugierig auf Wien und was sich dort seit seinem Tod zugetragen hatte. Aber das wusste niemand ausser Jesus, und der schwieg.

»Sag mir wenigstens, wie es Constanze ergangen ist«, bat Mozart.

»Schreibst du mir dann ein Oratorium?« fragte Jesus.

»Nein!« beharrte Mozart.

»Sie hat dich betrogen, wie sie es schon zu deinen Lebzeiten getan hat«, erklärte Jesus boshaft.

Warum sollte Jesus lügen, dachte Mozart, andererseits, warum sollte ausgerechnet Jesus nicht lügen? Es war für Mozart eine Enttäuschung gewesen, Jesus kennenzulernen, nachdem er auf Erden an ihn geglaubt hatte. »Ich biete dir eine Wette an«, sagte er.

»Nämlich?«

»Wenn Constanze mich tatsächlich zu meinen Lebzeiten betrogen hat, schreibe ich dir ein Oratorium, aber wenn nicht, darf ich auf die Erde zurück.«

Jesus zögerte – aber kann man sich einen zögernden Jesus vorstellen? Er wusste doch immer alles, oder haben das die diversen Autoren nur beschönigt? Selbst sein Vater schien ja nicht immer alles zu wissen, sonst würde er sich bei seinen Entscheidungen nicht so viel Zeit lassen. Es kommt immer wieder zu Problemen, wenn man nichts als die Wahrheit schreiben soll. Zögerte Jesus, oder hing er nur seinen Gedanken nach?

Niemand wusste etwas über Constanze Mozarts Liebesaffären, denn solche Lappalien wurden nicht aufgezeichnet. Constanze selbst war nicht auffindbar, sie trieb sich irgendwo herum, machte Urlaub, nicht einmal der Vater erinnerte sich, wohin er sie geweht hatte. Aber Jesus stöberte sie schliesslich bei einem Picknick auf.

»Nie hab ich mein Wolferl betrogen, solang er g'lebt hat«, erklärte sie, »ich hab mir's Handerl halten lassen von einem anderen, der übrigens sehr fesch war, ich hab mir ein paar Mal das Wangerl küssen lassen, ja, da wären viele g'wesen, die gern mehr von mir g'habt hätten, aber mein Wolferl ist mir über alles 'gangen.«

Auch wenn das nicht ganz die Wahrheit war, so glaubte sie doch daran, und wie hätte man ihr das Gegenteil beweisen sollen? Des Menschen Glaube ist sein Himmelreich, und dort war sie ja. Das ist auf Erden nicht anders: Wenn eine Mutter glaubt, sie will nur das Beste für ihre Kinder, obwohl sie nur das Beste für sich selbst will, kann man ihr diesen Glauben nicht nehmen; wenn ein Diktator der Meinung ist, er sei der Vater seines Volkes, wenn ein Richter der Meinung ist, er müsse sich an die herrschenden Gesetze halten, wenn ein Deutscher darauf besteht, dass Juden keine richtigen Deutschen sein können – der Beispiele ist kein Ende, und im Himmelreich müsste man dergleichen perfektioniert haben. Jeder bleibt bei der Meinung, die er für richtig hält, das ist doch das Himmelreich – oder?

Dass Mozart grübelte und keinen Halt fand, ausser in seiner Musik, war schon immer so gewesen. Aber die Musik war verschwunden, und das Grübeln war geblieben. Er spielte Karten, er unterhielt sich mit seinesgleichen, er ging spazieren und betrachtete die sich ständig verändernde Landschaft mit totem Interesse. Es ging Goethe nicht anders, sie waren eben in kein Himmelreich gekommen, wie sie zuerst gedacht hatten, sondern in ein Totenreich. Keiner wusste, was geplant war, alle staksten irgendwo herum und warteten auf – ja worauf? Alle waren schlecht gelaunt, wie jeder vernünftige Mensch. Was wusste man denn? Nichts.

Man hatte auch auf Erden nichts gewusst, aber das war nur wenigen aufgefallen. Man hatte seine fünf Sinne gehabt, eine Rose war rot, ein Geiger fiedelte, ein Kalbsbraten war köstlich, sofern der Koch sein Handwerk verstand. Plötzlich gab es keine Rosen und keine Kalbsbraten mehr, nur tote Menschen. Kant meinte, man sei eben nicht nur im Himmel, sondern auch in der Hölle, und zwischen den beiden bestünde kein Unterschied. Aber das wollten viele nicht wahrhaben, denn wie käme Jesus in die Hölle? Da war man lieber schlecht gelaunt.

Auch Jesus war schlecht gelaunt. Er erregte kein Aufsehen mehr, und er beging dieselben Fehler wie immer, aber jetzt machten ihn seine Apostel darauf aufmerksam, das war nicht mehr wie früher. Ärgerlich klopfte er an die Tür seines Vaters. »Ich habe keine Zeit«, sagte der Vater, »ich habe ja nie Zeit. Jetzt musst du Mozart auf die Erde zurücklassen. Das ist schade, aber er kommt ja wieder. Vorher muss er in die Schule gehen, ich habe schon ein paar Kollegen damit beauftragt.

Aber wenn du noch einmal so eine Dummheit machst, lasse ich dich wieder kreuzigen.«

Jesus brachte also Mozart die frohe Kunde, dass er auf die Erde zurückdürfe, weil Constanze steif und fest behaupte, sie habe ihn nie betrogen. »Ich hab gewusst, wenn es darauf ankommt, wird sie mich nicht im Stich lassen«, frohlockte Mozart.

»Freu dich nicht zu früh!« mahnte Jesus. »Erst musst du in die Schule gehen, und wenn du durchfällst, musst du sitzenbleiben, bis man dich ruft.«

»Bis man mich wohin ruft?« fragte Mozart.

»Das ist nun wirklich ein Geheimnis«, erklärte Jesus.

Es war eine gut ausgeklügelte Schule, in die er Mozart verfrachtete. Mozart musste lernen, wie sich die Sprache seit seiner Zeit verändert hatte, er lernte, dass Wien etwa dreissigmal so groß war wie damals, er hörte mit grossem Interesse, wie sich die Musik entwickelt hatte, er musste durch Schubert, Schumann, Brahms, Mahler, Bartok, Schönberg und Stockhausen, dann kamen die russischen Komponisten dran, dann die französischen und schliesslich die Amerikaner. »Aber mich spielen sie noch immer«, sagte er triumphierend, »leider auch Beethoven, den Schwindler.«

Dann kamen Wissenschaft und Technik, aber die hatte er erwartet, im Gegensatz zu Schönberg. »Kein Wunder, dass die Monarchie untergegangen ist«, erklärte er.

Man zeigte ihm Filme mit Autoverkehr, man führte ihm die neueste Mode vor, man liess ihn an einen Nacktbadestrand, er erlebte Kriege und zerbombte Städte, trank Cocktails, ass Kiwis und schlief auf einer Federkernmatratze, alles so gut wie in gar keiner Zeit, denn die war aufgehoben. Man bläute ihm ein, dass man in zwei Stunden von Wien nach London fliegen, dass man telefonieren, fernsehen und faxen konnte, dass man Musik hörte, ohne die Musiker zu sehen, ja, dass Computer komponieren und Noten schreiben konnten, aber er lernte auch, dass der Mensch selbst sich kaum geändert hatte, nur seine Lebensweise, seine Sprache und seine sportlichen Leistungen. »Ich werde nicht staunen«, versprach er.

Aber natürlich staunte er dann doch. Er hiess jetzt Hans Moll, Jesus zuliebe, weil er ihn traurig gemacht hatte, trug seltsame Kleider, hatte fremdes Geld in der Tasche und mietete ein möbliertes Zimmer in der Mahlerstrasse, nahe der Oper. In seinem Koffer fand er Dinge, mit denen er nichts anzufangen wusste, die Hauswirtin sprach ein unverständliches Wienerisch, und als er auf die Strasse ging, überwältigte ihn der Lärm. Aber er hatte genügend Geld, um längere Zeit nichts anderes zu tun, als sich an das Einundzwanzigste Jahrhundert zu gewöhnen.

Die Welt, die er vorfand, war eine Parodie. Die Musik, die er so leicht und doch so ernst geschrieben hatte, war zur Parodie geworden. Sie hatte nichts mehr mit ihm und nichts mehr mit der Zeit zu tun. Sie parodierte sich selbst. Die Dirigenten, die sie dirigierten, parodierten die Musik und sich selbst. Die Oper, das unzeitgemässe Geträllere, das Orchester, aus dem jede Individualität verbannt war, eine Parodie, ein einziger Militärmarsch, empfand er. Über Parsifal musste er so laut lachen, dass man ihm befahl, die Oper zu verlassen. Dann las er ein Gedicht:

> dunkel schäumen die wellen ans flussufer
> dunkel schäumen die wellen ans flussbett
> auf meinem fetzenkörper
> gefriert der kalte schweiss
> auf meinem rücken
> gefriert der schweiss
> zu starrem film

und er las die Lobeshymnen der Germanisten über Gedichte dieser Art und freute sich über den Humor. Er las sogenannte Erfolgsromane, betrachtete Erfolgsgemälde, sah Erfolgsschauspieler agieren und schüttete sich aus vor Lachen. Aber er wunderte sich auch: Wie konnte man, wie durfte man alles Schöne und Ernste, alles Traurige und Tragische, alles Grausame und Grobe so lächerlich machen und dafür von aller Welt gelobt werden? Würde man dieses parodistische Todesröcheln ins nächste Jahrhundert retten können? Er war verwirrt. Wenn ich jetzt etwas komponieren müsste, dachte er, dann könnte ich es nicht. Immer deutlicher wurde ihm klar, dass er als Komponist in dieser Welt scheitern musste. Eines Tages verzichtete er endgültig darauf, die Noten aufzuschreiben, die in seinem Kopf tanzten, und bewarb sich um eine Anstellung in einer Musikalienhandlung. »Tod und Verzweiflung war sein Lohn«, zitierte er die Zauberflöte.

Selbstverständlich verliebte er sich in die Tochter seines Chefs. Sie hiess unglücklicherweise Alwine und wollte nicht Winnie gerufen werden, man musste Alwine zu ihr sagen. Hübsch war sie nicht, aber das war Mozart ja gewöhnt, und es war auch der Grund, warum Alwine diesem unscheinbaren, ja hässlichen Angestellten ihres Vaters Beachtung schenkte. Sie wusste, dass sie bei ihrem Aussehen keine Verehrer erwarten konnte, und sie war nahezu dreissig Jahre alt. Lieber Hans Moll als gar keinen, sagte sie sich, und von Musik schien er auch etwas zu verstehen.

Es betrübte sie, dass er um keinen Preis Konzerte mit ihr besuchen wollte. Am liebsten führte er sie in ein Kino, wo er dem Film keine Beachtung schenkte und sie so lange streichelte, bis sie bereit war, ein Stundenhotel mit ihm aufzusuchen. Die praktische Einrichtung von Stundenhotels hatte Mozart durch einen Arbeitskollegen erfahren. Im Bett war er heftig und rücksichtslos, aber wenn Alwine sanft und zärtlich wurde, besserte er sich.

Gelegentlich durfte er sie abends in der Wohnung ihrer Eltern besuchen. Sie hatte ihn gefragt, wer sein Lieblingskomponist sei, und er hatte »Mozart« geantwortet, worauf sie für ihn diverse CD's mit Mozartmusik auflegte. Dann sass er immer still neben ihr, hielt ihre Hand und hörte aufmerksam zu, wobei er mehrmals »Saperlot« sagte. Andere Komponisten wollte er nicht hören.

Auch sonst störte sie vieles: Wenn er zur Toilette ging, liess er die Türe hinter sich offen und vergass zu spülen. Aber sie war sicher, dass sie ihm das abgewöhnen könnte, wenn sie erst einmal verheiratet wären. Sie hatte ihn ja auch überzeugen können, jeden Morgen zu duschen, bevor er zur Arbeit kam, und auch ihr Vater hatte mit sofortiger Kündigung gedroht, wenn er den unangenehmen Körpergeruch, den er an seinen ersten Arbeitstagen verbreitete, nicht durch tägliches Duschen beseitigen würde. Also hatte sich Mozart diesem für ihn lästigen Ritual unterzogen.

Alwines Eltern waren trotzdem nicht begeistert von Hans Moll. Er war unhöflich, häufig geistesabwesend und von einem abstossenden Humor, andererseits staunten sie immer wieder über seine Musikalität. Als man einmal eine Klaviersonate von Mozart nicht finden konnte, schrieb er sie aus dem Gedächtnis rasch nieder, und der Computer tat ein übriges. Nach einer knappen Stunde konnte er sie dem Kunden vorlegen. Trotzdem schlug der Vater Alwines Bitte um eine Verlobungsfeier ab. Erst als sie immer wieder darauf beharrte, liess er Mozart in sein Büro kommen.

»Sagen Sie, Herr Moll«, begann er, »wollen Sie ewig ein kleiner Angestellter bleiben?«

»An die Ewigkeit denke ich nicht«, erwiderte Mozart, »es hätte auch keinen Sinn.«

»Ich meine«, sagte der Vater, »Sie verstehen doch viel von Musik. Sie könnten, zum Beispiel, Lehrer werden.«

»Schon wieder?« fragte Mozart.

»Ach, Sie waren Lehrer?«

Mozart korrigierte sich rasch. »Das nicht«, sagte er, »aber es wurde mir schon einmal angeboten, und ich kann Lehrer nicht leiden.«

»Na gut, aber Sie könnten doch versuchen, irgendwo einen Dirigentenposten zu bekommen. Sie haben doch ein so gutes Gedächtnis. Vielleicht könnte ich Ihnen dabei helfen.«

»Saperlot!« meinte Mozart.

»Haben Sie je versucht, etwas zu komponieren?«

»Schon!« sagte Mozart. »Ich habe es versucht.«

»Und was ist dabei herausgekommen?«

»Nicht viel«, erzählte Mozart, »die guten Aufträge haben meistens die anderen bekommen.«

Das Gespräch führte zu nichts. Mozart blieb schroff und weigerte sich, sein gegenwärtiges Leben zu ändern. Alwines Vater wurde klar, dass er anders vorgehen musste. Er beauftragte einen Detektiven, Hans Molls Vergangenheit zu überprüfen. Wahrscheinlich hat er Schuldgefühle, dachte er, vielleicht war er eingesperrt und will darüber nicht reden. Aber sechs Wochen später kam der Detektiv unverrichteter Dinge zurück. »Einen Hans Moll gibt es nicht«, erklärte er.

»Was soll das heissen!« brauste Alwines Vater auf. »Er ist doch bei mir angestellt.«

»Dann hat er Ihnen einen falschen Namen gegeben«, erklärte der Detektiv.

»Aha!«

»Ich könnte ihn fotografieren und schauen, ob er irgendwo steckbrieflich gesucht wird.«

»Gute Idee!«

»Nein, es ist keine gute Idee, denn ich habe es bereits getan, und es hat nichts gebracht. Es gibt ein paar verstreute Familien, die Moll heissen, da habe ich jedes Familienmitglied registriert, aber Ihr Angestellter war nicht darunter.«

»Vielleicht ausserhalb Österreichs.«

Der Detektiv sah den Musikalienhändler mitleidig an. »Unsere Agentur besitzt Mittelmänner auf der ganzen Welt. Ich kann Ihnen mit absoluter Sicherheit sagen, dass Ihr Hans Moll nicht existiert, auch nicht unter einem anderen Namen. Ein genauer Bericht wird Ihnen mit der Rechnung zugestellt.«

Also versuchte der besorgte Vater noch einmal, Mozart persönlich zu verhören. »Wer waren denn Ihre Eltern?« fragte er freundlich.

»Ich bin ein Findelkind«, sagte Mozart, »ich habe meine Eltern nicht gekannt.« Allmählich machte ihm die Sache Spass.

»Wo wurden Sie denn gefunden?«

»Keine Ahnung«, antwortete Mozart, »ich war damals zu jung.«

»Machen Sie Ihre Witze anderswo!« erregte sich der Vater. »Sie glauben doch nicht, dass ich meine einzige Tochter jemandem zur Frau gebe, der nicht sagen will, woher er kommt und wie er heisst.«

»Saperlot«, meinte Mozart, »dann heirate ich Alwine eben nicht. Ich habe schon ganz andere Frauen nicht geheiratet.«

Aber als Alwine weinte, wurde er weich. »Es muss dir doch genügen, dass ich Hans Moll heisse und dich lieb habe«, sagte er.

»Mir schon«, heulte Alwine, »aber meinem Vater nicht. Und ohne meinen Vater kann ich dich nicht heiraten. Das bringe ich nicht übers Herz, ganz zu schweigen von den materiellen Schwierigkeiten. Wovon sollen wir denn leben, wenn du nicht einmal unbeaufsichtigt auf die Toilette gehen kannst!«

»Ja so«, sagte Mozart.

»Du hast irgendein Geheimnis, das du uns nicht sagen willst. Aber mir könntest du es doch sagen. Ich würde es meinem Vater nicht verraten.«

»Gut, ich gebe zu, dass ich nicht wirklich Hans Moll heisse. Aber andererseits heisse ich doch Hans Moll. Es ist eine verzwickte Sache.«

»Und?« fragte Alwine neugierig. Kannst du mit mir über verzwickte Sachen nicht reden?«

»Saperlot«, erklärte Mozart, »reden kann ich schon, aber du wirst mir nicht glauben.

Also: Ich heisse Wolfgang Amadée Mozart.«

»Ach! Und warum kannst du das niemandem sagen?«

»Weil – weil man mich auslachen würde. Weil mir niemand glauben würde.«

»Aber warum sollst du nicht Mozart heissen?«

»Ich heisse nicht nur Mozart, ich bin Mozart. Ich sehe doch auch aus wie Mozart. Da brauchst du doch nur eine dieser dummen Mozartkugeln anzusehen.«

»Du siehst überhaupt nicht aus wie Mozart«, entschied Alwine, »du siehst total anders aus. Mozart war ein kleiner herziger Bub, den die Kaiserin Maria Theresia umarmt und geküsst hat. Und du?« Sie fing an zu lachen. »Du siehst aus wie Hans Moll, ein kleiner unscheinbarer Mann, der älter aussieht als er sollte, lieb, aber durchschnittlich, musikalisch, aber unbedarft, frech, aber ungefährlich, einfach ein Hans Moll, aber doch kein Wolfgang Amadeus Mozart. Mozart! Das ich nicht lache!«

»Ich heisse aber nicht Hans Moll, ich heisse Mozart!« sagte Mozart ärgerlich.

»Ja, ja, ich verstehe schon, dass du dich genierst, das zu sagen. Aber das hast du nicht nötig. Man kann ruhig Mozart heissen, ohne Mozart zu sein. Niemand wird dich mit dem Genie Mozart vergleichen wollen.«

»Du verstehst mich immer noch nicht«, fauchte Mozart ungeduldig, »ich bin Mozart. Ich bin mit Hilfe von Jesus Christus auf die Erde zurückgekommen.«

Das verschlug Alwine die Sprache. Sie starrte ihn nur an und schüttelte den Kopf. Dann zog sie ihr Taschentuch heraus, wischte sich die Tränen aus den Augen und bat: »Bring mich bitte sofort nach Hause!«

Am nächsten Tag wurde Mozart entlassen und erhielt ein zusätzliches Monatsgehalt als Überbrückungshilfe. Alwines Vater war sehr freundlich zu ihm. »Das mit

Alwine wäre sowieso nichts geworden«, erklärte er und reichte ihm die Hand, »ich wünsche Ihnen alles Gute.« Alwine selbst blieb verschwunden.

Nun hatte natürlich Mozart mittlerweile auch einige andere Freundschaften geschlossen, insbesondere hatte sich eine herzliche Beziehung zu einem jungen erfolglosen Komponisten namens Peter Schürkopf entwickelt, den Mozart für hochbegabt hielt. Ausserdem war Schürkopf Freimaurer und wollte Mozart in seine Loge einführen. Aber bevor es dazu kam, geschah etwas Aussergewöhnliches.

Es ist vielleicht nicht allgemein bekannt, dass Genies keine wirklichen Freunde haben. Auch Mozart hatte nie welche gehabt. Es gab Leute, die sich für seine Freunde hielten, es gab Freimaurer, die ihn »Bruder« nannten, es gab Menschen, die ihm halfen, aber es gehört ja gerade zum Wesen eines Genies, dass es allein bleibt. Ein Genie lebt in einer Welt, zu der andere keinen Zutritt haben, wohingegen das Wesen jeder Freundschaft darin besteht, dass man mit dem Freund teilt, was man erlebt. Goethe hatte keine Freunde, was nicht ausschliesst, dass ihn manche Leute, zum Beispiel Schiller, für ihren Freund hielten. Auch Kant begnügte sich mit Diskussionspartnern und Dienern. Zu seinen Lebzeiten hätte Mozart vehement widersprochen, wenn man ihm gesagt hätte, dass er keine Freunde habe. Aber nun, da er tot war, begann er darüber nachzudenken.

Im sogenannten Paradies hatte Goethe zuerst Bezug darauf genommen. »Es gab Leute, die ich benützen konnte«, hatte er gesagt, »und es gab Leute, die mir nützen konnten, das waren meine Freunde. Denn was man so Freundschaft nennt, ist recht eigentlich etwas Verächtliches. Was tut man mit Freunden? Man bespricht seine Liebschaften, seine Geschäfte und gelegentlich seine Sorgen. Alles plätschert an der Oberfläche dahin, und dann geht jeder seines Weges. Meine Freunde hören zu, wenn ich rede, und ich höre zu, wenn sie reden, das ist alles. Ja, der Pöbel muss Freunde haben, er kann sich nicht selbst bestätigen. Der Dummkopf fühlt sich miserabel, wenn er nicht mit einem Freund trinken und ihm allerlei erzählen kann, was sein schwaches Hirn bewegt. Aber wer ein Mann ist, hat einige gute Bekannte und natürlich jede Menge Feinde.«

Mozart war damals ein Licht aufgegangen, und jetzt erinnerte er sich daran. Was hatte ihn zurück ins Leben getrieben? War es blosse Neugier gewesen? Am liebsten wäre er sofort wieder tot gewesen, aber das ging nicht. Er hatte fest versprechen müssen, nie Hand an sich zu legen, und das bereute er nun. Die Welt langweilte ihn. Keine Musik irgendwo, bloss Lärm, der den Leuten die Ohren verstopfte.

Nur bei seinem jungen Freund, dem Komponisten Schürkopf, fühlte er sich einigermassen wohl. Alles, was sie trieben, war Musik, einmal ernst, einmal heiter, aber immer allumfassend und unerschütterlich. Meistens kam Schürkopf aus dem Staunen nicht heraus. »Wie machst du das nur?« fragte er. »Du findest Fehler, die man vorher nicht gesehen hat, du kommst auf Lösungen, die niemand entdecken würde. Du bist ein Genie. Hat dir das noch niemand gesagt?«

»Nein«, meinte Mozart, »das hat mir noch niemand gesagt.«

Und eines Tages, als sie völlig ausser sich waren vor Freude über ihre Musik, konnte er nicht länger an sich halten und erzählte Schürkopf die Wahrheit. Schürkopf war sofort überzeugt. »Natürlich«, sagte er, »das ist die einzige Erklärung, die richtig sein muss. Aber wer wird sie glauben?«

»Niemand«, antwortete Mozart, »die Zeit der Märchen und Fabeln ist sicher vorüber. ›Zauberei‹ ist ein dummes Wort geworden. Skepsis ist heute in Mode.«

»Dabei wäre es das grösste Glück, wenn man dir glauben würde. Aber erzähl es wenigstens mir: Was geschieht, nachdem man gestorben ist?«

»Ich kann dir nur von mir selbst erzählen«, berichtete Mozart, »ich habe gute Gesellschaft, Goethe und Kant zum Beispiel. Wir unterhalten uns, wir gehen spazieren, wir spielen Karten. Aber vor allem warten wir darauf, dass etwas geschieht, und bisher ist nichts geschehen. Dabei müssen wir schon ein paar hundert Jahre dort sein. Das merken wir aber nicht.«

»Das Leben ist also nicht zu Ende nach dem Tod?«

»Das Leben vielleicht schon«, sagte Mozart, »aber das Leben, so wie wir es verstehen, ist ja nicht alles.«

»Ich werde mich erschiessen«, erklärte Schürkopf, »mein Leben freut mich nicht, und da ich nun weiss, dass ich wieder aufwache, kann mir nichts passieren.«

»Tu das nicht!« mahnte Mozart. »Ich kann dir das, was ich nach meinem Tod erlebt habe, nicht empfehlen. Wir sind nicht sehr glücklich, denn wir haben ja kein Ziel und keine Zukunft. Ich habe sogar aufgehört zu komponieren. Erst jetzt, erst hier auf der Erde, könnte ich mir vorstellen, dass ich vielleicht wieder damit anfange. Dort spreche ich zwar mit Goethe und Kant, aber das bringt nichts, weil sie so tot sind wie ich. Ausserdem habe ich keine Ahnung, wo sich meine Frau herumtreibt, die ja auch tot sein müsste, und niemand sagt es mir. Hinter all dem steckt etwas, aber für uns ist es unfasslich und unerklärlich.«

»Du sprichst mit Goethe und Kant?«

»Ja, aber hast du eine Ahnung, wie langweilig die sind, wenn sie keine Gesellschaft haben, keine Menschen mehr sind?«

»Nichts kann schlimmer sein, als die Welt, die ich kenne«, erklärte Schürkopf. »Mozart kommt zurück, und niemand glaubt es. Wenn das kein Grund ist, sich umzubringen!«

Er rannte zu seinem Schreibtisch, holte einen Revolver aus der Lade und fuchtelte damit herum. »Was ist das?« fragte Mozart.

»Das ist ein Revolver.«

»Ach ja«, sagte Mozart, »ich erinnere mich.«

»Hast du mir auch die Wahrheit erzählt?« erkundigte sich Schürkopf.

»Natürlich«, bestätigte Mozart, »ich schwöre es dir beim Tod von Johann Sebastian Bach.«

»Ist der auch dort?«

»Ich habe ihn kurz kennengelernt. Auch er komponiert nicht mehr. Niemand komponiert. Du solltest dir deinen Tod überlegen.«

»Da gibt es nichts zu überlegen«, erregte sich Schürkopf, »ich werde nie so ein Genie sein wie du, und ich will die Antwort wissen.«

»Kein Mensch weiss die Antwort«, sagte Mozart, »warum komponieren wir? Ich weiss es nicht. Warum haben wir dort aufgehört zu komponieren? Das weiss ich auch nicht. Jesus versucht zwar immer wieder, mich zum Komponieren zu bewegen, aber ich habe keine Ahnung warum. Vielleicht ist er nur ein kindischer Trotzkopf. Offensichtlich ist alles, was auf Erden geschieht, ein Vorstadium, vielleicht eine Satire dessen, was uns noch erwartet.«

»Du hast recht«, meinte Schürkopf, »das Leben ist eine Satire, und Satiren sind grausam. Höchste Zeit, dass ich die Realität suche.«

»Ohne zu wissen, wie sie aussieht?« fragte Mozart. »Vielleicht ist die Satire ein Segen und die Wirklichkeit ein Fluch, vor dem uns Gott so lange wie möglich bewahren will. Man hat mir ausdrücklich verboten, mich umzubringen.«

»Aber mir nicht!« rief Schürkopf. »Womit soll ich mich trösten? Mozart stirbt verarmt und unbeachtet, nach zweihundert Jahren kommt er wieder und muss wieder unbeachtet sterben. Warum sollte ich in so einer Welt länger leben als unbedingt nötig? Es muss doch etwas Besseres geben. Wenn sich in zweihundert Jahren nichts geändert hat, ausser dass man auf den Mond fliegen kann, wird sich auch nichts ändern, bis ich eines natürlichen Todes sterbe.«

»Saperlot«, sagte Mozart, »du kannst vielleicht logisch sein! Aber ich glaube nicht, dass Logik der Sinn unseres Daseins ist.«

»Was ist dann der Sinn?«

»Vielleicht nur die Sehnsucht nach dem Sinn.«

»Und die Musik?«

»Ja so«, meinte Mozart, »die Musik ist natürlich ein Rätsel wie alles andere.«

In diesem Moment schoss sich Schürkopf in die Stirn und fiel zu Boden. Mozart erschrak heftig, aber er lief nicht davon, sondern beugte sich zu dem Sterbenden hinunter und sagte: »Du bist ein Narr, aber vielleicht hast du dadurch irgendwelche Vorteile. Ich habe ja leider den Vater von Jesus nie kennengelernt, aber ich glaube nicht, dass er auf Musik besonderen Wert legt. Musik ist so menschlich wie alles andere.« Er nahm dem Toten den Revolver aus der Hand, betrachtete ihn und fragte: »Warum musste das erfunden werden? Das wissen wir auch nicht.«

Nach einer Weile wurde heftig an die Tür gepocht, und da sie offen war, kam eine Nachbarin herein, sah den toten Schürkopf, daneben Mozart mit dem Revolver in der Hand, schrie laut auf und rannte davon. Mozart blickte ihr entgeistert nach. Schreien können sie, wenn es zu spät ist, dachte er, das war schon immer so.

Der Richter, dem Mozart letztlich vorgeführt wurde, konnte mit ihm nichts anfangen. »Sie sagen also, Sie haben Ihren Freund nicht erschossen?« fragte er ungeduldig.

»Nein«, antwortete Mozart, »er hat sich selbst erschossen.«

»Und warum?«

»Er war unzufrieden mit seinem Leben.«

»Und sie behaupten nach wie vor, Wolfgang Amadeus Mozart zu sein?«

»Ich bin, wer ich bin. Wolfgang Amadée Mozart.«

»Sie sind also nicht im Jahr 1791 gestorben?«

»Doch!« sagte Mozart überrascht. »Woher wissen Sie das?«

Daraufhin beendete der Richter das Verfahren und ordnete die Überführung Mozarts in eine geschlossene psychiatrische Anstalt an. Der Arzt, dem Mozart dort vorgeführt wurde, war jung und kratzbürstig. »Wir werden Sie wohl eine Weile hier behalten müssen, bis Sie zur Räson kommen«, meinte er. »Na ja, Herr Wolfgang Amadeus Mozart, wir haben auch einen hier, der sich für Goethe hält, und noch einen, der behauptet, er sei der Philosoph Immanuel Kant. Sie sind also in guter Gesellschaft.«

»Das freut mich«, sagte Mozart.

»Wie Sie wollen«, erklärte der Arzt, »aber ich persönlich halte Sie für einen Simulanten. Warum bleiben Sie eigentlich nicht bei der Wahrheit?«

»Ach wissen Sie«, erwiderte Mozart, »ich hätte natürlich auch Hans Moll heissen können, dann hätte ich die Tochter eines Musikalienhändlers geheiratet und ein bürgerliches Leben geführt. Aber auch das wäre nicht die Wahrheit gewesen. Verstehen Sie, was ich meine?«

»Nein«, sagte der Wissenschaftler, »aber ich verstehe vieles nicht. Das bringt mich trotzdem nicht aus der Ruhe.«

DAS BESTE

Das Beste ist: Ich weiss nicht, ob ich tot bin.
Das Leben scheint mir jedenfalls sehr lange her.
Ich glaub, dass ich in irgendeinem Boot bin,
und wenn ich's lenke, lachen alle sehr.
Am Horizont sind traumhaft schöne Feste,
ich bin allein und habe kein Gewicht.
Und wie gesagt, ich finde es das Beste,
dass ich nicht weiss, ob ich schon tot bin oder nicht.

Die Welt ist weit, viel weiter, als ich sehen kann,
der Himmel nah und ausserdem besonders blau.
Ich glaube kaum, dass irgendwas geschehen kann.
Was schon geschah, war auch nicht sehr genau.
Ich war ein Gast und hatte keine Gäste.
Und was ich sprach, war niemals ein Gedicht.
Und darum ist's für mich bestimmt das Beste,
dass ich nicht weiss, ob ich schon tot bin oder nicht.

Es gibt ein Mädchen bei den alten Bäumen,
die seh ich jeden Tag an mir vorübergehen.
Wenn ich ihr folgte, müsste ich mich verträumen
und würde plötzlich vor mir selber stehen.
Dann sähe ich mich mit arg befleckter Weste,
stünde voll Scham vorm eigenen Gericht,
ich sähe Schmutz in meinem eigenen Neste,
den bösen Blick im eigenen Gesicht.
Das darf nicht sein! Und drum ist es das Beste,
dass ich nicht weiss, ob ich schon tot bin oder nicht.

ZUFALL AUF DEN WIESEN

Man traf sich durch Zufall auf den Wiesen,
bei Regen im Saal
vom vorigen Mal,
und spielte mit ersehnten Paradiesen,
verlor eine wunderbare Zeit.

Der Sturm war geteilt in leichte Brisen,
und du warst bei mir
am zweiten Klavier,
umgeben von Doktoren und Marquisen,
so pflaumenweich und lügenreich.

Am Rande sang ein Kolibri,
die Stirn umwölkt von Crêpe de Chine.
Ein Käuzchen schrie, und irgendwie
verblühte viel zu viel Jasmin.

So kurz war der Zufall auf den Wiesen.
Im Schweigen nach vier
war niemand mehr hier.
Es roch noch nach Libellen und Luisen.
Doch weit war das Wort.
Die Sonne sprang fort.
Man las noch einen allerletzten Brief
und schlief und schlief und schlief.

DIE GEWOHNHEIT

Man hat sich so viel angewöhnt,
das man sich leider nicht mehr abgewöhnen kann.
Man hat sich an den Mann gewöhnt,
den man im Spiegel sieht, und lacht ihn täglich an.
Man hat sich an sein Hirn gewöhnt,
an seine Stirn gewöhnt,
an sein Talent,
und fragt sich kaum noch, wie man's früher tat,
ob man sich selber sich je abgewöhnen könnt'.

Man hat sich an die Frau gewöhnt,
die sich an sich gewöhnt hat, leider nicht an mich.
Man hat sich an den Bau gewöhnt,
der unsre Welt erklärt, und lässt ihn nie im Stich.
Man hat sich an die Zeit gewöhnt,
an seinen Neid gewöhnt
als stillen Begleiter,
und fragt sich kaum noch, wie man's früher tat,
»Wie wird es weitergehen?«, denn es geht weiter.

Und wenn es nicht mehr weitergeht?
Wenn nur der Tod noch kommt? Was macht man dann?
Dann stellt man fest: Das Leben ist so herrlich eingerichtet,
dass sich der Mensch leicht an den Tod gewöhnen kann.
Und täglich hört man immer wieder Leute stöhnen:
»Wie hört man auf zu rauchen?« – wenn man raucht.
Man müsste sich das Nichtgewöhntsein angewöhnen.
Das wäre endlich die Gewohnheit, die man braucht.

DIE TRÄNEN DES BARONS VON FELSENSTEIN

Weit, in einem überwucherten Land,
rat, was ich dort zufällig fand:
Die Tränen des Barons von Felsenstein.
Anspruchslos, unerkannt,

fliessen sie in einen schweigenden See,
fallen niemand auf, tun niemand weh,
die Tränen des Barons von Felsenstein,
schon seit eh und je.

Hier besitzt er acht Fabriken
und ein Haus voll Domestiken,
hält sich Vieh, Industrie,
aber weinen tut er nie.

Weinen lässt er Prokuristen,
Spezialisten, die zum Weinen schon geboren sind.
Er glaubt ans Telefon,
an Zucht, an Religion,
und sagt manchmal zu seinem kleinen Sohn
in wasserdichtem Ton:
»Schon Opa war Baron!«

Dort, in jenem überwucherten Land,
fliessen sie fort, seltsam konstant,
die Tränen des Barons von Felsenstein,
wie ein Silberband.

Sie glitzern kristallinisch klar im Widerschein des Lichts,
und sie nützen nichts.

ICH HÄTTE NIEMALS GEDACHT, DASS DU ZU SPÄT KOMMST

Ich hätte niemals gedacht, dass du zu spät kommst
zu deinem eigenen Begräbnis heute Früh.
Wir alle standen dumm herum im Kreise
mit einem Schmerzgesicht,
und nur dein Sarg kam nicht.

Dass du zu spät kamst zur Hochzeit war verständlich.
Dein ganzes Leben lang tatest du mir leid.
Aber zu spät zum eigenen Begräbnis
ist eine ekelhafte Rücksichtslosigkeit.

Wie lange soll die Witwe stehen und weinen?
Hört sie zu weinen auf, sind alle bös.
Es waren auch Kinder da, sogar die deinen.
Der Pfarrer mümmelte.
Das Glöckchen bimmelte.

Ich hätte niemals gedacht, dass du zu spät kommst.
Ich stand ganz sinnlos dort herum und hatte Durst.
Dabei wirst du den ganzen Weg getragen.
Und dass es regnete, war dir natürlich wurst.

Der Pfarrer sprach von dir und deinesgleichen.
Ich hörte zu und glaubte ihm kein Wort.
Du gehst als Leiche auch noch über Leichen.
Der Chor sang Gloria,
und du warst noch nicht da.

Ich hatte plötzlich Angst, du seiest am Leben
und kämest lachend des Wegs gesund und stark.
Der Schrecken fuhr mir durch alle meine Glieder.
Ich schuld dir schliesslich noch immer hundert Mark.
Doch dann kam endlich die allgemeine Erleichterung:
Sechs Männer trugen traurig deinen Sarg.

ALTERSWEISHEIT

Altersweisheit, vermischt mit Lungenemphysem, löst sich im Nirgendwo auf. Das Verdienst der jungen Wilden ist, dass sie sich trauen, und wer sich traut, stimmt. Wir Alten trauen uns nicht einmal zu sterben. Es gibt Lüfte und Wässerchen, die wir uns leisten, dort liegen wir und schimpfen. Wäre es doch anders gekommen! Man setzt nicht fort, was wir angefangen haben. Der Fortschritt ist rohrkrepiert.

Wir können uns nicht helfen, wohin sollten wir auch? Das Gedächtnis kommt verkleidet wieder, und wir lachen, bis wir daran ersticken. Auch der alte kroatische Bauer hat schon immer geahnt, was er zu spät erlebt. Es ist keine Rache wert, denn der Unsinn ist zu stark verbreitet. Man würde sich abwenden, wenn man nicht wüsste, dass man schon am Horizont angelangt ist. Nicht Verbitterung fühlt man, denn man nimmt uns ja mit. Wir dürfen überall hingehen, man verlangt nur, dass wir staunen.

Gerne lügend, geben wir zu, dass wir mit unseren verkalkten Hirnen das Neue nicht begreifen. Noch lieber geben wir zu, dass wir in einer anderen Welt leben. Nur ein Mythos berichtet, dass Herkules den Stall des Augias gesäubert hat, in Wahrheit dürfte er das Weite gesucht haben. Wir suchen nicht das Weite, wir suchen die Weite, aber wir finden sie nicht.

Dabei haben wir uns Mühe gegeben. Busfahrer hätte man werden sollen, dann hätte man Rückenschmerzen statt vergeblicher Mühe. Wer bestimmt eigentlich, was modern ist? Wer verurteilt das gute Leben zur Unmodernität? Nicht die Kaufleute, nicht die Medien, es dürfte wieder einmal ein Mythos sein. Während des Zweiten Weltkrieges kam ich einmal in ein Dorf in England, an dem der Krieg vorbeiging. Anders als in London, gab es frische Milch, frische Eier, frisches Fleisch, und es gab eine Dorfzeitung, in der kein Wort vom Krieg stand. Man soll aber alten Märchen nicht nachtrauern.

Es gibt ja auch moderne Märchen, den Fortschritt zum Beispiel. Es gibt das Märchen, dass man seiner Zeit nicht ausweichen kann, das Märchen vom Reich des Bösen, dem Kommunismus, der jetzt im Sterben liegt, das Märchen, dass niemand zurück ins Mittelalter will, vor allem die Kinder nicht, lauter grimme Gebrüder Märchen. Die liest uns Grossmutter jeden Abend beim Licht der Glotze vor.

Die meisten Briefe fangen mit »Sehr geehrter« an. Wir schlucken den Überschuss, schreiben zurück, aber die Antwort bleibt aus. Im Sommer besucht uns das Wunder einer Biene im Zimmer, im Winter das Wunder einer Schneeflocke. Wir fühlen uns jung, Bienen müssen wesentlich älter sein. Wir beneiden niemanden, nicht einmal uns selbst, das wäre zu anstrengend. Muss man denn mithelfen? Die Sonne geht bekanntlich auch ohne unsere Hilfe auf.

Es gibt Unnötiges, das es früher nicht gegeben hat, und Nötiges, das es nicht mehr gibt, aber das Meiste hat es schon immer gegeben. Die Läden sind leer, die Menschen auch. Nur sehr selten flattert ein hungriges Gesicht vorüber, vielleicht sollte man dafür dankbar sein. Wie ist es so gekommen? Es müsste doch viel länger gedauert haben. Man kann ebensowenig alles vertonen, wie man alles sagen kann, Herr Wittgenstein. Man kann auch nicht alles malen, aber die jungen Leute meinen, man könne alles malen, auch das Schwarze. Mit der Zeit verliert man die Absicht. Das Herz wird jung und müde, die Beine werden vorsichtig. Man steigt nicht mehr hinauf, man will hinunter.

ICH BIN BEREIT FÜR DICH, LIESELOTTE

Ich bin bereit für dich, Lieselotte.
Schonungslos nimm mich mit,
nütz mich aus, krieg mich klein, schaff mich ab!
Ich hab Karten gelöst, Zimmer bestellt, Koffer gepackt.

Ich bin bereit für dich, Lieselotte.
Flieg mit mir in die Nacht,
in den Traum, in den Rausch, in das Nichts,
wo die Zukunftsmusik glaubwürdig wird bis zum Nimmerleinstag.

Red nicht mit mir, lieb mich!
Schau mich womöglich nicht an!
Sei mir die äusserste Unfasslichkeit,
die sich bewahrheiten kann.

Ich bin bereit für dich, Lieselotte.
Ohne Scham und Vernunft,
exaltiert wie ein triebhafter Knecht, neble ich mich ein,
um bei dir zu sein.

Eins bleibt bestehen: Sehnsucht.
Sonst ist die Welt Theorie.
Sehnsucht nach dir kriegen alle am Schluss,
eine Art Generalamnestie.

Ich bin bereit für dich, Lieselotte.
Du verzeih meine Hast,
meine Gier, meine Taktlosigkeit! Ich bin eigentlich
nur bereit für dich.

ICH HAB DICH LIEB

Die Muskelprotze grinsen auf der Wiese,
die Wedekinder träumen sich ins Licht,
die Schaukelpferde grasen in der Brise,
die Gänseriche singen ein Gedicht,
ein Habakuckuck zählt die alten Witze
und lacht nach jedem Witz, als wär er toll.
Ich sitze vor der Tür auf meinem Sitze
und seh nur das, was ich nicht sehen soll.

Da spürt man doch und weiss es auch:
Es hat was nicht geklappt.
Da regt sich was im Unterbauch
und man hat es nicht gehabt.
Da gibt man sich den Gnadenstoss,
weil etwas unterblieb.
Und jemand fragt: Was ist denn los?
Und man sagt: Ich hab dich lieb.

Die Kirschen sind so glücklich, weil sie stumm sind.
Sie können nicht erzählen, wer sie frisst.
Die Schwiegertöchter lachen, weil sie dumm sind,
und ich lach mit, weil's nicht zum Lachen ist.
Das Lachen pflanzt sich fort und wird erbittert.
Die Schneckenkinder flüchten in ihr Haus.
Wir sind in irgendwas hineingeschlittert,
dort sitzen wir und können nicht hinaus.

Da spürt man's wieder fürchterlich:
Es hat was nicht geklappt.
Man sitzt auf seinem Federstrich
und man hat was nicht gehabt.
Der Gott, der mit dir Schlitten fuhr,
ist bestenfalls ein Dieb.
Und jemand fragt: Was hast du nur?
Und man sagt: Ich hab dich lieb.

Das Ganze ist ein Missklang voller Träume,
der träge in die Rumpelkammer fliesst.
Wir Affen klettern fröhlich in die Bäume
und warten, bis man uns hinunterschiesst.
Wir fressen die vorhandenen Bananen,
und jeder lobt die Leistung seines Munds.
Wir ahnen nichts von toten Karawanen,
und diese wieder ahnen nichts von uns.

Jetzt spürt man erst, wie spät es wird,
zu spät, dass etwas klappt.
Das Datum stimmt, der Wecker klirrt,
und man hat was nicht gehabt.
Wer bin ich denn? Was mach ich hier?
Worin liegt mein Prinzip?
Und jemand fragt: Was wünschst du dir?
Und man sagt: Ich hab dich lieb.

WIEGENLIED

Schlafe, schlafe ein mein Kind!
Sieh, die schöne Nacht beginnt,
und die ganze Welt geht nun zur Ruh.
Alles in die Betten kroch.
Kaum sieht man die Sterne noch.
Schliess auch die Augen zu
und dreh dich brav mit dem Kopf zur Wand!
Den zweiten Kopf gib in meine Hand!
Den dritten leg ich dann sacht,
so dass dein Geweih nicht sticht.
Ach, verlier die Hoffnung nicht!
Dein treuer Vater wacht.

Halte deinen Schlaf recht fest!
Träume, was sich träumen lässt,
so als hätte niemand was gewusst!
Falte deine Wollfrisur!
Wickle deine Nabelschnur
ums Horn auf deiner Brust!
Ich binde dir deinen Zwischenraum,
dann liegt er ruhig und rührt sich kaum
und leuchtet in einsamer Pracht.
Und dein kleiner Hasenlauf
hört sogar zu bluten auf.
Dein treuer Vater wacht.

Schlafe, schlafe lang und tief!
Halte deine Borsten schief,
dann kann man die Grübchen deutlich sehen.
Wenn du dich in Tränen tauchst
oder deinen Rauch verhauchst,
mein Kind, wie bist du schön!
Dann lächelst du mir das Herz entzwei
und drückst mich heftig und schnaubst dabei
und winselst hinaus in die Nacht,
so dass ich dich lang und still
immer wieder küssen will.
Dein treuer Vater wacht.

DIE SCHÖNE BRUNHILDE

Ein Altphilologe auf Spuren der Liebe
sah wandelnd im Garten Brunhilde von Brentano.
Der Altphilologe beschloss, sie zu lieben,
aber erst seinen Bruch auszukurieren.

Brunhilde indessen hatte andere Sorgen.
Sie war nämlich schwanger. Von wem, war ihr entgangen.
Die täglichen Pflichten, die Arbeit im Brauhaus,
und die Mutter war krank in Paris.

Frühling war wieder im Lande.
Die Vöglein sprangen überall umher.
Fromm ging der Bauer zur Andacht.
Der Krieg war aus.

Und diese Geschichte bestätigt die Regel:
Die Jungfrauen in Deutschland sind schwangerer als andere.
Und Altphilologen sind wackere Burschen.
Und wer Glück hat, kriegt beide umsonst.

Lachen auch Sie, wenn der Vater
die Lügen aus Amerika erzählt?
Weinen auch Sie im Theater
beim Happy End?

Die schöne Brunhilde ist abends im Fernsehen.
Jetzt ist sie schon schwanger seit Neunzehnhundertsechzig.
Sie kuschelt im Erker.
Die Russen sind stärker.
Dem Saturn gehen die Monde nicht aus.
Ja, die Welt ist ein einsames Haus.

DIE ZUKUNFT

Man hat sich zwar gedacht, man weiss, ja, ja,
doch plötzlich über Nacht war irgendetwas da.
Vielleicht war man nur älter und ohnedies dumm,
vielleicht war nur die Wiese nass,
vielleicht war nur, ich weiss nicht was.

Die Zeit ist so wie du, vorbei, hinauf,
man hat einmal gehofft – wieso, warum, worauf?
Falls irgendwo noch Kinder sind, Dichtergenies,
bedeckt sie mit dem Leichentuch und faxt sie nach Paris.

Die Welt schaut so senil herum, und ich fühl mich so frisch.
Der liebe Gott hat Schluss gemacht und deckt den Tisch.
Es fehlt nur noch das Wie und ausserdem noch der
und ein bestimmtes Wort – wo nehm ich das nur her?

Ich nehm es nicht mehr her, ich lass es sein.
Wer setzt sich schon zur Wehr tagaus, tagein?
Vielleicht gibt es ein Lied davon, aber wer schreibt's?
Man hat es sich gedacht und dabei bleibt's.

Der Mensch hat sich was vorgestellt, und das besagt ja nichts.
Er schlug dem Fass den Boden aus und nun zerbricht's.
Die Flüssigkeit rinnt aus, die Krankenschwester wacht,
die Sonne kommt und geht, man hat es sich gedacht.

Man hat es sich gedacht und nichts getan.
Man hat sogar gelacht mit allerletztem Zahn.
Man trank sich die Courage an, hielt sich für klug
und hat es sich gedacht, das war genug.
Man sass in einem Fliederbusch voller Gemüt,
dabei ist dieser Fliederbusch verblüht.

AUS MEINER KINDHEIT

Meiner Mutter wurde stets übel, wenn man Tante Ida erwähnte. Tante Ida war mit einem Menschenfresser verheiratet gewesen. Eine Zeitlang war die Ehe gut gegangen, doch eines Tages entdeckte Tante Ida ihren eigenen Namen auf der Speisekarte für Dienstag und flüchtete, denn es war bereits Montag. Aber sie bereute ihre Flucht und ihre Rückkehr nach Europa.

»Wäre ich nur in Neu Guinea geblieben!« sagte sie oft. »Mein Mann war immer reizend zu mir, und es hätte ihm bestimmt grosse Freude gemacht, mich zu essen.«

Wie gesagt, meiner Mutter wurde immer übel.

Nun lebte Tante Ida ziemlich zurückgezogen in der Marienstrasse, strickte Häubchen für das Rote Kreuz und nahm von Zeit zu Zeit Waisenkinder auf Ausflüge in die nähere Umgebung. Es kam bisweilen vor, dass eines dieser Waisenkinder verschwand und nie wieder gesehen wurde, und ein paar Leute, die Tante Idas Vergangenheit kannten, fingen an zu murren und wollten die Polizei verständigen. Doch der Gedanke war zu ungeheuerlich, denn Tante Ida war eine feine alte Dame, und zivilisierte deutsche Behörden würden über Kannibalismus bestenfalls den Kopf schütteln. Also blieb alles beim alten.

Dann nahm Tante Ida Beziehungen zu einem fremden Mann auf. Er hiess, wie man bald erfuhr, Delacroix, und war ein recht sittsamer älterer Herr, von dem niemand wusste, woher er kam und wovon er lebte. Er sprach mit einem französischen Akzent, war gross und weisshaarig und hinkte ein wenig. Meiner Mutter wurde stets übel, wenn man von ihm sprach. »Er riecht aus dem Mund«, sagte sie, »und er hinkt. Das tut man nicht.« Doch die meisten Leute waren zu neugierig, um abfällig über Tante Ida und Herrn Delacroix zu reden. Es fehlte ihnen an Gesprächsstoff, und so sahen sie es gern, dass eine alte Dame einen Liebhaber hatte, denn hätte sie keinen gehabt, hätte man wieder über das Wetter sprechen müssen.

Nun begab es sich eines Tages, dass mein Vater mich zu Tante Ida schickte, um ihr zu sagen – sie hatte kein Telefon – sie möge am kommenden Abend zu uns zum Essen kommen. Meine Mutter war nicht zu Hause, sonst hätte sie nie erlaubt, dass ich allein zu Tante Ida ging. Ich lief also in die Marienstrasse und stieg in den vierten Stock, wo Tante Ida wohnte. Sie war allein und strickte. Nachdem sie mich mit Schokolade und Kuchen bewirtet hatte, fragte sie nach dem Grund meines Kommens, und ich erzählte ihr, was Vater mir aufgetragen hatte.

»Morgen Abend kann ich nicht«, erklärte Tante Ida, »sag deinem Vater, morgen Abend käme Herr Delacroix zu mir und da könne ich nicht ausgehen.«

»Bring doch Herrn Delacroix mit!« schlug ich vor, denn ich liebte es, wenn wir Besuch hatten.

Tante Ida lachte und meinte: »Nein, mein Lieber, das geht nicht.«

»Meine Mutter sagt, er riecht aus dem Mund«, erzählte ich.

Tante Ida war einen Augenblick perplex, doch dann seufzte sie und sagte: »Deine Mutter hat vollkommen recht. Er hat einen schwierigen Magen.«

Dann klingelte es, und Tante Ida wurde bleich. »Es hat geklingelt«, sagte ich, »vielleicht ist es der Briefträger.«

»Vielleicht«, sagte Tante Ida und öffnete.

Es war Herr Delacroix. Als er mich sah, schloss er rasch die Türe hinter sich und nickte mir freundlich zu. »Das ist mein Neffe«, sagte Tante Ida.

»Soso«, meinte Herr Delacroix und streichelte meine Hand. Er schien zu zögern, fasste dann aber einen schnellen Entschluss. »Trotzdem«, sagte er, »trotzdem! Es muss sein. Ich rieche schon so stark aus dem Mund, dass ich mich selbst nicht mehr ertragen kann.« Dann fügte er noch etwas in einer Sprache hinzu, die ich nicht verstand, und Tante Ida führte mich in die Küche hinaus.

In der Küche nahm sie meine Hand, beugte sich zu mir herab und flüsterte: »Nun pass gut auf, August« – damals hiess ich August – »du kriechst jetzt in diesen Schrank, machst dich ganz klein und bist mucksmäuschenstill, sonst ist es um dich geschehen.«

Ich kriegte Angst und tat, was sie sagte. Als ich im Schrank versteckt war, stiess Tante Ida einen lauten, herzzerreissenden Schrei aus. Dann wartete sie eine Minute und ging schliesslich zurück ins Wohnzimmer. Im Schrank konnte ich genau hören, was im Wohnzimmer gesprochen wurde.

»Nun ist es vorbei«, sagte Tante Ida.

»Siehst du«, sagte Herr Delacroix, »es war bestimmt nicht so schlimm. Ich hatte auch einmal sieben Neffen. Jetzt habe ich nur noch zwei.«

Tante Ida seufzte. »Warum du mich nicht haben willst –« sagte sie.

»Nein«, erklärte Herr Delacroix, »Opfer muss man in der Jugend bringen. Nun ist es zu spät. Du bist alt, zähe und grösstenteils ungeniessbar.«

»Aber du bist doch mein Mann«, protestierte sie.

»Ganz recht«, antwortete Herr Delacroix, »wärst du damals nicht davongelaufen, hätte unser Leben anders ausgesehen.«

»Ich war jung und unerfahren«, verteidigte sich Tante Ida, »dass du das nicht verstehen kannst!«

»Aber ich habe dir doch verziehen«, beschwichtigte Herr Delacroix. »Hast du ihn schon zerteilt?«

»Wen?«

»Deinen Neffen.«

»Ach so«, sagte Tante Ida, »nein, noch nicht. Hast du mir wirklich verziehen, Mambo?«

»Wäre ich sonst hier?« fragte Herr Delacroix. »Hätte ich mir sonst die Haut weiss gefärbt? Hätte ich sonst die lange Reise in dieses entsetzliche Land gemacht? Aber jetzt fang mit dem Kochen an! Mir läuft schon das Wasser im Mund zusammen.«

»Geh doch Gemüse kaufen!« schlug meine Tante vor.

»Gut«, sagte Herr Delacroix, »in zwanzig Minuten komme ich mit Spinat und jungen Erbsen.«

Dann hörte ich ihn weggehen, und kurz danach kam Tante Ida in die Küche und holte mich aus dem Schrank. »Nun lauf nach Hause«, befahl sie, »und sag deinem Vater, ich könne morgen nicht kommen. Vielleicht übermorgen.«

»Jawohl«, rief ich und machte mich aus dem Staub.

Als ich meinem Vater den Vorfall erzählte, meinte er: »Ida war immer ein anständiges Mädchen. Na ja, sie ist ja auch meine Schwester. Aber erzähl die Sache lieber nicht deiner Mutter!«

Später erzählte ich es aber doch meiner Mutter. Sie wollte mir nicht glauben. »Warum lügst du mich so schamlos an?« fragte sie. »Geh spielen, aber spiel etwas Manierliches!«

Ich ging, und als ich mich im Türrahmen nach ihr umwandte, merkte ich, dass ihr wieder übel war.

DAS TIGERFEST

Ich geb ein Tigerfest zu Haus in meinem Garten.
Ich lad euch alle dazu herzlichst ein.
Die Alten sollen warten.
Die Jugend soll kommen.
Nicht gleich die Verliebten,
erst nehm ich die Frommen.
Da gibt es Zuckerbrot und Wein
und ganz spezielle Leckereien.
Ihr werdet alle sehr zufrieden sein.

Und bei dem Tigerfest zu Haus in meinem Garten,
da gibt's Musik und Tanz und Liebelei.
Es muss nicht entarten,
wir sind nicht in Eile.
Ich krieg schon Bewegung,
wenn ich euch verteile.
Es kommt ein jeder an die Reih'
mit Allerliebst und Allerlei.
Ihr fühlt euch sicher alle wohl dabei.

Dann kommen die Tiger aus ihrem Versteck.
Da werdet ihr schreien. Ein paar laufen weg.
Doch liess ich schon lange alle Tore versperren,
denn die Tiger haben Hunger, und sie fressen gern.

Sie werden euch verspeisen. Zuerst alle Frauen,
danach alle Weisen und danach alle Schlauen.
Als letztes die Dummen. Da hilft keine List,
so lang bis keiner von euch übrig ist.

Ein paar Stunden später, da sitz ich allein
auf meiner Terrasse und trinke den Wein
und esse die Reste und räkle mich müd
und sing mir selber noch das kleine Lied:

Ich gab ein Tigerfest zu Haus in meinem Garten,
ein recht geselliges Beisammensein.
Erst liess ich es starten,
dann kamen die Tiger.
Die Menschen waren wehrlos,
die Tiger blieben Sieger.
Ja, solche Feste find ich fein,
und sie gelingen allgemein.
Ich lad euch alle, alle herzlichst ein.

DIE HEXE

Die Dame nebenan ist eine Hexe,
das hab ich längst heraus.
Sie malt am Abend kleine weisse Kleckse,
die wir nicht sehen, vors Haus.

Die Hexen können Kleckse sehr gut lesen
und kommen dann des Nachts mit ihren Besen
und sitzen eng geschmiegt in einer Gruppe
und kochen eine fürchterliche Suppe
im Küchenofen drin
von meiner Nachbarin.

Drum steht der Rauch so tief in unsrem Schornstein
und steigt so schwer hinauf.
Und eine Krähe
bleibt in der Nähe.
Kinder, passt auf!

Die Dame nebenan, hab ich erfahren,
die stammt auch nicht von hier.
Sie kam zwar her in ziemlich jungen Jahren,
doch sie ist nicht wie wir.

Sie sieht wohl aus wie andere alte Frauen,
doch sie ist schlau, drum darf man ihr nicht trauen.
Sie sagt »Hallo, wie geht's?«, so wie wir alle,
doch stellt sie uns damit nur eine Falle,
denn stets denkt sie daran,
wie sie uns schaden kann.

Bei Tag, da ist sie freundlich und verbindlich,
doch wer sieht sie bei Nacht?
Bleibt diesem Weibe
lieber vom Leibe!
Kinder, gebt acht!

Die Hexe nebenan darf hier nicht bleiben.
So kann's nicht weitergehen.
Es ist bestimmt nicht leicht, sie zu vertreiben,
und doch, es muss geschehen.

Von jetzt an kehren wir alle ihr den Rücken
und spucken aus, sobald wir sie erblicken,
und schicken ihr ein anonymes Schreiben
und schmeissen ein paar Steine durch die Scheiben,
so lang, bis sie versteht:
Wir wollen, dass sie geht.

Doch wenn sie unsere Warnung nicht beachtet
und lässt uns nicht in Ruh,
dann ohne Schonung
in ihre Wohnung!
Leute, schlagt zu!

DAS LIED VON DER WIRKLICHKEIT

In der Wirklichkeit gibt es Träume.
In der Wirklichkeit sind sie echt.
Wenn ich Träume hie und da versäume,
ist es nur, weil ich auch schlafen möcht.

Doch die Wirklichkeit ist ein Märchen,
das die Wissenschaft nicht kapiert.
Denn der Wissenschaftler spaltet Härchen,
und der Träumer ist bereits frisiert.

Phantasie ist nichts für die Experten,
die das Leben fürchten und den Tod.
Psychopathen kann man nicht verwerten.
In der Schule schon gibt's ein Lexikon:
Was geschrieben ist, gilt als bewiesen.
Wenn's im Lauf der Zeit, sich als falsch erweist,
schreibt der Professor halt ein neues Buch.
Denn der Mensch will immer was beweisen,
im Gegensatz zur Gans.
Doch er kann's nicht, und er wird entgleisen,
solang er glaubt, er kann's.

In der Wirklichkeit gibt's nie Beweise,
denn die Wirklichkeit, die ist wahr.
Komm mit mir auf eine wahre Reise
voller Traum und ohne Kommentar!

In der Wirklichkeit sind die Träume,
die kein Physiker je beschreibt.
Komm mit mir in meine Zwischenräume,
wo kein Mensch die Wahrheit übertreibt.
Komm mit mir auf meine Purzelbäume,
wo von Wissenschaft nichts übrig bleibt.

WENN DIE MÄDCHEN NACKT SIND

Wenn die Mädchen nackt sind, sind die Leute still.
Keiner kann sich regen, weil auch keiner will.
Wenn die Mädchen nackt sind, fällt das Leben schwer,
Gut und Böse gibt es dann bestimmt nicht mehr.

Wenn die Leute still sind, sind die Mädchen nackt,
jede mit den Haaren säuberlich verpackt.
Wenn die Mädchen nackt sind, freut sich jeder Mann,
weil er sie dann ganz genau betrachten kann.

Augen kriegen Stiele, Gürtel werden knapp,
Haare stehen zu Berge, Ohren springen ab,
Zehen sind gekräuselt, Hände sind verschwitzt,
wenn die Mädchen nackt sind, ist die Welt gespitzt.

Manche Leute werden probeweise blind,
andere schlagen Haken, wie im Labyrinth,
Greise husten Honig, einer niest Alaun,
und der Herr Minister färbt sich dunkelbraun.

Wenn die Mädchen nackt sind,
nicht mehr so abstrakt sind,
biegsam und kompakt sind,
überall intakt sind,
bildet sich Champagnerdunst,
gefolgt von einem Trommelwirbel.
Der umkreist die Mädchen
auf dem Rundgang durch den Saal.

Eine hat zwei Beine, eine einen Fleck,
eine einen Flaschenzug am Zwischendeck,
eine ist gestriegelt, eine ist gekämmt,
eine hat Salami in den Arsch geklemmt.
Eine hat vier Brüste, eine eine Zyste,
eine kann nur hüpfen, weil sie grad so dringend müsste,
eine liest die Bibel, eine stinkt nach Zwiebel,
eine kann nicht denken, denn beim Denken wird ihr übel.
Eine ist geladen, eine braucht noch Waden,
eine kann nicht schaden, eine will nicht baden.

Seht die nackten Mädchen auf dem langen Marsch!
Hört die Männer flüstern: Himmel, Zwirn und Arsch!
Und die nackten Mädchen gehen, wie ein Paket,
schliesslich auf die Türe zu, wo »Ausgang« steht.

Eine nach der anderen räumt das feuchte Feld,
sickert durch die Türe, 'raus aus dieser Welt.
Und die Leute schweigen, keiner, der was spricht,
nichts als dumme Vorurteile im Gesicht.
Was sie sich erwartet haben, weiss man nicht.

DER WEIHNACHTSMANN AUF DER REEPERBAHN

Mutter war Dirne, und Vater war Dieb,
und Jim machte Dienst auf einem Kutter,
also wurde ich wie Mutter.
Einmal sprach Jim: »Du, ich hab dich so lieb.
Versteck mich, ich hab etwas verbrochen.«
Damals kriegte ich vier Wochen.
Und im Gefängnis war es noch schlimmer als zu Haus.
Wir kriegten Labskaus jeden Tag. Wer hält denn sowas aus!
Doch ich ertrug mein Schicksal mit fröhlichem Gemüt,
denn ich fand Trost in diesem kleinen Lied:

Auch auf der Reeperbahn steht dann und wann ein Weihnachtsmann,
der blickt dich lächelnd an und hilft dir weiter.
Und wenn man momentan im Leben nicht mehr weiter kann,
dann ist der Weihnachtsmann ein treu Begleiter.
Er steht ganz still im Gewimmel
und bimmelt die Reeperbahn hinauf.
Der dicke Schnee fällt vom Himmel,
doch nie geben Weihnachtsmänner auf.
Drum gibt's nur einen Mann, der dir fast immer helfen kann,
das ist der Weihnachtsmann auf der Reeperbahn.

Jim fand einmal meine Telefonkartei
und haute mir eine in die Fresse,
damit ich ihn nicht vergesse.
Dann brach er mir noch das Schlüsselbein entzwei
und schaffte mich rasch in eine Klinik,
denn er liebt mich treu und innig.
Dort war ein junger Doktor, der sich an mir vergriff.
Da schoss ihm Jim ein Loch in'n Kopf und rannte auf sein Schiff.
Die Polizei verdrosch mich, denn Jim war schon zu weit.
Und trotzdem tat er mir am meisten leid.

Denn auf der Reeperbahn steht dann und wann ein Weihnachtsmann,
der blickt dich lächelnd an in alter Frische.
Doch Jim am Ozean sieht niemals einen Weihnachtsmann,
nur Sturm und Steuermann und fade Fische.
Ja, ja, die Weihnacht an Bord
ist doch nie wie das Weihnachtsfest zu Haus.
Man blickt nach Süd und nach Nord
und nach Ost und nach West – und damit aus.
Dann wischt sich jeder Mann die Tränen fort, so gut er kann.
Ihm fehlt der Weihnachtsmann auf der Reeperbahn.

Bin ich mal alt, und das silberweisse Haar
fliesst mir über die Stirne herunter,
komm ich sicher nirgends unter.
Kein Mensch will wissen, wie schön ich einmal war.
Ich hab sogar am Bauch 'ne Tätowierung:
Eine Palme mit Verzierung.
Dann kriech ich halb verhungert entlang der Reeperbahn,
und alle Männer drehen sich weg, als hätt ich was getan.
Jedoch an einer Ecke, da bleib ich plötzlich stehen
und kann das Wunder, das ich seh, kaum sehen.

Denn auf der Reeperbahn steht sicher dann der Weihnachtsmann
und sagt mir ganz spontan, dass wir uns kennen.
Dann fängt er leise mit den Glöckelein zu bimmeln an,
dass ich nicht halten kann, und ich muss flennen.
Er lächelt breiter denn je,
und er führt mich die Reeperbahn hinauf,
und ringsumher fällt der Schnee,
und die Strasse hört überhaupt nicht auf.
Ich glaub an Liebe nicht, an Treue nicht, doch glaub ich an
den guten Weihnachtsmann auf der Reeperbahn.

ÜBER LIEBE

Über Liebe spricht man nicht. Sie ist ein Tabu wie der Holocaust, über den man auch nur schreibt und nicht spricht. Männer sowieso, aber ich habe auch Frauen belauscht, wenn sie unter sich waren – kein Wort über Liebe. Man ist verknallt, er ist wunderbar, er hat sich geändert, er schläft nicht mehr mit mir – aber Liebe kommt nicht vor. Mit meinen Freunden diskutiere ich über Kunst, Zahnärzte, Politik, Ferien, Alkohol, alles ausser Liebe. Liebe ist ein eher peinliches Fremdwort.

Heiraten, hingegen, ist eine vernünftige Sache. Nicht heiraten auch. Es ist dabei eine allgemein akzeptierte Meinung, dass Liebe ewig währt, was man von Ehen nicht behaupten kann. Wer in der Ehe sitzengelassen wird, wurde also nie geliebt, hat sich geirrt, hat vielleicht selbst nicht geliebt, denn gibt es eine Liebe ohne Gegenliebe? Wohl kaum, denn Liebe ist ein egoistischer Trieb. Wer nicht ausdrücklich lieben will, liebt auch nicht. Letzteres wäre zumindest ein philosophischer Ansatz, den man weiterspinnen könnte, aber damit kommt man dem Rätsel Liebe nicht näher. Jawohl, Liebe ist ein Rätsel, deshalb redet man nicht über sie. Andererseits behauptet jeder Mensch, wenigstens einmal im Leben geliebt zu haben, also so rätselhaft kann Liebe nicht sein.

Kann etwas, das nicht rätselhaft ist, trotzdem ein Rätsel bleiben? Wahrscheinlich schon, denn auch das Weltall ist nicht rätselhaft und trotzdem ein Rätsel. Jeder kann das Weltall sehen, aber es ist ein Rätsel, also spricht man nicht darüber. Wenigstens ist es so in meinem persönlichen Freundeskreis, denn so oft ich beginne, über das Weltall zu sprechen, entsteht eine ärgerliche Stille. Vielleicht sollte ich mir Freunde aussuchen, die über etwas mehr Bildung verfügen.

Möglicherweise ist auch Liebe nur eine Frage der Allgemeinbildung. Allerdings ist Liebesliteratur eher lückenhaft und definitionsarm, also ist es nicht ausreichend, über Liebe zu lesen, man muss sie auch erleben. Das unterscheidet sie aber nicht von der Allgemeinbildung, denn jeder kennt hochgebildete Leute, die keine Ahnung von irgendetwas haben, also muss es auch stark liebende Menschen geben, die keine Ahnung von Liebe haben. Mich zum Beispiel! Sonst kenne ich eigentlich niemanden. Und mich selbst kenne ich am allerwenigsten, also was soll das Ganze?

Nehmen wir Romeo und Julia! Bevor Romeo Julia kennenlernte, hat er ja schon eine andere geliebt, aber er wusste sofort: Bei Julia ist es anders, bei Julia ist es die »grosse« Liebe. Kann man die grosse Liebe erkennen, wenn sie plötzlich stattfindet? Mitnichten, denn man erlebt sie ja immer wieder, und dann geht es aus wie das Hornberger Schiessen, ja, ja. Man kann sich also täuschen. Schon das Wort »Liebe« kann eine Täuschung sein, denn der andere meint vielleicht Mutterliebe, Liebe zum Beruf, Menschenliebe, da gibt es viele Ablenkungsmanöver. Kein Mensch bleibt bei der Sache.

Lohnt es sich überhaupt, zu versuchen, Liebe zu definieren? Soll sich ein Schriftsteller mit etwas befassen, was er nicht erklären kann? Ja, Naturwissenschaftler befassen sich mit Dingen, die sie nicht erklären können und auch nie erklären werden, und wenn, dann falsch. Ich würde mich hüten, Naturwissenschaftlern nachzueifern, denen verdanken wir schliesslich die schlimmsten Auswüchse unserer Zeit, überhebliche Chirurgen, Handys, Wasserstoffblondinen, nein, mit Liebe sollten sich solche Wissenschaftler auf keinen Fall befassen. Da muss man schon rationeller vorgehen – überhaupt die Psychologen, die Eheberater – wo kämen wir da hin?

Ein kluger Engländer namens Samuel Rogers hat einmal gesagt: »Es ist egal, wen man heiratet, denn schon am nächsten Morgen sieht man, dass es jemand anderer war.« Ich glaube, da kommen wir dem Rätsel Liebe schon näher: Wenn man jemanden sehr liebt, und plötzlich stellt sich heraus, dass dieser ein ganz anderer Mensch ist als man dachte, aber das stört einen nicht, im Gegenteil, man liebt jetzt diese Person noch mehr – dann könnte es sich unter Umständen wirklich um Liebe handeln. Aber auch das müsste man noch genauer untersuchen.

WENN ICH LIEBEN DÜRFTE, WIE ICH WILL

Wenn ich lieben dürfte, wie ich will,
würde ich dich hegen,
jeden Morgen fegen,
legen in die Büsche vor der Tür,
wo ich von dir träumen kann, und du von mir.

Wenn ich lieben dürfte, wie ich will,
leise mit der Nase,
aber in Ekstase,
Hätt ich mich mit dir dorthin verirrt,
wo aus einem Schmetterling ein Engel wird.

Aber da gibt's Arbeitnehmer, Umstandskrämer,
Vorzugspreise, Börsenkreise,
Widersacher, Schuldenmacher,
Zweiggeschäfte, Aktenhefte,
Blätterwälder, Steuergelder,
Aussenstände, Bankverbände –
last not least auch deinen lieben Mann.

Und so sind wir beide mäuschenstill,
lieben provisorisch,
quasi allegorisch.
Gestern in den Abendstunden
hab ich noch ein Lied gefunden,
und das schenk ich dir, gehüllt in Tüll:
Wenn ich lieben dürfte, wie ich will.

EIN POLITIKER HAT KEINE LIEBE

Ein Politiker hat keine Liebe,
ein Politiker hat seine Frau.
Die ist hässlich, aber wenigstens verlässlich.
Bei der Liebe weiss man das nicht so genau.
Er sagt: »Eros ist vielleicht was für Toreros,
und das Gleiche gilt für Rosen und Musik.«
Ein Politiker hat keine Liebe,
ein Politiker hat Politik.

Ein Politiker hat keine Liebe,
ein Politiker hat seine Macht.
Ist er rege, geht die Macht bald eigene Wege
und beherrscht ihn selber, ehe er's gedacht.
Durch Verschlingung wird sie schliesslich zur Bedingung.
Ihr stetes Wachstum wird sein Lebensunterhalt.
Ein Politiker hat keine Liebe,
ein Politiker hat nur Gewalt.

Ein Politiker muss isoliert sein.
Lass ihn tanzen dort am Rande des Vesuvs!
Denn Gefühle stören immer seine Kühle.
Das ist nichts als eine Folge des Berufs.
Du geh der Liebe nach, geniesse deine Triebe!
Alles andere wär unverantwortlich.
Ein Politiker hat keine Liebe,
ein Politiker hat dich und mich.

WIR BRAUCHEN KEINE LIEBESLIEDER

Wir sitzen im Grase.
Der Mondschein tut weh.
Wir brauchen keine Liebeslieder.
Die Zeit ist vergangen.
Selbst der Tod ging vorbei.
Die Maikäfer sangen
von Verderb und Gedeih.
Ein Wasserfall
rauscht überall.
Und ein kleiner Student,
den man wiedererkennt,
sucht irgendetwas, was er Liebe nennt.

Die Ameisen schweigen.
Es raschelt der Schnee.
Ein Siebenschläfer weint ins Blaue.
Und dass du mich lieb hast,
das vergess ich dir nie.
Ich schenk dir vom Kaiser
eine Fotografie.
Darauf schreib ich:
»Ich liebe dich.«
Und ein Heldentenor
singt's dir jeden Tag vor
am Rosenstrauch hinterm Gartentor.

Der Wind hat den See vergessen.
Still liegt er da,
teilweise apfelblau, silbergrün, hilfsbereit.
Der Papst zieht mit zwölf Mätressen
querfeldein nach Rom.
Und der Zar
weiss noch immer nicht, was war,
und verfasst ein Formular.

Und wir beide sitzen
unsterblich im Gras
und brauchen keine Liebeslieder.
Im Schatten des Weines
kräht ein einsamer Pfau.
Wir wissen nur eines,
aber das ganz genau.
Ein Kater streift.
Auch der begreift.
Nur der kleine Student,
den man wiedererkennt,
sucht nach wie vor, was er Liebe nennt,
findet mancherlei
und geht noch blind an uns vorbei.

DIE GATTIN

Morgens dich, abends dich,
immerzu dich, dein Lächeln, deine Güte,
Frühstück dich, Zeitung dich,
nie ohne dich – auch Schlaf nicht, Gott behüte!
Rosen im Arsche,
stets auf dem Marsche,
treu und ergeben wachst du über mich.
Hier steht mein Teller.
Bauch wächst noch schneller.
Gute Frau,
wohin ich schau,
seh ich dich, nichts als dich,
klug und mit Fleiss bei Bett und Bier und Bade.
Demütig zärtlich blicke ich dir zu.
Müde bin ich nicht, aber trotzdem hab ich Ruh.

Draussen ist Flitter,
ein kleines Gewitter,
und irgendwo schreit man: Zum Teufel hinein!
Liebende huschen
durch Nischen und Duschen
und zittern vor Aufregung, glücklich zu sein.
Draussen gibt's Flimmer,
das Leben wird grimmer,
das Leben ist Kampf, und die Liebe ist kurz.
Sandige Küste
und wehende Brüste
und sengende Sonne und flammender Sturz.

Soll ich es wagen,
den Löwen zu jagen?
Das Haus zu verbrennen? Und hinter mir Staub?
Soll ich was brüllen?
Den Erzbischof killen?
Soll ich mich verbeissen in das, was ich glaub?
Schlagt das Gelichter
in alle Gesichter!
Nur ich bin der Grösste, der Höchste, der Gott!

Ich bin der Feinste,
doch auch der Gemeinste.
Ich mach, was ich will, und ich mach es zu Schrott.
Für Gefahr bin ich immer zu haben.
Ohne Risiko hätte das leben doch gar keinen Sinn.
Unsere Zukunft macht Spass.
Und ich seh auch schon was,
denn ich seh – – wisst ihr was?

Ich seh dich, wieder dich,
dich und den Topf, das Staubtuch und den Besen.
Rund um dich gibt's nur dich,
Heiligenbild, verziert mit Mayonnaisen.
Weihnachtsgeschenke,
kalte Getränke,
Hähnchen am Grill und Pudelchen im Bett,
Muttertagsblümchen,
Malzkaffee mit Krümchen.
Fromm und schlicht,
Engelsgesicht,
grüss ich dich, ewig dich,
dich und dein Werk, zu dem auch ich gehöre.
Sehnsüchtig sabbernd, sage ich dir Dank.
Leben lässt sich's schön, aber leider auch zu lang.
Heimlich vergass man, wo die Zeit verblieb.
Gut, dass wir gesund sind! Ja, ich hab dich lieb.

DEMONTAGE

Sie fiel auseinander mit leisem Geächz.
Ein Arm fiel nach links, ein Arm fiel nach rechts.
Die Nase zersprang wie die Nase der Sphinx.
Ein Aug fiel nach rechts, ein Aug fiel nach links.
Die Schultern zerbröckelten langsam wie Sand.
Die Finger der Hand,
die Brüste, die Tränen, sie alle verschwanden,
als hätt er die Liebe zu ihr niemals gekannt.

Für sie war's das gleiche, mit ihm allerdings:
Sein Kopf fiel nach rechts, sein Bauch fiel nach links.
Danach fiel das Merkmal des starken Geschlechts,
ein Ei sprang nach links, das andere nach rechts.
Dann brach ihm der Nabel, als wär er aus Stein.
Sein Lächeln fror ein.
Sein Kuss, seine Stimme, sie alle zergingen,
als könnt sie die Liebe zu ihm sich nicht verzeihen.

Zärtlichkeit, Leidenschaft, Nacht,
die ganze Pracht war nun Vergangenheit.
Nirgends gab es eine Spur von Glück.
Alles Licht zog sich tot zurück.

Auch unsere Liebe ist nicht nur ein Spass.
Behandle sie zart, als wär sie aus Glas!
Verzichte auf Logik und kleines Gekrächz,
und fall ich nach links, fall du nicht nach rechts!
Auch unsere Liebe ist tausenderlei.
Was immer sie sei,
wir haben nichts anderes. Wenn wir das vergessen,
ist unwiederbringlich die Liebe bald vorbei.

EIN OHNMÄCHTIGER TANGO

Unten steht ein Clown,
oben stehen drei Frauen,
zwischendurch ein Schuss.
Eine kleine Sphinx
ruft von rechts und links:
Jetzt ist aber Schluss!

Da drückt der Clown seine Zigarre aus,
packt das Schminkzeug, das Gewehr und die Gitarre aus,
und während er sich nochmals überschminkt,
lacht er zu den Frauen hinauf und singt

einen ohnmächtigen Tango
einer ohnmächtigen Liebe,
die total unerheblich ist,
weil sie ganz vergeblich ist
und weil die Gegend viel zu neblig ist.
Doch die ohnmächtigen Frauen
kriegen Angst, dass dieser Tango Konsequenzen hat.
Sie flüstern: Müde bin ich, geh zur Ruh –
und schliessen Fenster und Türen doppelt und dreifach zu.

Ich bin dieser Clown.
Musst du mir misstrauen?
Bleibst du weiter blind?
Ich will nichts von dir,
du willst nichts von mir,
ausser was wir sind.

Horch, ringsumher fängt ein Geraune an.
Man stimmt Trompete, Klarinette und Posaune an.
Die Luft ist voller Leidenschaft und Licht.
Komm mit mir und ich sing dir ins Gesicht

unseren ohnmächtigen Tango
unserer ohnmächtigen Liebe,
die trotzdem unvergänglich ist,
weil sie überschwenglich ist
und weil die Zeit dafür empfänglich ist.
Lass die ohmächtigen Menschen!
Glaub mit mir, dass unser Tango Konsequenzen hat!
Wer Angst hat, geht am allerersten drauf.
Der Strom fliesst weiter stromab,
die Strömung fliesst nur stromauf.
Verzicht aufs Gnadenbrot!
Komm in mein Schaukelboot
und mach die Fenster und Türen doppelt und dreifach auf!

WÄHREND DU, KANN ICH NICHT

Während du, kann ich nicht,
während ich, kannst du nicht,
was du weisst, das gilt nicht,
wenn ich flieg, frisst du nicht.
Also wo kann da – nirgendwo! – Liebe sein?
Wo bleibt Vergissmeinnicht überhaupt?
Keiner strebt schmerzlich,
ebenfalls kaum der andere.
Frag mich nicht!

Überm Kopf schreit einer,
unterhalb stirbt einer.
Einerseits liebst du mich.
Weiss denn ich, was du morgen für Wege hast
irgendwo, zwischendrin?
Weist du, wie lang ich schon weinen will?
Jedenfalls: Liebe kann es nicht sein,
es regnet ja immerzu.

Nur weil ich den Winter nicht komisch find,
hast du mir ein Messer ins Bett gelegt.
Tausend Meter Rosen hab ich dir zum Muttertag geschenkt.
Alle meine Träume sind abgespielt.
Wenn die Sonne untergeht, sing ich im Garten:
Glühwürmchen, Glühwürmchen, bleibe!
Morgen bringt der Postillon mein Motorrad zurück.

Nämlich: Während du, ich weiss nicht,
während ich, es geht nicht,
über Nacht entgleis ich,
wenn der Mond scheint, schmelz ich.
Also wo kann da – nirgendwo! – Liebe sein?
Quer fällt der Fliederbusch, regungslos.
Wetter im Winkel,
Wasserstand bleibt wie vorgesehen: Tränenreich.

ZU HAUSE IST DER TOD

Komm mit mir, schöne Dame, in die Anden nach Peru!
Ich bin frei, und um die Ecke steht mein Boot.
Komm, ich zeige dir die Zulus
und die schönsten Honolulus –
aber nicht nach Hause! Denn zu Hause ist der Tod.

Komm mit mir, schöne Dame, in den Dattelpalmenhain!
Auch in der Südsee gibt's ein Überangebot.
Komm, wir fliegen nach Kentucky,
nach Paris, nach Nagasaki –
aber nicht nach Hause! Denn zu Hause ist der Tod.

Der Tod ist jeden Tag bei mir zum Essen.
Er unterhält sich nämlich gern mit meiner Frau,
wäscht das Geschirr und macht ihr dampfende Kompressen.
Er hat die Küche frisch gestrichen, grau in grau.

Und wenn ich komm, spendiert er eine Runde.
Und gegen neun schläft er vorm Fernseher ein.
Er liebt Prinzessinnen, Schlagersänger, Hunde.
Ich möchte nicht zu Hause sein.

Komm mit mir, schöne Dame, komm, wir fliegen nach Hawaii!
Gleich im Nebenzimmer wartet mein Pilot.
Oder fändest du es schicker
in New York? In Costa Rica?
Nur nicht nach Hause! Denn zu Hause ist der Tod.

Die Ruhe dort ist wie im Grabe.
Mein Wohnzimmer, das ist ein Labyrinth.
Am Küchenofen sitzt bei uns ein Rabe,
und in der Ecke schreit ein unbekanntes Kind.

Die Bilder fangen abends an zu brüllen.
Die Wasserleitung singt das alte Lied.
Der Tod sitzt da und kaut Pastillen.
Man freut sich fast, wenn man ihn sieht.
Ich hab so Angst, ich schüttle seine Hände
und frag: »Wie geht's dir, Kumpel? Bist du auch gesund?«
Er blickt mich an, und glaube mir, sein Blick spricht Bände.
Und meine Frau kommt herein und küsst mich auf den Mund.

Komm mit mir, schöne Dame, wünsch dir alles, was du willst!
Ich bin zugänglich für jedes Angebot.
Komm, wir fliegen in den Süden,
zu den fernsten Latitüden!
Lass dich küssen unter Palmen
und auf salzburgischen Almen!
Ich bin überall zu Haus, nur nicht zu Hause,
denn zu Hause ist der Tod.

DAMALS IN WIEN

Meine Eltern waren Antisemiten, obwohl sie Juden waren. Das hat nichts mit dem Phänomen des jüdischen Selbsthasses zu tun. Sie waren einfach Wiener, und in Wien gehört der Antisemitismus zum guten Ton, damals wie heute. Natürlich äussert man ihn nicht öffentlich, sondern nur im kleinen Kreis mit Gesinnungsgenossen, man will ja seine Dummheit nicht an die grosse Glocke hängen. Im Gegenteil, man will Weltoffenheit demonstrieren, und dazu benützt man Alibijuden. Das sind Juden an hohen und bis zu einem gewissen Grad einflussreichen Stellen, die der Wiener gern »anständige Juden« nennt. Da sie aber meistens nicht anständig sind, sonst würden sie sich für so einen Zweck nicht hergeben, liefern sie stets neue Gründe für den Antisemitismus, und so bleibt alles beim Alten.

Mein Vater verachtete vor allem polnische und russische Juden. Auch deutsche Juden, die zwischen 1933 und 1938 Zuflucht in Österreich suchten, fanden wenig Gnade bei ihm. »Es wird schon nicht so arg sein beim Hitler«, meinte er, »man kann sich arrangieren.« Als dann die Deutschen 1938 in Österreich einmarschierten, konnte er sich allerdings nicht arrangieren und war froh, nach Amerika zu entkommen.

Ich weiss heute nicht mehr, wo ich Liesel Deutsch kennengelernt habe. Ich war fünfzehn, sie ein Jahr älter, und sie war mir vor allem durch ihre Fröhlichkeit aufgefallen, denn die gab es in meiner Familie nur selten. Wir waren spazierengegangen, natürlich in aller Unschuld, denn ich hätte nie gewagt, ihr meine Bewunderung zu zeigen. Sie war klein und pummelig, schien ein bisschen Busen zu haben, und sie war das erste Mädchen in meiner Bekanntschaft, das eine Brille trug. Dergleichen war Mädchen aus besseren Kreisen verboten. Wir lachten viel miteinander, sangen uns gegenseitig komische Lieder vor, und schliesslich lud sie mich ein, sie doch einmal zu besuchen.

Also machte ich mich eines Nachmittags zu Fuss auf den Weg und merkte bald, dass ich in eine mir bis dahin unbekannte Gegend kam, wo arme Leute lebten. Ich hatte keine Angst, aber ich erkannte mit Schrecken, dass es Seiten des Lebens gab, die mir meine Eltern vorenthalten hatten. Es gab Elend und Hunger, es gab Alkoholismus und Todesnähe, und es gab den sehr hässlichen Tod selbst. Er starrte mir aus allen Fenstern und Hauseingängen entgegen, und ich war froh, das Haus meiner Freundin zu erreichen. Sie war fröhlich wie immer und stellte mir ihre Mutter vor, die vor Schmutz starrte und mir eine zitternde Knochenhand hinstreckte, während sie mir mit der anderen ein Butterbrot anbot. Dann zeigte mir Liesel den Keller des Hauses, in dem ein Pingpongtisch stand, und da wir beide recht gut spielten, verging die Zeit schnell. Ich lief nach Hause, solange es noch hell war.

Einige Wochen später kamen die Nazis nach Österreich, und ich konnte Liesel nicht mehr besuchen. Man vermied es, auf die Strasse zu gehen, wo Juden willkürlich verhaftet, verprügelt oder bestenfalls zur Strassenreinigung angehalten wurden. Man erkannte sie nämlich auf den ersten Blick, da sie die einzigen waren, die kein Hakenkreuz im Knopfloch oder als Armbinde trugen. Liesel Deutsch und ich mussten als Juden die Schule verlassen und in eine Judenschule gehen, vor der immer eine johlende und bedrohliche Horde stand. Meine Eltern, brave Bürger bis zuletzt, bestanden darauf, dass ich mich weiterhin bemühen sollte, gute Noten nach Hause zu bringen, was nicht schwer war, angesichts der Tatsache, dass die Lehrer in den Judenschulen auch Juden waren, die nur danach strebten, der Hölle zu entkommen. Die schulischen Leistungen ihrer Sprösslinge waren ihnen verständlicherweise egal.

Eines Tages regte sich mein Blinddarm, und obwohl der Anfall bald vorüber war, riet der Arzt, ein Herr Dr. Rosenblatt, zur Operation. »Dieser Blinddarm wird sich immer wieder bemerkbar machen«, sagte er, »und dann seid ihr weiss Gott wo, irgendwo auf der Flucht, vielleicht ohne Arzt und ohne Geld, und wisst nicht wohin mit dem Blinddarm. In Wien gibt es das jüdische Rothschild-Spital, jüdische Ärzte, jüdische Patienten, die Operation ist ungefährlich, die Nazis gehen nicht hinein, da ist Georg wenigstens zwei Wochen lang sicher.«

Ich weiss nicht, ob er Letzteres glaubte, aber meine Eltern glaubten es, und so wurde ich operiert. Nach der Operation lag ich in einem Einzelzimmer, in das man auch ein Sofa für meine Mutter gestellt hatte, und eines Tages öffnete sich die Türe und Liesel Deutsch erschien mit einem Blumenstrauss. Sie nickte meiner Mutter kurz zu, setzte sich auf mein Bett und legte mir die Blumen auf den Bauch. Ich hatte keine Ahnung, woher sie wusste, dass ich operiert worden war, aber sie erzählte es mir, wir lachten eine Weile zusammen, ich war überglücklich, und dann ging sie wieder.

Kaum war sie draussen, fiel meine Mutter über mich her: »Wer ist dieses scheussliche Mädchen, das nicht einmal grüssen kann? Kein Benehmen hat sie! Und wie sie ausschaut! Diese hässliche Brille! Hast du gesehen, was für abgetretene Schuhe sie hat? Sie muss eine polnische Jüdin sein, polnische Jüdinnen haben immer abgetretene Schuhe.«

Danach sah ich Liesel Deutsch nicht mehr. Vielleicht konnte sie sich retten und lebt jetzt glücklich verheiratet in Südamerika mit einer neuen Brille. Vielleicht liest sie diesen Bericht, ohne sich selbst wiederzuerkennen. Vielleicht ist sie auch eine Anne Frank ohne Tagebuch geworden.

Etwa zehn Jahre später lernte ich in New York eine junge Theateragentin kennen, einige Jahre älter als ich, gross, blond, eine Walküre und eine polnische Jüdin. Sie war an mir sehr interessiert, aber ich hatte Hemmungen, denn sie trug abgetretene Schuhe, und wenn sie sie ablegte, musste ich immer leise meine Mutter um Verzeihung bitten.

BERICHT ZUR LAGE DER NATION

Es stimmt nicht, dass wir uns ins Leben träumen, im Gegenteil: Wir leben uns in den Traum. Die Welt ist nichts als ein künstliches Gebilde, auf dem wir herumspazieren wie eine Marienkäferherde auf einem Globus. Traum und Schlaf sind nützlich für uns alle, aber sie dienen nicht unbedingt der Wahrheitsfindung. Marienkäfer wie wir können sowieso nie in den Besitz einer Wahrheit gelangen. Ein Marienkäfer breitet voll Sehnsucht seine Flügel aus, redet in sich hinein und aus sich heraus, aber er sagt nichts. Wir reden hinaus und hinein, eine Cocktailparty ohne Cocktails – eigentlich auch ohne Party, denn die Freude fehlt.

Es ist ferner unmöglich, dass die Psychologie oder die Psychiatrie recht hat. Kein Mensch kann eine Lehre über seine Mitmenschen aufstellen, er kann sie lediglich beschnüffeln. Was massen wir uns eigentlich an? Wir glauben, weil wir das Mikroskop erfunden haben, seien wir selbst ein Mikroskop. Wir glauben zu sehen, auch wenn das Gesehene unsichtbar bleibt. Es narrt uns, ist einmal hier, einmal dort, dann plötzlich gar nicht mehr vorhanden. Und wir wollen nicht einsehen, dass neue Theorien ebenso unhaltbar sind wie alte Theorien, die wir belächeln.

Lassen Sie mich zusammenfassen: Wir stehen in einem unbeschreiblichen Winkel zueinander. Wir zerlegen uns in Teile, die es nicht gibt. Unsere Wahrheiten sind wahr, solange wir von ihnen sprechen. Wenn wir schweigen, sind sie bereits erlogen. Ja, man kann sich begeistern, aber das ist nicht ansteckend, daher auch nicht zielführend. Überhaupt Ziel! Was ist das? Wir wissen nicht einmal, was ein Stück Holz ist, geschweige ein Stück ohne Holz. Mit Banalitäten rennen wir offene Türen ein, die geschlossen bleiben sollten. Man müsste gestorben sein, um zu erfahren, wie unwichtig man gewesen ist.

Eine Stille gibt die andere. Die Verlässlichkeit ist Schnee von morgen. Da keine Gründe vorhanden sind, setzen wir uns auf die nächste Parkbank. Wo ist Kaspar, den ich einmal kannte? Er liebte das Verwirrspiel, und wir lachten, statt nachzudenken. Wenn wir nur dabei geblieben wären! Man hat ihm, Kaspar, nach dem Leben getrachtet, also hat er sich versteckt. Seine Augen blitzen im Dunklen. Er ist ein Tiger geworden und ernährt sich selbst.

Wollen wir dichten? Wollen wir ins Dunkle fliegen, wie die Fledermäuse auf der Suche nach Lebendigem? Unflat scheint uns besser zu schmecken. Wenn man ihn bei Tageslicht zu sich nimmt, wundert sich keiner. Wie gemein sind doch die Handwerksburschen geworden! Sie stehlen und morden und lügen das Email von den Zinnen herab. Die Zufriedenheit hingegen wurde zur Quartalsäuferin. Sie bettelt und droht. Man verachtet sie, und sie weiss es.

Man ist nie um eine Ausrede verlegen, wenn man einen Menschen allein lassen will, vor allem, wenn er alt, hilflos und tief geworden ist. Jeder versteckt sich im Grab so gut er kann. Er wäre trotzdem leicht zu finden, aber niemand sucht ihn. Lasset uns beten, sagen die Mächtigen, lasset uns kämpfen, sagen die Machtlosen, Friede seiner Asche, sagen die Weisen, wenn ein Kind auf die Welt kommt.

Was bleibt, ist die Zukunft, aber nicht die Hoffnung auf eine bessere. Die Zukunft ist schlechter, man weiss nur nicht wie. Ein billiges Hotelzimmer ist das beste Rad der Geschichte. Irgendwann kommt ein Stubenmädchen und lächelt. Aber sie ist arm, denn sie ist auf die Trinkgelder angewiesen, die sie noch nie bekommen hat. Wenn sie sieht, dass wir schlafen, weckt sie uns und sagt: »Es ist Zeit, das Zimmer aufzuräumen.« Das ist unsere einzige Hoffnung. Aber es gibt keine Hoffnung, solange sich die Menschen nicht schütteln lassen. Einmal versuchte ich, einen Stein zu schütteln, aber er gab sein Inneres nicht preis. Als ich ihn den Abhang hinabwarf, hörte ich ihn noch lange lachen. »Steine muss man klopfen«, sagte der Gefängniswärter, »genau wie die Menschen. Dann knacken sie auseinander und dienen der Industrie.«

Wir dienen.

SAMOA

Ich frage: Gab's je eine Zeit
mit nichts als Frieden weit und breit?
Gab's eine Zeit, in der kein Hunger und kein Krieg war?
Gab's eine Zeit ganz ohne Neid
und ohne Arbeitslosigkeit,
in der nicht alles voll Gewalt und Politik war?

Ich kenn ein Dörflein im Südosten von Samoa,
dort steht die Zeit still, schon seit Achtzehnhundertneun.
Das Volk ist froh dort und wird täglich immer froher.
Man hat nichts anderes zu tun als sich zu freuen.

In diesem Dörflein in Samoa hat man alles, was man braucht,
und ganz egal, wo was passiert, es ist nicht dort.
Es gibt nur Heiterkeit und Ruh.
Doch wer zieht hin? Nicht ich, nicht du.
Im Gegenteil: Die Samoaner ziehen fort.

Die Samoaner ziehen nach Japan, nach New York und nach Berlin,
um sich an Umweltschmutz und Aktien zu berauschen.
Vielleicht wär's gut, wenn wir indessen nach Samoa rüber ziehen,
in anderen Worten: Mit den Samoanern tauschen.

Wir bauen dort Autobahnen, Fernsehen, eine Oper,
gründen Parteien – was man so braucht zu seinem Glück.
Die Samoaner schaffen Frieden in Europa,
und dann kehrt jeder in sein Heimatland zurück.

Man wird mir sagen, das ist ein Traum.
Wer zu viel träumt, kommt in den Knast.
Der Kanzler schätzt es nicht, wenn man von Träumen spricht.
Doch das Geheimnis – nun gib acht!
Ein Traum bringt Kraft. Wir brauchen Macht.
Das ist der Unterschied: Wo Macht ist und wo nicht.

Seit ich das weiss, lässt mich das Los der Samoaner nicht in Ruh.
Ich sag mir: Macht hat jeder, der gerade drankommt.
Doch was mich wach hält jede Nacht:
Ich frag, was macht man ohne Macht?
Und in Samoa weiss man das, sobald man ankommt.

Ich fange an, die Samoaner zu beneiden,
und hoffe insgeheim, auch sie beneiden mich.
Nur wenn ich frag: Wer hat es besser von uns beiden?
Dann lässt mich leider die Entscheidungskraft im Stich.

Hier ist es hässlicher als dort.
Dafür ist's dort so schrecklich fad.
Und wär man dort, man käme sicher bald zurück.
Wir brauchen Macht, wir brauchen Traum.
Und in Samoa wächst ein Baum,
wer drunter einschläft, träumt beseelt von Osnabrück.

DAS BEGRÄBNIS DER FREIHEIT

Vergangenen Montag Morgen war Begräbnis.
Man trug die Freiheit zu Grab.
Es war für mich beinahe ein alltägliches Erlebnis,
wie ich es öfter jetzt hab.

Man gab sich feierlich, um auszugleichen,
dass man sie mordete in West und Ost.
Sie lag in ihrem Sarg und sah so aus wie andere Leichen:
Jenseits von Sorge und Frost.
Als könnt man sie erreichen
per Post.

Ich glaube, ihren Mördern war es peinlich.
Der eine weinte gar sehr.
Er fühlte sich verloren und verraten augenscheinlich,
weil sie nur tot war, nicht mehr.

Der Priester lächelte und trug Zylinder.
Familie gab es nicht. Sie blieb allein.
An ihrem Sarge standen ganz besonders viele Kinder,
statt in der Schule zu sein.
Sogar ein kleiner Blinder
sah 'rein.

Man schloss den Sarg und ging zum Grabe.
Der Weg war lang. Das Glöckchen bimmelte und bimmelte
und hörte nie mehr auf.
Der Priester sprach ein letztes frohes Wort.
Man gab den Totengräbern rasch ihr Trinkgeld.
Und niemand sagte irgendwas von Mord.
Man schwieg sich aus, als wär man auch so tot wie sie.
Und dann war endlich das Begräbnis um.

Man traf sich noch zum Abschied vor den Toren.
Der Blick ist schön dort ins Tal.
Man wusste zwar, man hatte etwas Wichtiges verloren,
doch schien es seltsam egal.

Man stieg ins Auto ein und fuhr zum Essen.
Jemand versprach etwas, doch was verspricht's?
Am nächsten Morgen hatte man die Freiheit längst vergessen.
Das ist der Schluss meines Berichts.
Auch in den freien Pressen
stand nichts.

Ihr Grab liegt hinten, in der Nähe Don Quichottes.
Und ich besuch es manchmal heimlich und aus Trotz.

BLUMENGIESSEN

Wenn es dunkel wird in Alabama
und die Neger zücken ihr Gewehr,
dann geh ich Blumengiessen, Blumengiessen,
und von Neckermann
schaff ich Samen an.
Wenn's brenzlig wird in Yokohama,
und man fragt sich dort: Wo kommt das her?
Dann geh ich Blumengiessen, Blumengiessen,
denn das Immergrün
macht mein Zimmer grün.

Und den Winterheckenkräutern,
Ringelblumen, Thymian und Mohn
kann man Politik ja nicht erläutern.
Wo ist mein Kerbelkraut? Ach ja, da ist es schon.

Fern in Asien passiert ein Drama.
In Belutschistan marschiert ein Heer.
Und ich geh Blumengiessen, Blumengiessen,
und mein Blätterkohl
fühlt sich pudelwohl
beim Blumengiessen, Blumengiessen.
Herz, was willst du noch mehr?

Ich giess Kokardenblumen und Ziegenbart,
ich giess Studentenröschen und Streu,
ich giess die Schlotterhose und den Katzenstart,
ich giess Totentrompete und Heu,
ich giess das Schlangenmaul und den Tränenschwamm,
ich giess die Hundsblumen und das Korn,
ich giess Schnuderbeeribaum und Hexenkamm,
ich giess Mönchsrhabarber und Sporn,
Pfefferblümchen, Zuckerrohr,
Wanzenkirsche, Schweineohr,
Heidenröslein, Nackter Kavalier,
Sauerampfer, Teufelsbraut,
Guter Heinrich und Judenkraut,
alle decken ihren Fressbedarf bei mir.

Ach, mein Nachbar soll zu den Soldaten,
und wer weiss, ob wir uns wieder sehen,
denk ich beim Blumengiessen, Blumengiessen.
Meine Träne floss
auf den Spargelspross.
Die Schwester ging zum Advokaten.
Ihre Kinder leiden unter Föhn.
Sie sollten Blumengiessen, Blumengiessen.
In der Gurkenzeit
braucht man Feuchtigkeit.

Alle wollen immer etwas ändern.
Keiner will die Zukunft wie sie war.
Grünes gibt's in aller Herren Ländern,
das steht genau so da wie im vergangenen Jahr.

Doch den Leuten ist da nicht zu raten.
Keiner merkt, dass ich ihn übertön
mit meinem Blumengiessen, Blumengiessen.
Ich schneid Ritterwurz
und die Stauden kurz,
bind Tomaten fest –
Kampf der Raupenpest!
Und mein Garten blüht,
und mein Garten ist schön.

MATHIAS

Hat irgendjemand hier Mathias gesehen?
Hat irgendjemand hier Mathias gesehen?
Ich fürchte sehr, wir haben ihn verloren.
Er kann so viele Dinge noch nicht verstehen.
Hat irgendjemand hier Mathias gesehen?
Er wurde erst am Donnerstag geboren.

Kaum dass er hier war,
drückte ich ihn an mich.
Als er bei mir war,
da war er doch bei sich.
Er weinte lange
und fand das Zimmer kalt und wollte gehen.
Hat irgendjemand hier Mathias gesehen?
Er blieb vielleicht bei einem Backofen stehen,
er hat ja, seit er hier ist, stets gefroren.

Wenn Sie ihn sehen sollten,
sagen Sie ihm bitte leise,
dass Sie nicht stören wollten
auf seiner ersten Reise,
und rühren Sie ihn bitte gar nicht an!
Erzählen Sie ihm nur, ich möchte ihm etwas sagen,
was er noch nicht wissen kann.

Nämlich, es gibt ja auch Kontraste.
Manches in dieser Welt ist gut.
Träume gibt's bei Tag,
und Verzeihung gibt's bei Nacht,
und fast für jeden Menschen
lebt ein ihm gemässer zweiter irgendwo.
Eines Tags kommt der Moment,
wo er den ganz klar erkennt.
Das Erkennen nennt man Liebe.
Diese ist vielleicht vergebens,
aber doch der Sinn des Lebens.

Hat irgendjemand hier Mathias gesehen?
Hat irgendjemand hier Mathias gesehen?
Er wartete nicht ab, er ging voraus.
Ich will zur Vorsicht einmal nachschauen gehen.
Er könnte irgendwo noch lauschen und stehen,
dann hol ich ihn sofort zurück nach Haus.

Vielleicht ist er der Schlaue
bei seiner Fahrt ins Blaue
und kommt am Schluss nach Hause
nach hundert Jahren Pause,
und nachdem wir verschwanden,
ist er allein vorhanden.

MEINE HEIMAT

Der Sinn jeder Heimat ist, dass man sie liebt, egal wie scheusslich sie ist. Man hat auch eine Heimat, damit man etwas zu verteidigen hat. Wer nichts verteidigt, ist heimatlos. Ausserdem hat man eine Heimat, damit man sich erinnern kann, wie sie früher ausgesehen hat.

Eine der schlimmsten Strassen in Wien heisst »Graben«. Der Graben hat Seitengassen, die mit Totenglöcklein ausgestattet sind. In der Seilergasse seilt man sich ab, in der Spiegelgasse hält man dir einen Spiegel vor, aus dem jemand anderer heraussieht, in der Dorotheergasse heissen alle Dorothee, so dass man eine mit der anderen verwechselt, in der Bräunerstrasse wird alles bräuner, brennender und brausender, in die Habsburgergasse braucht man nur einen Blick zu werfen, und schon stehen alle Habsburger da, von Rudolf bis Karl, einer wütender als der andere, du keuchst weiter, und in der Naglergasse wird endlich alles festgenagelt, dir quer durch den Bauch, und dann weisst du mit Sicherheit: Du bist in Wien, und das ist meine Heimat.

Alle Strassen Wiens sind alt, alle Häuser hat es schon einmal gegeben, alle Hunde haben schon gebellt, alle Menschen passen genau hinein. Man kann auf irgendein Haus zeigen und sagen: »Hier hat es einmal eine Einsiedelei gegeben, bis der heilige Mann gestorben ist und die Nonnenkinder mit sich in den Tod genommen hat.« Man wird dir aufs Wort glauben.

Oder man sagt: »Die Blutgasse wurde nach einem gewissen Anselm Blut so genannt, der gerne Blutwurst gegessen hat. Dieser Anselm Blut hat einen Priester beleidigt, weil er nicht gewusst hat, dass gerade Fronleichnam war. Man hat ihm die Zunge herausgeschnitten, und die Leute haben noch lange darüber gelacht.«

Oder man sagt: »Überall in der Kärntnerstrasse lauern die Ewigen, das sind friedliche und freundliche Leute. Sie zeigen den Amerikanern den Weg zur Kapuzinergruft. Sie sprechen Englisch, Französisch und Antisemitisch. Gelegentlich feiern sie den Sieg bei Aspern. Und am Ende der Kärntnerstrasse zeigen sie dir den Stephansplatz.« Auf dem Stephansplatz tagt bis heute das Gericht. Wenn man sich vor das Riesentor stellt und hinaufblickt, sieht man den Richter. Er spricht kein Urteil, denn er kann die jetzigen Gesetze nicht leiden, sondern wartet darauf, dass die alte Gesetzgebung wieder eingeführt wird. Dann werden Ohren abgeschnitten, Hände abgehackt, es wird gerädert, geköpft, gevierteilt, und die Schreie der Gefolterten hallen durch die Nacht. Der Richter wartet, und es kann nicht mehr lange dauern.

Das Seltsame an Wien ist, dass man Historisches mit Erfundenem vermengen kann, ohne dass es jemand merkt. Bleiben wir aber bei den Tatsachen: Der Förster, der den Bankier Sothen erschossen hat, hat wirklich Hittler geheissen. Der Kaiser hat ihn zu zwölf Jahren Kerker begnadigt, und fünfzig Jahre später hat ein anderer Hitler der Welt gezeigt, wie lange zwölf Jahre dauern können. Das war kein Zufall. Es gibt in Wien keine Zufälle. Jeder Stein ist einleuchtend, jeder Seufzer logisch.

In der Nähe der Rotenturmstrasse hat einmal ein gewisser Doktor Faust gewohnt, von dem bekannt war, dass er gelegentlich feinen Goldstaub aus dem Fenster geworfen hat. Jahre später hat dort eine Tänzerin namens Eva Veigel ihre Wohnung gehabt, und auf die ist vermutlich eine verspätete Prise Goldstaub gefallen. Sie hat als junges Mädchen in London, wo sie als »Miss Violetta« auftrat, den berühmten Schauspieler David Garrick geheiratet. Ohne ihn gäbe es die heutige Shakespeare-Tradition nicht. Eva Veigel aus der Rotenturmstrasse hat in England ein sehr glückliches Leben geführt, vielleicht weil sie nie nach Wien zurückgekehrt ist. Sie wurde achtundneunzig Jahre alt. Manchmal sieht man noch heute in der Rotenturmstrasse ein blondes Mädchen, das so aussieht, als hätte sie etwas Goldstaub im Haar. Dann möchte man ihr sagen, pack deine Koffer, verlass die Stadt, draussen wartet das Glück. Aber man geniert sich, und sie geht ihres Weges.

Wien hat auch eine Reihe von historischen Gedenkstätten: Im Haus Am Hof 13 trat Mozart auf. Im Haus Ballgasse 14 wohnte einmal Grillparzer. Im Haus Bauernmarkt 10 wurde Grillparzer geboren. Im Haus Bräunerstrasse 11 wohnte einmal Grillparzer. Im Haus Dorotheergasse 6 wohnte einmal Grillparzer. Im Haus Färbergase 5 wohnte einmal Mozart. Im Haus Fleischmarkt 24 wohnte einmal Mozart. Im Haus Freyung 6 wohnte einmal Grillparzer. Im Haus Göttweihergasse 1 wohnte einmal Salieri, ein Konkurrent Mozarts. Im Haus Graben 17 wohnte einmal Mozart. Im Haus Graben 29 wohnte einmal Mozart. Im Haus Grünangergasse 12 wohnte einmal Grillparzer. Im Haus Herrengasse 5 wohnte einmal Grillparzer. Im Haus Himmelpfortgasse 16 wohnte einmal Grillparzer. Im Haus Jakobergasse 10 wohnte einmal Grillparzer. Im Haus Johannesgasse 6 wirkte Grillparzer als Direktor des Hofkammerarchivs. Im Haus Judenplatz 1 wohnte einmal Grillparzer. An der Stelle der Häuser Judenplatz 3 und Judenplatz 4 stand früher das Haus Nummer 224, in dem einmal Mozart wohnte. Im Haus Milchgasse 1 wohnte einmal Mozart. Im Haus Rauhensteingasse 6 wohnte einmal Grillparzer. Im Haus Rauhensteingasse 8 starb Mozart. Im Haus Schulergasse 8 wohnte einmal Mozart. Im Haus Singerstrasse 7 wohnte einmal Mozart, später auch Brahms. Im Haus Spiegelgasse 21 starb Grillparzer. Im Haus Tiefer Graben 18 wohnte einmal Mozart. Im Haus Tiefer Graben 32 wohnte einmal Grillparzer. Im Haus Wallnerstrasse 8 lernte Grillparzer seine Braut Kathi Fröhlich kennen, die er aber nie heiratete. Im Haus Wipplingerstrasse 19 wohnte einmal Mozart, das ist aber dasselbe Haus wie das schon erwähnte Haus Färbergasse 5. Im Haus Grinzingerstrasse 64 wohnte einmal Grillparzer. In der Kirche Maria Geburt auf dem Rennweg dirigierte einmal Mozart. In der Spanischen Hofreitschule dirigierte einmal Beethoven.

Grillparzer besuchte einmal Goethe in Weimar. Die beiden Herren sassen lange im Garten und schwiegen. Goethe war damals sechsundsiebzig Jahre alt, Grillparzer fünfunddreissig. Goethe war freundlich, wenn auch etwas herablassend. Grillparzer war schüchtern. Von Zeit zu Zeit erzählte er Goethe etwas über Wien, und Goethe nickte. Schliesslich sagte Grillparzer nichts mehr über Wien und verabschiedete sich.

Auch die nähere Umgebung Wiens ist reizvoll. Die Stiftskirche von Heiligenkreuz war von immenser Bedeutung für die Ordensbaukunst der Zisterzienser Mönche. Man kann sich dort im Gasthaus für verhältnismässig wenig Geld einen verhältnismässig starken Rausch antrinken. Nicht weit davon fand die Tragödie von Mayerling statt, die man gelegentlich im Fernsehen geniessen kann. Allerdings war es in Wirklichkeit keine so grosse Tragödie, denn erstens war der Kronprinz

Rudolph unheilbar krank, zweitens war er ein Mörder, denn er erschoss ja seine Geliebte, bevor er sich selbst das Leben nahm, also muss man ihm nicht nachtrauern, und drittens war Kaiser Franz Joseph gegen jeden Kummer ziemlich abgestumpft. Man bedenke: Sein Bruder Maximilian wurde in Mexiko erschossen, sein Bruder Ludwig Viktor war offen homosexuell und wurde von ihm lebenslang auf Schloss Klessheim verbannt, seine Frau Elisabeth wurde in Genf erstochen, Erzherzog Johann Salvator ertrank auf dem Weg nach Südamerika, Erzherzog Ferdinand Karl trat aus dem Kaiserhaus aus und übersiedelte freiwillig nach München, Erzherzog Leopold Ferdinand wurde Kabarettist in Berlin, Erzherzog Otto hatte fünf uneheliche Kinder und starb mit einundvierzig Jahren an der Syphilis, Erzherzogin Luise brannte mit ihrem Französischlehrer durch, und Erzherzog Franz Ferdinand wurde in Sarajevo erschossen. Wer von uns kann da mit seiner Familie mithalten?

Die Sonnenfelsgasse in Wien wurde in der Nazizeit in Johann-Sebastian-Bach-Gasse umbenannt, weil Wien ja eine Musikstadt ist. Wer in der Sonnenfelsgasse wohnt, der wohnt dort schon lang. Meistens haben schon die Urgrosseltern dort gewohnt, denn das Haus hat dem Urgrossvater des jetzigen Besitzers gehört, der es vom Ururgrossvater des Nachbarn gekauft hat, der ein Bischof war und das Haus von einem ungarischen Grafen geschenkt bekommen hat. Einer seiner Onkeln war Hofkammerpräsident, und im Türkenkrieg hat er eine türkische Fahne erobert, die noch jetzt im Museum zu sehen ist. Zwei Generationen danach hat einer der Söhne das Abitur nicht geschafft, worauf sich die halbe Familie umgebracht hat. Aber das Haus steht noch immer, und die Miete ist noch immer dieselbe. Am Anfang des vergangenen Jahrhunderts ist eine der Töchter nach Linz übersiedelt und hat einen Misericordia-Dolch mitgenommen, der alter Familienbesitz war. Der Prozess läuft noch.

DER TOD MUSS EIN WIENER SEIN

Ein Volkslied

Da droben auf der goldenen Himmelbastei,
da sitzt unser Herrgott ganz munter
und trinkt ein Glas Wein oder zwei oder drei
und schaut auf die Wienerstadt runter.
Die Geister, die geistern bei ihm umeinand,
er hat s' in der Hand jederzeit,
das Glück und das Unglück, den Tod und die Schand
und die Lieb und den Zorn und den Neid
und den Geiz und die Gier und die Gall und die Gicht –
ja, da gibt's eine sehr grosse Schar.
Wie die Geister dort ausschaun, also das weiss ich nicht,
aber eines ist mir völlig klar:

Der Tod, das muss ein Wiener sein,
genau wie die Lieb a Französin.
Denn wer bringt dich pünktlich zur Himmelstür?
Ja, da hat nur ein Wiener das G'spür dafür.
Der Tod, das muss ein Wiener sein.
Nur er trifft den richtigen Ton:
Geh Schatzerl, geh Katzerl, was sperrst dich denn ein?
Der Tod muss ein Wiener sein.

Die Mitzi, die Fritzi und die Leopoldin
sind fesche und lustige Madeln,
haben Guckerln und Wuckerln wie jede in Wien
und Handerln und Zahnderln und Wadeln.
Sie werden dem riesigsten Schnitzel gerecht
und tanzen noch Walzer dabei
und singen so hoch, wie die Callas gern möcht,
und ihr Herz ist für jedermann frei.
Doch auch Wiener Madeln sterben, wenn der Herrgott es will,
und wenn das einem Madel geschieht,
dann is's aus mit dem Tanzen, dann lächelt s' nur still
und singt ganz versonnen das Lied:

Der Tod, das muss ein Wiener sein,
genau wie die Lieb a Französin.
Denn wer bringt dich pünktlich zur Himmelstür?
Ja, da hat nur ein Wiener das G'spür dafür.
Der Tod, das muss ein Wiener sein.
Nur er trifft den richtigen Ton:
Geh Schatzerl, geh Katzerl, wes sperrst dich denn ein?
Der Tod muss ein Wiener sein.
Geh Mopperl, du Tschopperl, komm brav mit'm Freund Hein!
Der Tod muss ein Wiener sein.

WAS MAN ALLEN ALLES SAGEN KÖNNTE

Was man allen alles sagen könnte,
wenn man sagen könnte, was man sagen könnte,
wenn man wissen dürfte, dass schon alle wissen,
was man sagen könnte oder zeigen!
Würden alle allen alles sagen?
Würden alle sagen, dass sie alles sagen,
wenn sie wissen dürften, dass schon alle wissen,
was man sagen könnte – oder schweigen?

Alle wissen, was man sagen könnte
und durch Fragen vieles leichter tragen könnte.
Aber alle wissen, dass man wissen könnte,
dass sie wissen könnten, was man weiss.
Jeder blickt herum im Kreis.
Jedem wird ein bissel heiss.
Klein ist der Inhalt und gross der Verschleiss.

Wenn man nur mit jedem reden könnte!
Wie man reden könnte, wenn man reden könnte!
Wenn man einfach jeden überreden könnte,
seine Fäden nicht zu straff zu ziehen!
Aber da doch jeder ahnen könnte,
jedem schwanen könnte, was man planen könnte,
ihn an irgendeine Pflicht gemahnen könnte,
sagt man gar nichts ausser: Wien bleibt Wien.

Da die Donau, da der Wienerwald,
und im Wienerwald bist du.
Da der Prater, da der Stephansturm,
im Helenental findst Ruh.
Wo der Fink blüht und der Fliederbusch,
wo ein Hund bellt, Grund zum Glücklichsein,
wo der Wein einen Strich durch die Schwüre macht,
spielt ein Streichquartett ganz allein.
Wo der Neid rauscht und der Zeit lauscht,
wo die Uhr steht, weil s' nicht weiter kann,
wo s' Ballett vor Begeisterung nicht tanzen will,
kommt's auf ein Wörterl mehr gar nicht an.

Wenn man alle nur begreifen könnte,
sich vergreifen könnte und sie kneifen könnte,
ein paar Rücken brechen und versteifen könnte,
aber alle warten auf das Gleiche.
Wenn man nur darüber lächeln könnte,
wenn die Luft so wär, dass man sich fächeln könnte,
nicht ersticken müsste, nicht mehr röcheln könnte,
aber alle wollen nur die Leiche.

Jeder weiss, dass man ertrinken könnte.
Doch bevor man ganz und gar versinken könnte,
glaub ich fest, dass jeder rasch noch winken könnte
oder rufen: Geh doch noch nicht fort!
Gibt's denn einen besseren Ort?
Freunde hast du keine dort.
Klein ist der Sinn, aber gross ist das Wort.

Wenn man noch einmal erwachen könnte,
drüber lachen könnte und was machen könnte,
wie sie alle dich am liebsten hängen würden
und dich drängen würden: Geh und stirb!
Und wenn man dann schliesslich sterben würde
und zerfallen würde und verderben würde,
wie dann jeder freudig sich verfärben würde
und behaupten würde: Er war liab!

SCHIESS MIT MIR

Eine Operettenarie

Ein Gardeoffizier, ein junger Leutenant,
war fern von der Heimat im Kriege.
Das Mädchen neben ihm nahm plötzlich seine Hand
und sagte: 's wär falsch, wenn ich schwiege.
Ich beobachte dich jetzt schon längere Zeit.
Du bist traurig, Herr Leutnant, und das tut mir leid.
Ja, im Krieg geht gar mancherlei vor.
Und dann sang sie ihm zärtlich ins Ohr:

Schiess mit mir, komm, schiess mit mir!
Wir werden schon irgendwen töten.
Bomb mit mir, komm, bomb mit mir!
Wir wollen die Feinde zertreten.
Unsere Liebe erblüht erst beim krachenden Schuss.
Wenn Verwundete brüllen, wie gut schmeckt ein Kuss!
Oh Liebling, schiess mit mir, komm, schiess mit mir,
mein feuriger Landesbefreier!
Schiess mit mir, ja, schiess mit mir,
wir treffen ein paar in die Eier.
Lass uns fröhlich mit schweren Kartätschen
die feindlichen Leiber zerquetschen!
Ach, schiess mit mir, ja, schiess mit mir!
Zusammen gehört uns die Welt,
mein Held.

Der Krieg ging schnell vorbei. Der junge Leutenant
kam einbeinig heim in sein Städtchen.
Da sah er eines Tags in einem Restaurant
ein schönes einarmiges Mädchen.
Er rief nur: Mein Mädel! mit zitternder Lust,
da lag sie schon voll Leidenschaft an seiner Brust.
Und dann sangen sie beide voll Glück
ihre alte vertraute Musik:

Schiess mit mir, komm, schiess mit mir!
Wir werden schon irgendwen töten.
Bomb mit mir, komm, bomb mit mir!
Wir wollen die Feinde zertreten.
Ach, erinnerst du dich noch der seligen Zeit,
als wir glücklich vereint waren im blutigen Streit?
Oh Liebling, schiess mit mir, komm, schiess mit mir!
Wie süss, auf dem Schlachtfeld zu lieben!
Schiess mit mir, ja, schiess mit mir!
Ich metzgerte heute erst sieben.
Niemand fragt, ob der Krieg nun verloren.
Neue Feinde werden täglich geboren.
Drum schiess mit mir, ja, schiess mit mir!
Es gibt nur den Sieg
bis zum nächsten Krieg.

SCHNITZLER IN HOLLYWOOD

Schnitzler in Hollywood, Zweig in Shanghai,
so geht das Leben am Leben vorbei.
Werfel in Mexiko, Armstrong in Wien,
oh, lieber Augustin, alles ist hin.

Wer noch begreifen könnt, was da zerbricht!
Wer es beschreiben könnt! Ich kann es nicht.
Jedes verzweifelte Wort ist zu klein.
Lass mer's halt sein!
Heut ist ja schliesslich erst Donnerstag.

Es knirscht das alte Karussell,
und der Regen fällt noch nicht zu schnell.
Hitler ist tot. Aber wer lebt?
Ob nicht doch morgen schon Samstag ist?

Ich hab noch einen Wein zu Haus,
und der Kanzler schaut beim Fenster raus,
und ich hätt jemand so gern geküsst.
Jetzt ist zu spät. Wenn man nur rechtzeitig wüsst!

Schnitzler in Hollywood, Nestroy in Delft,
ich in Bolivien, wenn ihr mir helft.
Aber das Publikum liegt auf den Knien.
Oh, lieber Augustin, alles ist hin.

AM TOTENBETT

Wenn ich auf d'Nacht zum Wein geh,
dann fühl ich mich komplett.
Und wenn ich einmal eingeh,
dann komm ich hin im Bett.
Da gibt's zwar nix zum erben,
ich bin ja pensioniert.
Da sing ich nur vorm Sterben
mein letztes Wiener Lied:

I brauch kein' Wein, i brauch kein Weib,
i lieg am Totenbett.
I brauch kein Gulasch und kein Schnitzel
und kein' Strudel net.
I brauch aus Grinzing keine Schrammeln,
nur a Medizin,
sonst bin i heut auf d'Nacht noch hin.

I brauch ka Donau und kein' Prater
und kein' Tegetthoff,
i brauch ein' Einlauf und a Spritzen
und ein' Sauerstoff.
I brauch kein' Walzer,
i brauch net amal ein' Englisch Waltz.
Bringts mich ins Krankenhaus,
die Krankenkassa zahlt's.

I brauch kein Beuschel,
i brauch mein eignes wieder g'sund.
I brauch kein' Steffel,
i brauch ein' ärztlichen Befund.
Holts net mei' Alte,
weil sonsten stirb i noch aus Trotz.
Auch keine Madeln,
weil in ein' Sarg ist eh kein Platz.

I brauch ka Klampfen, kein' Radetzky
und kein' Zapfenstreich,
i brauch kein' Kanzler
und auch kein modernes Österreich.
I brauch kein' Karajan,
der war ja nie mein Hauptproblem.
I brauch ihm net amal fürs Requiem.

I brauch ka Wohnung,
weil a Wohnung hab i eh nie g'habt.
Brauch keine Freunderln,
weil die hat ja d'Polizei schon g'schnappt.
I brauch kein' Fernseher,
in ein' ORF sieht man ja eh nix G'scheit's,
i brauch nur's Bluat vom Roten Kreuz.

Leckts mich im Orsch mit'm Parlament
und Fahne Rotweissrot!
I brauch ka Freiheit,
weil bis's die gibt, bin i eh schon tot.
I brauch kein' Fremdenführer
in der Kapuzinergruft.
I weiss nur eins: I krieg ka Luft.

Man sagt, der Wiener
ist immer voll Gemütlichkeit.
I bin ein Wiener.
I hab fürs G'müatlichsein ka Zeit.
Man sagt, der Wiener
kennt seine Oper, seine Burg.
I kenn s' von aussen.
I kenn nur leider kein' Chirurg.

I kenn kein' Strauss, kein' Lippizaner
und kein' Knabenchor,
weil i mein Lebtag mit der Arbeit
zu beschäftigt war.
I find kein' Mozart und kein' Haydn
und kein' Schubert schön.
I hab ein einzig's Mal den Hitler g'sehn.
Kein Wiener Lied, ka Wiener Mode, nur ein Leichenhemd.
Ja, wenn man stirbt, wird einem Wien ganz fremd.

EINE ERINNERUNG

Meine Mutter hatte einen Onkel namens Julius Hochberg, der eine kleine Drogerie besass. Ausserdem hatte er ein Fusspuder für Schweissfüsse erfunden. Das war in den Zwanziger Jahren des vergangenen Jahrhunderts, als die meisten Leute in Wien keine Badezimmer hatten und sich in der Küche mit kaltem Wasser waschen mussten, ganz normal.

Hochbergs Fusspuder hiess Teddy. Er verkaufte es nicht nur in seinem Laden, sondern hatte auch ein paar Vertreter, die es anderen Drogerien anboten. Ausserdem liess er kleine Werbeplakate drucken, die dann in den Strassenbahnen hingen. Sie bestanden aus einer Bilderfolge von drei Bildern im Stil der heutigen Comics. Beispielsweise sah man auf dem ersten Bild einen jungen Mann, der ein Mädchen umschwärmte, und darunter konnte man folgenden Text lesen: »Der Rudi liebt die Mitzi sehr, doch Mitzi sagt: ›Ich kann nicht mehr. Du bist zwar auch mein Romeo, doch deine Füsse stinken so‹.« Auf dem zweiten Bild sah man Rudi allein zu Hause, wie er seine Füsse mit Teddy-Puder behandelte, und der Text darunter lautete: »Der Rudi sitzt allein zu Haus, doch jetzt packt er sein Teddy aus und pudert seine Füsse ein. Nun wird die Sache anders sein.« Und auf dem letzten Bild waren Rudi und Mitzi glücklich vereint, und der Text behauptete: »Die Mitzi sagt: ›Oh, Rudi mein, ja, jetzt bin ich auf ewig dein.‹« Und ganz gross darunter stand geschrieben: »Wer Teddy benützt, niemals schwitzt.«

Verschiedene Zeichnungen mit ähnlichen Geschichten liess sich mein Grossonkel Julius Hochberg von arbeitslosen Graphikern entwerfen, und eines Tages gab er auch Zeichnungen bei einem arbeitslosen Maler namens Adolf Hitler in Auftrag. Er erinnerte sich erst daran, als der arbeitslose Maler deutscher Reichskanzler geworden war, und zeigte Hitlers Entwürfe im Bekanntenkreis herum. Er und seine Frau starben, bevor Hitlers Wehrmacht in Österreich einmarschierte, aber bei seinem Sohn stand schon am Tag darauf die Gestapo an der Wohnungstür und verlangte die Zeichnungen.

Karl Hochberg, der Sohn, hatte jedoch die Zeichnungen bereits anderswo untergebracht, und obwohl die Gestapo die Wohnung auf den Kopf stellte, wurde nichts gefunden. Offensichtlich hatte Hitler selbst den Befehl dazu gegeben, denn aus seiner damaligen Umgebung dürfte kaum jemand geahnt haben, dass der Führer einmal für einen jüdischen Drogisten Werbung für dessen Schweissfusspuder gezeichnet hatte.

ICH BRAUCHE NICHTS

Ich brauche nichts – ausser meinen Schmuck.
Der ist Millionen wert, und das ist mir genug.
Ich brauche nichts, denn da steht mein Haus,
zwölf Zimmer, Mittelmeer, und damit ist es aus.

Ich brauche nichts, ausser, Gott sei Dank,
dass ich mein Konto habe auf der Schweizer Bank.
Sonst brauch ich nichts, ausser meinen Mann,
wobei ich feststellen muss, an dem ist nicht viel dran.

Ich bin ein anspruchsloser Mensch, Sie würden staunen.
Natürlich ist da noch mein Flugzeug und mein Pferd.
Nun ja, ich habe hie und da perverse Launen –
wer hat die nicht? Das ist doch kaum der Rede wert.

Ich brauche nichts – höchstens den Rolls Royce.
Doch der ist nur kaputt und rostig im Gehäus.
Der eine Wunsch – ich sag es unverhüllt –
den ich noch habe, hat sich leider nicht erfüllt:

Ich wünsch mir ein mächtiges Deutschland zurück,
ein Land, das die Welt wieder spürt,
mit Danzig, der Ostmark und von Polen das Stück,
das uns von Rechts wegen gebührt.

Auch Südtirol darf dann nicht mehr abseits sein,
Und bis Olmütz muss alles deutsch, wie die deutsche Schweiz sein.
Oh, Schicksalstag, lass mich nicht länger im Stich!
Ich warte, ich warte auf dich.

Sonst brauch ich nichts. Keinerlei Besitz.
Ich bin in Nizza, Teneriffa, Sankt Moritz.
Die kleine Jacht liegt ja noch am Pier.
Dort wird mein Sohn erzogen, der wird Offizier.

Ich brauche nichts – ein paar Barren Gold
der Tradition zulieb. Ich hätt sie nicht gewollt.
Ich brauche nichts. Ich lebe, welch ein Greu'l,
von meinen Aktien bei Ford und Standard Oil.

Ich will die Aktien bald im deutschen Rhein versenken,
denn von Amerika zu leben, liegt mir fern.
Jedoch mein Mann sagt, warum soll man's denen schenken!
Und so kassiere ich die Dollars, doch nicht gern.

Und nur bis mein Deutschland sich wieder erhebt
und durch Deutschtum die Menschheit erhellt.
Auch Holland wird deutsch, und Deutschafrika lebt,
und wir führen die westliche Welt.

Doch nicht gegen uns, wie's einmal gewesen,
nein, mit uns vereint gegen die Chinesen.
Ich harre der Stunde des deutschen Gerichts.
Bis dahin – mehr Sekt! – brauch ich nichts.

FRIEDEN KOMMT IN HÄSSLICHER GESTALT

Frieden kommt in hässlicher Gestalt,
schlapp wie ein paar gestrige Spaghetti,
nutzlos wie ein Teller mit Confetti.
Frieden macht den Menschen dumm und alt.

Krieg hingegen reizt den ganzen Mann
und die ganze Frau, vor allem junge.
Immer, mit heraushängender Zunge,
kommt es da auf irgendetwas an.

Endlich hängt man halb bis in den Tod,
endlich liebt man ohne jede Gnade.
Krieg – das schmeckt wie Bitterschokolade.
Frieden schmeckt wie Ölsardinenbrot.

Frieden ist bedingungslos und kalt.
Immer wieder soll man sich vertragen,
immer wieder »Bitte, Danke« sagen.
Frieden kommt in hässlicher Gestalt.

Frieden ist auch niemals gut gemeint,
niemals logisch, niemals demokratisch.
Krieger sind einander nicht sympathisch,
doch der Frieden ist ihr grösster Feind.

Krieg macht Spass, denn Menschen brauchen Sieg.
Ohne Kampf und Blut wird nichts entschieden.
Lass mich bloss in Frieden mit dem Frieden!
Lass mir meinen Frieden mit dem Krieg!

Wenn du mir nicht glaubst, brauch ich Gewalt.
Siehst du wohl – jetzt fängst du an zu schnauben.
Ohne Krieg will niemand etwas glauben.
Frieden kommt in hässlicher Gestalt.

WEG ZUR ARBEIT (1967)

Jeden Morgen gehe ich
zirka acht Minuten lang,
ausser wenn ich krank bin,
von meiner Wohnung in meine Kanzlei.
Das ist schon seit Jahren so.
Ich bin nicht der einzige.
Für die meisten Leute
geht das Leben so vorbei.

Ich grüsse freundlich
die Verkäuferin meiner Zeitung.
Sie hat es schwer heute
seit jenem grausigen Prozess.
Ihr Mann ist eingesperrt
wegen so mancher Überschreitung.
Sie wurde freigesprochen,
denn sie war nicht in der SS.

Und ich grüsse ebenso
den Friseurgehilfen Navratil,
der auch in der SS war.
Oder war es die SA?
Einmal hat er angedeutet,
während er mir die Haare schnitt,
was damals in Dachau
mit dem Rosenblatt geschah.

Er war erst zwanzig,
zwölf Jahre jünger als der Rosenblatt.
Jetzt ist er fünfzig
und ein sehr brauchbarer Friseur.
»Grüss Gott, Herr Hauptmann!«
Der heisst nur Hauptmann, er war Oberst
und hat in Frankreich einige zu Tode expediert.
Er ist noch immer Spediteur.
(Es hat sich nichts geändert.)

Drüben macht Herr Hammerschlag
seinen Bücherladen auf.
Ich seh ihn noch heute vor mir:
Er ist damals so gerannt
und hat direkt vor seinem Buchgeschäft
einen Scheiterhaufen aufgestellt
und hat darauf Thomas Mann
und Lion Feuchtwanger verbrannt

und Erich Kästner
und den Kafka und den Heine
und viele andere,
die jetzt sein Schaufenster verzieren.
Und er verkauft sie
mit einem Lächeln an der Leine.
Tja, er muss leben,
und seine Kinder wollen studieren.
(Er hat ja selbst den Doktor.)

»Verehrung, Herr Profesor!
Wie geht's der Frau Gemahlin?
Danke! Sie schauen blendend aus.
Wie bleiben Sie so jung?«
Das war Professor Töpfer,
seinerzeit Völkischer Beobachter,
Anthropologie und Rassenkunde.
Jetzt ist er beim Funk.

»Grüss Gott, Herr Neumann!«
Der ist nichts, der ist erst dreissig.
Was war sein Vater?
Tja, er war jedenfalls Soldat.
»Habe die Ehre, Herr Direktor!«
Der ist gute fünfundsechzig,
also muss er was gewesen sein.
Heute ist er Demokrat.
(Das sind wir schliesslich alle.)

Drüben ist der Eichelberger,
Gummibänder, Hosenträger.
Das hiess früher Blau und Söhne,
Herrentrikotage.
Nebenan war das Café Winckelmann.
Der Winckelmann ist noch zurückgekommen.
Dann ist er wieder weggefahren.
Jetzt ist dort eine Garage.

Da kommt die Schule.
Da bin ich selber hingegangen.
Mein Deutschprofessor
bezieht noch immer dort Gehalt.
Der schrie »Heil Hitler!«
Das wird er heute nicht mehr schreien.
Was nur die Kinder bei dem lernen?
Vielleicht vergessen sie es bald.
(Ich kann es nicht vergessen.)

So! Jetzt bin ich endlich
in meine Kanzlei gekommen,
setze mich an den Schreibtisch
und öffne einen Brief.
Doch bevor ich lesen kann,
muss ich erst die Richtung ändern,
blicke rasch zum Himmel auf
und atme dreimal tief.

WEDER NOCH

Meinen Sie, es ist leicht? Meinen Sie, es ist schwer?
Weder noch, glauben Sie mir.
Meinen Sie, es ist faul? Meinen Sie, es ist fair?
Weder noch, glauben Sie mir.
Man muss nur wissen, man hat niemals ein Zuhause
und dass man niemals ein Zuhause haben wird,
und dass man, wenn man einmal sagt »Ich geh nach Hause«,
sich höchstwahrscheinlich in der Ausdrucksweise irrt.

Meinen Sie, es macht klug? Meinen Sie, es macht dumm?
Weder noch, glauben Sie mir.
Meinen Sie, man wird laut? Meinen Sie, man wird stumm?
Weder noch, glauben Sie mir.
Man muss sich nur ein bisschen mehr als andere plagen
und sich nicht leid tun, denn man kriegt dafür nicht mehr.
Denn ob man klug ist oder dumm ist, man wird sagen:
Er ist nur klug oder nur dumm, weil er ist er.

Meinen Sie, das ist schlecht? Meinen Sie, das ist gut?
Weder noch, glauben Sie mir.
Meinen Sie, man kriegt Angst? Meinen Sie, man kriegt Mut?
Weder noch, glauben Sie mir.
Man muss nur denken: No, was schadet schon das Wandern?
Und man darf weder sich noch anderen Leuten grollen.
Denn man muss wissen, man ist ganz so wie die anderen,
nur dass die anderen grade das nicht wissen wollen.

WARUM

Warum sind die Leute so feige?
Dafür gibt's doch gar keinen Grund.
Ach, es sterben die blühenden Zweige,
und das Leben geht immer zur Neige,
doch sie halten verbissen den Mund.

Warum sind die Leute so träge
und befreien sich nicht aus der Not?
Ach, sie schlucken den Schlamm und die Schläge,
und der Sargtischler kommt mit der Säge,
doch sie schweigen sich durch bis zum Tod.

Warum sind die Leute so fügsam
und fürchten den leisesten Wind,
so wie Gerten, geschmeidig und biegsam,
und im Leben und Tode genügsam?
Sei nicht wie die Leute, mein Kind!

MEINE MEMOIREN

Beim Schreiben meiner Memoiren entdeckte ich eines Tages, wie schlecht ich mich kannte. Ich war mir nicht gewachsen und musste fürchten, mich falsch einzuschätzen. Warum schreibe ich Memoiren, dachte ich, was gehe ich mich an? Wozu soll ich mich in mein Leben einmischen? Autoren, die über Dinge schreiben, von denen sie nichts verstehen, gibt es wie Sand. Fiel mir plötzlich nichts Besseres ein als ich?

Andererseits, dachte ich, könnte ich ja Lügen über mich verbreiten. Ich könnte mich schreiben, wie man einen Roman schreibt, und niemand könnte dann beurteilen, ob ich ich bin oder ich. Ich würde mich eben so darstellen, wie ich mich sähe, wenn ich nicht ich wäre.

Nun weiss aber jeder Schriftsteller, dass sich Romanfiguren beim Schreiben häufig selbstständig machen und dann Dinge tun, die ihr Erfinder, der Schriftsteller, nie erwartet hätte. Was dann? fragte ich mich. Wie sollte ich mich dann behandeln? Mir wurde mulmig bei dem Gedanken, dass ich mich gegen mich selbst verschwören könnte. Angenommen, meine Romanfigur Ich begeht Selbstmord, wer schreibt dann den Roman weiter? Angenommen, meine Romanfigur Ich lässt sich scheiden, wer zahlt dann die Alimente? Angenommen, meine Romanfigur Ich fängt an, Sauerkraut zu essen, was ich nicht leiden kann, oder sie verbrüdert sich mit dem Rechtsanwalt meiner Exgattin. Da merkte ich, dass ich bereits anfing zu schreiben wie der von mir so wenig geschätzte Autor Ephraim Kishon, nämlich dass ich um einer Pointe willen ins Banale abzugleiten drohte. Ich war kein Thema für mich, ich musste mich loswerden.

Gott sei Dank erinnerte ich mich an einen Satz, den ich irgendwo aufgelesen hatte. Es war eine Definition von Zucker: »Zucker ist der weisse Stoff, der dem Kaffee einen schlechten Geschmack gibt, wenn man vergisst, ihn hineinzutun.« Ein fragwürdiger Satz, aber er rettete mich, denn ich dachte: Ich muss jetzt nur meine Memoiren schreiben, ohne mich hineinzutun. Memoiren ohne mich.

»Du musst nichts über dich schreiben, wenn du deine Memoiren schreibst«, belehrte mich einige Tage später ein Berufsphilosoph, »du musst nur deine Gedanken niederschreiben, das ist autobiographisch genug.«

»Meine Gedanken? Aber ich denke nie beim Schreiben«, protestierte ich, »dazu bin ich zu traurig. Andererseits bin ich ganz gerne traurig. Nur untalentierte Autoren sind lustig, wenn sie schreiben, weil sie sich genial finden. Goethe hat die Welt ja ein Gefängnis genannt, und in diesem Gefängnis stecke ich, wenn ich etwas schreibe. Ich rüttle an den Gitterstäben, aber von Denken kann keine Rede sein.«

»Merkwürdig!« meinte der Berufsphilosoph. »Ich denke über die Welt nach, und sobald ich von irgendeiner These überzeugt bin, schreibe ich sie auf.«

»Dann bist du ein glücklicher Mensch«, sagte ich, »und davon gibt es nicht viele. Im Grossen und Ganzen sind nur Tiere glücklich, wenn man sie in Ruhe lässt. Ich müsste halt versuchen, ein Tier zu sein, womöglich eines, das einen Verleger hat, der meine Memoiren drucken will.«

WAS TUT MAN, UM ZU SEIN

Was tut man, um zu sein?
Man stellt dem Fuchs ein Bein.
Und hast du ihm ein Bein gestellt,
dann zahlt er dir noch Schmerzensgeld
und hasst dich obendrein.
Das tut man, um zu sein.

Was tut man, um zu sein?
Man sperrt die Leute ein
und schlachtet ihre Kinderlein
und lässt sie tief ergriffen sein,
dann werden sie ganz klein.
Das tut man, um zu sein.

Wo die Kuh auf die Alm geht,
dort wächst Gras vor dem Haus.
Wo in ein Ohr ein Psalm geht,
geht er durch das andere auf keinen Fall hinaus.
Wenn die Bluthunde schweigen,
bellen die Schosshunde mehr.
Lass dir Friedhöfe zeigen,
dann bekommst du wieder Lust auf Autobahnverkehr.

Was tut man, um zu sein?
Man lässt sich nicht befrein.
Man schuftet noch entschiedener
und wird immer zufriedener
und lässt den Chef gedeihn.
Das tut man, um zu sein.

Was tut man, um zu sein?
Man schaltet's Fernsehen ein
und setzt sich in den Sorgensitz
und sorgt sich über Fernsehwitz
und lässt das Fernsehen schrein.
Das tut man, um zu sein.

Ist das Leben ein Schlauch,
füll dir mit Coca Cola den Bauch.
Wodka tut's auch.
Wo im Mai schon der Schnee fällt,
fahren die Eskimos Ski.
Ein vierblättriges Kleefeld
garantiert den Treffer in der nächsten Lotterie.

Bayern, Hessen, Schleswig-Holstein,
Bockwurst, Bier und Brüder Grimm,
Mandelbaum und Kohn und Goldstein
schlummern tief in Oswiecim.

Das tut man, um zu sein:
Man sagt den anderen Nein.
Und kämpfen sie, dann lässt man sie,
und siegen sie, erpresst man sie,
dann sagt man wieder Nein.
Das tut man, um zu –
Sein oder Nichtsein, das ist hier die Frag'.
Träumen darf man auch, aber nur bei Tag.
Denn immer höher, immer höher, immer höher, immer höher –

Wir haben längst das Abitur gemacht,
das tut man, um zu sein.
Denn haste was, dann biste was,
und biste was, vergisste was,
vergisste was, dann denkste nix,
und denkste nix, dann drängste nix,
und drängste nix, verpasste nix,
verpasste nix, dann haste nix,
und haste nix, dann biste nix,
das leuchtet jedem ein.
Das tut man um, das tut man um,
das tut man, um zu sein.

DANSE MACABRE

Der Herr Doktor Versalzer
tanzt nächtlich den Walzer mit Esther,
einer kleinen Schwester im Spital,
durch die Abteilung Bronchien und Lungen,
eng umschlungen,
durch die Geistesgestörten zum Kriegsversehrtensaal.

Der Herr Doktor Versalzer
tanzt Walzer gern ohne Orchester.
Aber auch die Schwester liebt das sehr.
Und so tanzen sie zärtlich und innig
durch die Klinik,
über Watte und Pillen, Bazillen ringsumher.

In Zweihundertdrei stirbt Herr Meier,
in Zweihundertvier stirbt Frau Kraus.
Herr Meier hat eitrige Eier,
Frau Kraus hat vier Kinder zu Haus.

Frau Schulz nebenan hat ein Brustkarzinom,
und jetzt spuckt sie noch Blut jede Nacht.
Und die kleine Marie hat die Epilepsie,
dabei ist sie erst sieben oder acht.

Und alle hört man sie stöhnen,
denn sie können sich dran nicht gewöhnen.
Nur der Doktor Versalzer
tanzt Walzer und trällert und lacht.

Aber Esther, die Schwester,
hält fester den Doktor und enger,
und sie blickt ihm strenger ins Gesicht,
und sie lauscht mit Bekümmern dem Wimmern
in den Zimmern,
ihre Augen beginnen zu schimmern und sie spricht:
Wie lang wollt ihr Ärzte, ihr Lieben,
den Tod nur verschieben?
Wann setzt ihr euch endlich in Trab
und schafft ihn ab?

Der Tod ist so grausam und gründlich,
doch sicher überwindlich.
Aber ihr handelt verlogen mit Drogen.
Der Tod selbst hat euch dazu erzogen.

Wobei ich aber auch zugeben muss,
wenn der Tod eines Tages nicht wär,
dann wär's auch mit eurer Machtstellung Schluss,
denn dann bräuchte man euch ja nicht mehr.

Jawohl, der Tod hat für euch was Kommodes,
nicht wahr? Der bringt euch immer was ein.
Und darum seid ihr Ärzte auf der Seite des Todes,
sonst könnt dieser schrecklich willkürliche,
widernatürliche Tod längst nicht mehr sein.

Da lächelt der Doktor,
doch stockt er nicht eine Sekunde.
Er tanzt seine Runde nach wie vor.
Er zertritt in den Fussbodenritzen
ein paar Spritzen,
und dann presst er die Schwester und flüstert ihr ins Ohr:

Schau, dort kommt schon das Zimmer,
wo wir beide immer kampieren
zwischen den Klistieren und dem Jod.
Du siehst vorher so blass und hysterisch aus,
doch nachher frisch und rot.
Ja, wir Ärzte sind auch für das Leben da
und nicht ausschliesslich für den Tod.

WAS WILLST DENN DU?

Was willst denn du
mit deinem Doppelkinn?
So gib doch Ruh
und geh woanders hin!
Dir schlägt der Brausewind die Türe ins Gesicht,
denn was du vorhast, das geht nicht.

Wo willst du mit?
Mach dich nicht lächerlich!
Das Fräulein Schmidt
hat keine Lust auf dich.
Dein Hemd ist schmutzig, und dein Hut ist für die Katz,
und wo du mit willst, ist kein Platz.

Man lacht dich aus,
schickt dich nach Haus
und sagt dir, während du dich trollst,
dass du nicht wiederkommen sollst.
Man stösst dich um
und schlägt dich krumm
und hört dir überhaupt nicht zu,
denn Zeit ist Geld, und du bist du.

Du bist kein Herr,
du bist ein Trampeltier,
und dein Geplärr
hat keine Zukunft hier.
Du bist nicht klug, du bist nicht schön, du bist nicht gut.
Bring dich doch um, bevor's ein anderer für dich tut.

Dann kommt ein Mann,
der spuckt dich an
und streut dir Pfeffer auf den Schwanz
und schiesst dich tot, jedoch nicht ganz.
Und ohne Grund
beisst dich dein Hund.
Selbst deine Mutter sagt zu dir:
Mein Sohn, komm nie zurück zu mir!

So ist die Welt.
Sie kann nicht anders sein.
Drum räum das Feld,
geh in dein Kämmerlein,
dort dreh das Fernsehen an und fasse frischen Mut.
Sobald du fernsiehst, geht's dir wieder gut.

SCHWÄRMEREI

Ich schwärme nun mal fürs Illegale.
Für mich ist das Grundgesetz völlig ohne Sinn.
Was legal ist, ist für mich das Abnormale.
Danken Sie Gott, dass ich nicht Bundeskanzler bin.

Ich schwärme nun mal für den Anarchismus.
Missachtung der Staatsgewalt nehme ich jederzeit hin.
Ein anderer Ismus, den ich liebe, ist der Radikalismus.
Danken Sie Gott, dass ich nicht Bundeskanzler bin.

Ich würde die Vaterlandsliebe im Keime ersticken.
Für mich wäre ein wehrloses Deutschland ein Paradies.
Ich würde jede Regierung nach Sibirien schicken.
München für Fussgänger! Berlin für Genies!

Ich schwärme nun mal für alle Sünden.
Jede Verhöhnung des sogenannten Rechts erfüllt mich mit Stolz.
Und die Demokratie, die mir liegt, die muss sich erst finden.
Gott sei Dank sind unsere Politiker aus anderem Holz.

Ich würde die Banken, die Börsen und die Finanzämter schliessen.
Dann wäre die Umweltverschmutzung vorbei, und das wäre doch nett.
Wenn niemand Geld hätte, könnte auch niemand schiessen.
Keine Sorge, ich mache ja bloss Kabarett.

Ich schwärme nun mal fürs Illegale.
Und wo ich Gesetze erblicke, da schau ich nicht hin.
Ich halte die Mächtigen samt und sonders für Schweine.
Und was die Kirche betrifft – dass ich nicht weine!
Sind Sie anderer Meinung? Dann tun Sie das Eine:
Danken Sie Gott, dass ich nicht Bundeskanzler bin.

RESIGNATION

Gestern war's. Ich sass im Restaurant
und fragte mich, wie immer, was ich essen soll.
Der Tag war wie ein Tag, den man vergessen soll,
ein unvollkommener,
ein ganz verschwommener.
Und ich sprach zum Ober: Hören Sie zu,
ich möchte dieses oder jenes mit Risotto drin.
Aber irgendwo war doch der falsche Otto drin,
zwar die Sonne schien fest
und sie wanderte West –

doch ich sass einsam da und fragte:
Was hab ich eigentlich bestellt?
Und was werd ich statt dessen kriegen?
Kartoffelbrei mit Fliegen.
So geht es in der Welt.

Denn ich bestellte einmal Liebe,
und man servierte meine Frau.
So griff der Ober in die Speiche.
Vielleicht sagt sie das Gleiche,
ich weiss es nicht genau.

Was man bestellt, muss man bezahlen.
Was man bezahlt, schmeckt notgedrungen gut.
Man lächelt mütterlich
und unerschütterlich
greift man zum Hut

und überholt das eigene Auto
und sitzt allein im Separée,
bis man am falschen Tag Bilanz macht.
Doch nur wenn man sie ganz macht,
tut's weh.

Der Ober lacht. Er war der Klügere.
Er räumt das Beste weg. Er kennt den Grund,
lässt sich beim Wischen Zeit,
und in der Zwischenzeit
hält er den Mund.

Ich werde nie mehr was bestellen.
Was man serviert, nehm ich in Kauf.
Es ist auch viel zu spät zu lästern.
Drum lasse ich seit gestern
den Dingen ihren Lauf.

AUS MEINER WERKSTATT

Um schreiben, komponieren oder malen zu können, braucht man ein Unterbewusstsein. Niemand weiss genau, was ein Unterbewusstsein ist, denn wenn man es wüsste, wäre es ein Bewusstsein. André Gide hat gesagt: »Die Kunst ist eine Zusammenarbeit zwischen Gott und den Menschen, und je weniger der Mensch dabei tut, umso besser.« Gott sorgt also dafür, dass das Unterbewusstsein in Stellung geht, während man schreibt, komponiert oder malt. Allerdings, wer Gott sein könnte, darüber schwieg André Gide.

Wenn ich nun hier eine meiner wenigen Meinungen zu Papier bringen darf, so würde ich sagen: Kunst ist die einzige Wahrheit, die ein Mensch halbwegs wahrnehmen kann. Denn wenn man nicht ausgerechnet bei Karl Marx stehengeblieben ist, hat ja jedes Ding mehr als nur eine Wahrheit. Wenn ich zum Beispiel an meinen Onkel Poldi denke, gibt es viele Wahrheiten über ihn, aber wenn ein Künstler meinen Onkel Poldi malen oder komponieren würde, gäbe es nur eine einzige, die des Künstlers. Allerdings hat sich noch kein Künstler an meinen Onkel Poldi herangemacht, und ich würde es ihm auch nicht raten. Es lohnt sich nicht.

André Gide hat recht: Kunst ist viel mehr als das Unterbewusstsein, Kunst ist, was Gott aus unserem Unterbewusstsein macht, und da greift Gott manchmal daneben und holt Dinge hervor, die in unserem Unterbewusstsein beim besten Willen nicht zu finden sind. Wir wissen eben nicht, wo sie herkommen, und schieben sie auf unser Unterbewusstsein, denn wenn man immer wieder Gott erwähnt, wird man mit der Zeit nicht mehr ernst genommen.

Mein Kusin Walter Reisch, ein Drehbuchautor, schrieb über jedes Manuskript ein grosses C.D., bevor er mit dem Schreiben begann. Ein anderer Filmautor namens Billy Wilder fragte ihn einmal, was das bedeute, und Walter Reisch erklärte: »Das ist die Abkürzung für cum deo, also mit Gott«, worauf ihn Billy Wilder herzlich auslachte. Einige Zeit später bekam mein Kusin ein Drehbuch von Billy Wilder in die Hand und sah, dass auch er an den Anfang seines Drehbuchs ein C.D. gemalt hatte. Er stellte ihn daraufhin zur Rede, und Billy Wilder sagte verlegen: »Na ja, man kann nie wissen.« So ist das mit Gott.

Meine Werkstatt ist die letzte Station vor dem Weltuntergang. Jeder Weltuntergang ist ja Privatsache. Man kann ihn malen, komponieren oder in den Papierkorb werfen, der Weltuntergang ist flexibel. Es gibt Leute, die wollen den sofortigen Ausstieg aus der Atomenergie, andere wollen ihn in dreissig Jahren, und wieder andere behaupten, dass an einen Ausstieg gar nicht zu denken ist. Auch ich mache in meiner Werkstatt nichts anderes als an diesem Ausstieg herumzubasteln. Ich gebe zu, wenn man Politiker oder Industrieller ist, verliert man den Weltuntergang verhältnismässig schnell aus den Augen. Meine Werkstatt hingegen ist ganz deutlich die letzte Station davor, also geht die Welt in ihr nicht unter, sondern auf. Sie geht nicht total auf, nur ein Zipfel zeigt sich, aber das genügt schon für einen aufregenden Nachmittag.

Es hat mehrere Schriftsteller gegeben, die folgendes Szenario entwarfen: Nach einem Atomkrieg erlischt alles Leben, nur ein einziger Mensch kriecht aus einem Winkel hervor, und nur er hat überlebt. Was macht er nun ganz allein? Ich glaube, er würde ein Gedicht schreiben.

In meiner Werkstatt muss man Geduld haben. Auch Neinsagen ist wichtig, man darf nicht gleich jeden Zipfel akzeptieren. Unruhig auf und ab zu gehen, lenkt eher ab. Und man soll auch nicht die Augen schliessen. Kein Handwerker schliesst die Augen, während er arbeitet, und gediegenes Handwerk ist ja absolut notwendig, wenn man schon den Weltuntergang als Material hat. Ausserdem sollte man womöglich untröstlich sein.

Während man altert, kommt der Weltuntergang immer näher. Die Satire auch, aber an Regentagen ist sie unendlich fern. Regentage sind ermutigend. Die Natur wächst, und der Mensch bleibt zu Hause. An Regentagen ist meine Werkstatt geschlossen, es blitzt und donnert, die Flüsse erheben sich, und die Erde rutscht aus. Das perfekte Kunstwerk spielt sich dann ausserhalb der Werkstatt ab. Später, wenn die Sonne scheint, wird es wieder gefährlich in meiner Werkstatt.

ICH KANN TANZEN

Ich kann tanzen, doch ich tanze nicht.
Ich kann singen, doch ich singe nicht.
Ich kann lesen,
doch die Tränen in den Augen sind zu scharf.
Also denke ich. Das hat keinen Sinn.
Und ich schreibe ein paar Worte hin.
Diese Worte träume ich später in der Nacht,
was man nicht darf.

Ich kann sterben, doch ich sterbe nicht.
Ich kann leben, doch ich lebe nicht.
Ich kann gehen,
doch die Füsse sind vom Wandern viel zu schlaff.
Drum erzähle ich die Vergangenheit,
und ich spüre etwas Ewigkeit.
Dieses Spüren ist das letzte, was ich hab
und was ich schaff.

Draussen! Alles ist so draussen.
Alles kommt von aussen,
nur das Böse bleibt im Inneren versteint.
Morden! Einmal jemand morden.
Was ist denn geworden,
dass mir dieses Wort so menschenfreundlich scheint?

Ich kann weinen, doch ich weine nicht.
Ich kann schreien, doch ich schreie nicht.
Und ich frage nicht mehr,
was die Antwort einmal war.
Denn ich sitze, seit mein Herz zerriss,
in der Stille, in der Finsternis.
Und die Sonne scheint auf alles jeden Tag
und jedes Jahr.

TRÄUME

Man hat mir genommen den Stein, auf dem ich sass
und meine Trauben ass.
Man hat mir genommen den Frühlingsschmerz
und aus meinem Kopf das Herz.
Man hat mir genommen die Ruhe in meinem Lied
und was auf dem Mond geschieht.
Auch ich bin jetzt Sklave und denke fest
an das, was sich denken lässt.
Was ein jeder denkt, denk ich gehorsam mit.
Alles andere ging verschütt.

Wenn ich wenigstens meine Träume hätt!
Doch auch die sind irgendwo, ganz weit von hier.
Hilf mir doch! Spiel mit mir!
Lass uns zu zweit in einem Husch verschwinden!
Lass uns was finden,
was uns niemand – ausser uns!

Wenn man wenigstens einen kaufen könnt!
Doch die Träume, die man kauft, sind stereo.
Hilf mir doch! Lauf nicht so!
Draussen ist immer nur kalter Winterschlussverkauf.
Mach ja nicht deine Augen auf!
Schweig davon!
Traum steht nicht zur Diskussion.

Früher war ein Traum aphroditisch.
Heute ist ein Traum neurotisch und politisch.
Unser Leben gleicht dem Butterbrot:
Wenn man auf die Butterseite fällt, dann ist man tot.

Wenn ich wenigstens meine Träume hätt!
Doch die Träume, die ich träum, sind Bürgerpflicht.
Hilf mir doch! Stirb noch nicht!
Führ mich hinaus von hier, in den deutschen Steppenwind,
wo illegale Träumer sind!
Kennst du das Land, wo die Schablonen blühen?
Von dort möcht ich mit dir nur fort, Geliebte, ziehen.

DIE LETZTEN TAGE

Erzähl mir ein altes Märchen!
Hol mich doch zu dir hinein!
Beschreib mir die kleinen Stunden!
Warst du je in Grosswardein?

Wo ist heute Grosswardein?
Nirgendwo. Weisst du das?
Traurig, traurig sitzt der alte Kohn im Teutoburgerwald.
Traurig, traurig wartet er auf irgendwas.

Komm näher! Zeig deine Augen!
Bau uns eine Gnadenfrist!
Die Stille schlägt einen Haken,
weil sie nicht magnetisch ist.

Wo ist unsere Eisenbahn?
Kommt sie noch? Monatlich?
Traurig, traurig sitzt der alte Kohn am Brandenburgertor.
Traurig, traurig wartet er auf dich und mich.

Nur ein Funkamateurgerät
sendet ein Nachtgebet,
weil doch die Welt jetzt zu Grunde geht,
und vertrauensvoll
abschliessend das Deutschlandlied in Moll.

Uns beiden bleibt nur das Märchen
oder eine Melodie.
Die Wolke kommt immer näher.
Menschen tun das leider nie.

Weisst du, wie der Sommer war?
Veilchenblau? Schneckenhaus?
Traurig, traurig sitzt der alte Kohn in Oberammergau.
Traurig, traurig kauft er einen Blumenstrauss.
Traurig, traurig schreibt der alte Kohn ans Enkelkind nach Wien.
Traurig, traurig nimmt er seine Medizin.

Und endlich gibt's keine Hoffnung,
kein Morgen, kein Happy End,
nur Trauer und die Befreiung,
die Liebe und den Moment.

ALLES IST UNZULÄNGLICH

Alles ist unzulänglich,
jedes Wort, jede Tat, die Musik.
Und ich sehne mich
nach dem Zulänglichen.
Aber selbst das Zulängliche
ist zu länglich.
Also sehne ich mich
nach dem Länglichen.
Aber auch das Längliche
ist unzulänglich geworden.
Also sehne ich mich
nach gar nichts.
Und auch das ist nicht gar nichts,
sondern unzulänglich.

Die Flüsse sind geschlossen.
Die Himmel sind verriegelt.
Die Bäume liegen im Sterben.
Die Tiere werden dressiert.
Die Menschen sind schon verdorben.
Aus den Steinen werden Steinbrüche gemacht.
So geht alles in Brüche,
auch dieses, mein Testament.

VORLETZTES LIED

Es hat keinen Sinn mehr, Lieder zu machen,
statt die Verantwortlichen niederzumachen.
Es hat keinen Sinn mehr, Worte zu wählen,
die Zeiten sind vorbei.

Es hat keinen Sinn mehr, Lacher zu sammeln,
statt ein paar tatkräftige Macher zu sammeln.
Es hat keinen Sinn mehr, Reime zu schmieden,
die Zeiten sind vorbei.

Es hat keinen Sinn, den Zug zu versäumen
oder von zukünftigen Taten zu träumen.
Schlagt die Pointe entzwei!
Sie macht unsere Kinder nicht frei.

Es hat keinen Sinn, ins Blaue zu schiessen,
statt einem Reichen auf die Klaue zu schiessen.
Es hat keinen Sinn, auf Sprache zu bauen,
die Zeiten sind vorbei.

Vergesst unser Hoffen! Begrabt unser Trauern!
Lasst euch die Zukunft nicht durch Sänger versauern!
Wenn sich der Dichter verneigt,
besorgt eure Sache und schweigt!

Erfüllt sie mit Furcht, die hassen und lachen!
Lasst die Komödien zum Leben erwachen!
Es hat keinen Sinn mehr, Lieder zu machen,
die Zeiten sind vorbei.

ES IST SO LEICHT

Ein sanfter Riese sass auf einer sanften Wiese.
Ein stilles Meer zerfloss im unmerkbaren Wind.
Ein Panther streckte sich,
ein Löwe leckte sich,
und in der Mitte lag ein unbeschütztes Kind.
Ein Heer von Panzern rührte keinen kleinen Finger.
Ein Infantrist tat so, als hätt er kein Gewehr.
Und der Herr Feldmarschall
schlief hinterm Wasserfall
und schnarchte quer
durchs Croix de Guerre.

Es ist so leicht, ein sanfter Riese zu sein.
Es ist so leicht, am Meer eine Brise zu sein.
Aber sei mal ein grosser Floh!
Sei mal ein blühendes Stroh!
Sei mal der einzige sprechende Fisch im Zoo!

Es ist so leicht, ein milder Tiger zu sein.
Es ist so leicht, ein frommer Sieger zu sein.
Aber sei mal ein tapferes Reh!
Sei mal ein stachliger Klee!
Sei mal ein Zwerg mit einer Riesenidee!

Sei ein beherztes Lamm, eine mutige Maus, ein bissiger Spatz,
dann werde ich etwas von dir halten.
Sonst bleibt die gute, gerechte, zivilisierte Welt
noch hundert Jahre lang beim alten.

Ein General liebt's, pazifistisch zu sein,
und ein Tyrann, idealistisch zu sein.
Aber sei mal der Krug, der zerbricht!
Sei mal der Maulwurf im Licht!
Sei mal der Funke, der in der Glut noch schwelt!
Sei mal das Pünktchen, das auf dem I noch fehlt!
Sei mal der Tropfen, der den Stein,
der uns allen auf der Brust liegt, unterhöhlt!

ERWARTET NICHT ZU VIEL

Erwartet nicht zu viel von meinen Liedern!
Es geht ein Klang von Kälte durch die Welt.
Die Ohren der Genossen sind geschlossen,
und ein Lied – wer hört das noch?
Wen stört das noch?

Erwartet umso mehr von harten Menschen!
Wer einmal quält, wird's immer wieder tun.
Die Qual nach Plan, den Gewohnheitshass
lernt jeder leicht, und Nachwuchs gibt's en masse.

Geh und sing einmal ein Lied dem Kanzler vor!
Er dankt es dir und bleibt der gleiche, der er war.
Sing ein Lied für Flüchtlinge,
für jemand, der im Zuchthaus langsam stirbt,
für Kinder, die die Fürsorge verdirbt,
für einen im Verhör der Polizei,
für Gepeinigte, Gesteinigte!

Egal, wohin du singst, es bleibt belanglos.
Das Leben schreibt die stärkere Musik.
Die Menschheit wird sich eines Tags befassen,
Zusammenhänge da und dort erkennen,
die Wahrheit in gemässer Art erzählen,
das Ende ihrer Knechtschaft proklamieren.
Und überall, bei Reich und Arm,
wird's weise sein und warm.
Die Lieder werden nur danebenstehn dabei
und ganz vergeblich sein – und frei.

DER TAG WIRD KOMMEN

Der Tag wird kommen, wo die Kälber auf dem Dach stehen
und wo die Leute ganz von selber Halleluja schreien.
Sehr viel Sonnenschein wird vorhanden sein,
den man vergessen hat das ganze Jahr davor.

Der Doktor Herrgott und der Teufel werden im Bach stehen
und werden Whisky trinken, bis sie stockbesoffen sind.
Und ein Sonntagskind wird im Gegenwind
einen fahren lassen bis nach Ecuador.

Man wird sich kennen, und man kommt nicht aus dem Lachen,
Lachen, noch und noch.
Ringsumher sind rosarote Sachen,
und es lässt sich nichts dagegen machen.

Der Tag wird kommen, wo die Kinder nicht mehr wachsen
und wo die Harfen und Trompeten übern Hauptplatz gehen
und die Orchideen aus den Fenstern wehen,
und den ersten Preis bekommt der Kapitän.

Die Mutter Marx hat einen neuen Paletot.
Jeder Kämpfer siegt, und zwar nach Punkten.
Keulen und Kanonen sind aus Stroh.
Semmeln gibt es nur mehr die getunkten.

Der Tag wird kommen, wo die Füchse nicht mehr fauchen
und wo die Ochsen ihre Hörner in den Schatten stellen.
Auch die Flussgazellen werden nie mehr bellen,
sondern Mozart singen oder Debussy.

Man wird die Donau und die Elbe nicht mehr brauchen
und wird sie fliessen lassen bis nach Nischni Nowgorod.
Und durch Staatsbankrott wird die Flotte flott
und verwandelt sich in die Kavallerie.

Man wird sich kennen, und daher wird man sich küssen,
küssen noch und noch.
Wer nicht küssen will, der wird es müssen,
oder der Popo wird ihm zerbissen.

Der Tag wird kommen, und die Strassen sind aus Seide,
und alle Bäcker backen Kuchen für den Stossverkehr,
und die Feuerwehr stellt das Feuer her,
nur am Freitag übernimmt's das Militär.

Wer einen braucht, der soll ihn haben bis zum Mond.
Doch die meisten Leute brauchen keinen.
Das Bundesstrafgesetzbuch wird vertont.
Jedermann muss herzlich drüber weinen.

Der Tag wird kommen, und er dürfte nicht mehr weit sein,
wenn alles Sagen und Erklären sich zu Ende dreht,
wenn ein Fresspaket hinterm Ausgang steht,
damit man schweigen muss, sobald man ihn betritt.

Jetzt sind schon Schmetterlinge drinnen
und die Kaffernegerinnen,
und die Jockeys hoffen, dass man sie bald nimmt.
Jedoch die Kesselflicker trödeln,
und die Rechtsanwälte blödeln,
und die Steuermänner rudern,
und die Schlosskaplane schludern,
und die Scheuerfrauen scheuen.
Dabei sollten sie sich freuen
auf den tanzenden, geigenden –
siehst du ihn? – steigenden
Tag. Er kommt bestimmt.